工业和信息化普通高等教育"十三五"规划教材立项项目
高等院校"十三五"会计系列规划教材

U0734505

AUDITING

审计学

微课版

◆ 袁小勇 刘斌 主编

◆ 朱慧 副主编

人民邮电出版社

北京

图书在版编目（CIP）数据

审计学：微课版 / 袁小勇，刘斌主编. -- 北京：
人民邮电出版社，2021.1（2023.1重印）
高等院校"十三五"会计系列规划教材
ISBN 978-7-115-54627-2

Ⅰ. ①审… Ⅱ. ①袁… ②刘… Ⅲ. ①审计学－高等
学校－教材 Ⅳ. ①F239.0

中国版本图书馆CIP数据核字(2020)第146049号

内 容 提 要

本书按照审计发展变革的线索和现代治理思想，全面系统地介绍了审计学的基本理论与方法体系。全书共分11章，包括审计导论、审计目标与审计流程、审计计划、审计证据与审计工作底稿、审计抽样方法、风险识别与评估、风险应对、业务循环审计、对特殊事项的考虑、完成审计工作、审计报告等内容。

本书可作为高等院校会计学、财务管理学、审计学等专业相关课程的教材，也可作为企事业单位会计、审计，及其他经济管理人员的自学书。

- ◆ 主　　编　袁小勇　刘　斌
　　副主编　朱　慧
　　责任编辑　刘向荣
　　责任印制　周昇亮
- ◆ 人民邮电出版社出版发行　　北京市丰台区成寿寺路 11 号
　　邮编　100164　　电子邮件　315@ptpress.com.cn
　　网址　https://www.ptpress.com.cn
　　三河市祥达印刷包装有限公司印刷
- ◆ 开本：787×1092　1/16
　　印张：15.75　　　　　　　　　　2021 年 1 月第 1 版
　　字数：416 千字　　　　　　2023 年 1 月河北第 2 次印刷

定价：49.80 元

读者服务热线：(010)81055256　印装质量热线：(010)81055316
反盗版热线：(010)81055315
广告经营许可证：京东市监广登字 20170147 号

前 言 Preface

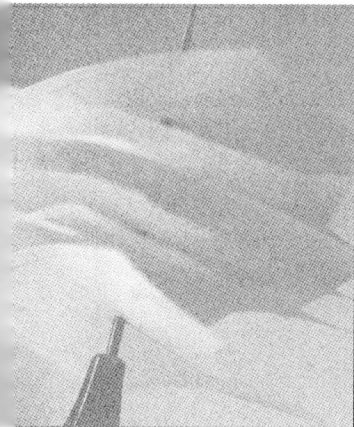

最近几年，会计准则和审计准则变动较大。2019 年，中国注册会计师协会就更新与发布了 18 项审计准则和 24 项审计准则应用指南。本书内容基于 2019 年发布的中国注册会计师审计准则，以注册会计师财务报表审计为主线，全面系统地阐述了注册会计师审计业务。本书具有以下几个特点。

第一，突出审计目标在审计流程中的作用。单独设置"第二章 审计目标与审计流程"，对被审计单位认定、审计目标、审计流程进行阐述。

第二，在阐述"审计概念体系"之后，对中国注册会计师执业准则体系和审计职业道德与法律责任的重要内容进行精简，将其作为"审计基本要求"在第一章第三节中进行阐述，便于初学者理解与掌握。

第三，审计证据是审计理论与实务中一个非常重要的概念。从某种意义上说，审计就是收集证据、评定证据的过程。但遗憾的是，多数审计学教材中只讲审计证据的收集，很少或者没有阐述审计证据的审定。考虑到电子审计证据越来越多样，且一些审计案例失败是因为收集到的审计证据存在篡改、伪造，为此本书在第四章中特设第三节"审计证据的审定"，保证审计工作者能够依据高质量的审计证据得出更加可靠的审计结论，减少审计失败。

第四，在保持审计业务内容的系统性和完整性的前提下，适当降低了某些内容的理论深度，在文字表述上尽量做到浅显易懂。适当引入审计案例，一方面使读者加深对审计基本理论和基本方法的实质性理解，另一方面使读者了解审计基本理论与基本方法是如何用于解决审计实际工作问题的。

第五，为便于读者更好地掌握各章知识，本书在各章中增加了"本章学习目标""本章关键词汇""思考与练习题""相关资料链接"，尤其是"思考与练习题"，对读者巩固相关知识非常重要。

同时，针对书中的一些重点、难点知识，作者录制了微课视频，读者可以通过识别书中的二维码观看。

本书在内容与结构安排上，体现了教材的基础性、科学性与前沿性等一般特征。基础性是指本书系统地介绍了审计基本理论、基础知识和基本技能；科学性是指本书在写作手法上充分考虑读者初次学习专业知识的特点，对于审计原理的论述，尽量做到通俗易懂，对于审计方法与实务的介绍，务求针对性强、由浅入深、循序渐进；前沿性是指本书在内容上充分反映了审计学科国内外的新理论研究与理论应用动态。因此，本书既可以作为大学本科和高职类院校的专业教材，也可作为审计实务工作者的重要参考书目。

本书由首都经济贸易大学审计系袁小勇和审计实务界资深注册会计师刘斌任主编，朱慧任副主编。各章编写分工如下：第一章、第四章由袁小勇编写，第二章、第九章、第十章由朱慧（山东省立医院）编写，第三章、第五章由孙浩然（北汽集团）编写，第六章、第七章由刘斌编写，第八章由常亚波（北京工商大学）编写，第十一章由李春玲（北京联合大学）编写。全书由袁小勇、刘斌定稿。

在写作过程中，作者拜读了很多专家学者的相关文献，并借鉴了其中的部分内容，在此谨向他们表示深深的谢意。

由于作者水平有限，书中会有一些疏漏与不妥之处，敬请专家和读者批评指正。

袁小勇

2020 年 11 月

目 录 Contents

审计导论

第一章

本章学习目标

1. 知识目标
（1）了解审计与受托责任、审计与信任之间的关系。
（2）了解审计发展的原因、运行规律。
2. 能力目标
（1）理解审计性质及其在市场经济中的重要作用。
（2）理解"经济越发展，审计越重要"的基本道理。

第一节 审计的产生与发展

一、审计产生的原因

（一）审计与受托责任

通常认为，审计是在出现了财产所有者和财产管理者，并在他们之间形成受托经济责任关系之后产生的，受托经济责任关系的确立是审计产生的前提条件。

出现财产所有者和财产管理者之后，负有受托经济责任的财产管理者应接受财产所有者的监督、检查。监督、检查有两种形式：一是由财产所有者自身进行；二是由财产所有者委托或委派第三者进行。

审计的起源与含义

如果由财产所有者自身进行监督、检查，则因财产所有者与财产管理者之间直接存在着经济利害关系，所以财产所有者对财产管理者的监督、检查，就存在着一定的主观性、片面性和局限性。因此，对财产管理者的监督、检查，客观上要求由与财产所有者和财产管理者都无利害关系的第三者来进行。这种由第三者所进行的监督、检查就是审计工作。

在公司内部，当出现财产管理者之后，管理者不可能事无巨细地对所有经济活动进行管理、经营，为了有效地进行管理、经营，必然会将一部分管理权、经营权授予下级，这就形成了多层次管理、经营分权制。在这种情况下，上一级的管理机构把部分管理权、经营权授予下一级的管理机构，下一级管理机构对上一级管理机构则负有受托管理或受托经营的经济责任。因此，对受托经济责任的监督、检查，也应由与各级管理机构均无利害关系的第三者来完成。这种监督、检查就是内部审计工作。

在资本市场中，许许多多的中小股东不可能具体参与公司的经营管理工作，为了有效地监督大股东（董事会）的经营管理情况，必然要求大股东（董事会）定期报告公司的财务状况和经营成果。在这种情况下，要保证大股东（董事会）所报告的财务状况和经营成果真实可信，当然需要由与各股东均无利害关系的第三者（会计师事务所）来完成监督、检查。这种监督、检查就是注册会计师审计工作。

（二）审计与信任

人们在物质资料生产过程中，必然要发生两个方面的关系：一方面，人们要同自然界发生一定的关系，即表现为生产力方面；另一方面，人与人之间要发生一定的关系，即表现为生产关系。生产关系是指人们在生产资料所有制基础上形成的，并在社会生产过程中发生的生产和分配、交换、消费等关系的总和。在这一系列关系中，"信任是稳定社会关系的基本要素""信任是社会中最重要的综合力量之一"。①

然而，"信任从来不是完全充分的，信任从来没有在社会关系中得到完全实现。"②现实生活中人与人之间充满着许许多多的不信任感。人们对各种经济现象、经济行为、经济信息存在疑虑，产生担忧，从而严重影响了社会经济的发展。审计的出现就是为了消除这种不信任感，增强信息的可信性。因此，审计与社会信任存在密切的关系，审计就是相关利益关系人基于对特定经济人③的不信任，而委托独立的第三人对该经济人的经济行为或其陈述（报告）按照既定的标准所进行的一种鉴证活动。也就是说，审计从本质上看是一种信任鉴证。

传统观点认为，审计产生的根本原因是两权分离。但这不能解释内部审计的产生，内部审计与两权分离没有必然联系。事实上，只要存在分工与合作，只要存在授权，就会产生信任问题，就可能产生审计的需要。

美国著名审计大师尚德尔（Schandl）在其传世名著《审计理论》一书的开头就讲了一个母亲与猫的故事。④在这个故事中，不存在两权分离，儿子也告诉母亲房间中没有老鼠，但母亲为什么还要委托"猫"这一独立的"审计师"来进行鉴证呢？也就是说为什么母亲不相信儿子的陈述呢？显然，母亲不是不相信儿子的品德（儿子不会有意说谎），而是不相信儿子的能力（判断房间有没有老鼠的能力）。

事实上，影响信任的因素有两个：品德和能力。品德出现问题，就会导致舞弊；能力出现问题，则会导致错误。对责任人（被审计人）经济行为和陈述（报告）中是否存在舞弊与错误进行鉴证是审计的永恒主题。

二、西方注册会计师审计的产生与发展

西方国家的注册会计师审计，起源于 16 世纪的意大利。当时地中海沿岸商品贸易已经比较繁荣，由于单个的业主难以满足投入巨额资金的需求，为了筹集所需的大量资金，合伙制企业便应运而生。

---

① 信任问题是一个古老的话题。西方学者对信任问题的系统研究是从 20 世纪初开始的。德国社会学家、哲学家齐美尔（Simmel）是最早对信任问题进行专门系统研究的学者。其 1900 年出版的《货币哲学》（该书的中文版已由贵州出版集团、贵州人民出版社于 2009 年 6 月出版）可以说是研究信任问题的一部重要著作，该书从信任的视角对金钱这种制度化象征物做出了深刻的分析。该书指出"信任是社会中最重要的综合力量之一"，可见信任在社会生活中的主导性地位。

② 美国学者巴伯（Barber）在《信任：信任的逻辑与局限》（1989）中提出了"合理的不信任"概念，即信任从来不是完全充分的，信任从来没有在社会关系中得到完全实现。"合理的不信任"这一见解的提出，拓宽了研究者的研究视野，开阔了思路。

③ 这里的"特定经济人"可以是合作者，也可以是潜在的合作者。

④ 尚德尔把母亲从乡下接来城里，住在一套新居里。晚上，母亲对于房间中一种疑似老鼠发出的声音而感到害怕，于是询问儿子。儿子告诉母亲是房间中暖气片热胀冷缩发出的声音，房间中没有老鼠，让母亲不用担心。但第三天，母亲还是托人从乡下把与她相依为命多年的猫带入房间，母亲通过观察猫的行动，最终证实房间中没有老鼠的说法。

合伙经营方式不仅提出了会计主体的概念，促进了复式簿记在意大利的产生与发展，也产生了对注册会计师审计的最初需求。由于只有部分合伙人行使企业的经营管理权利，于是，出现了财产所有者与经营权的分离，产生了信任问题，从而出现了对经营者进行监督的必要。因而，各方在客观上都希望有一个与任何一方均无利害关系的第三者能对合伙企业进行监督、查检和公证。这样，在 16世纪意大利的商业城市中出现了一批具有深厚的会计知识、专门从事这种查账和公证工作的专业人员，他们于 1581 年在威尼斯创立了威尼斯会计协会，这便是注册会计师审计的萌芽。

注册会计师审计虽然起源于意大利，但真正促进注册会计师审计发展的却是英国。英国在 18世纪的工业革命以后，产业规模日益扩大，以发行股票筹集资金为特征的股份公司大量涌现。公司所有权与经营权相分离的现象十分普遍，对经营管理者进行监督也成了英国社会的普遍需要，因此，现代民间审计制度应运而生。一个特别的事件——1720 年英国的"南海公司事件"，是注册会计师审计产生的"催产剂"。

1844 年，英国颁布了《公司法》，规定股份公司必须设监察人，以负责公司账目的审查；1953年在苏格兰的爱丁堡创立了世界上第一个注册会计师职业团体——爱丁堡会计师协会。早期的英国注册会计师审计，没有系统的理论依据和方法体系，只是根据查错防弊的审计目的，对大量的账簿记录进行逐笔审查，即采用详细审计方法，后来人们称之为英式详细审计。其主要特点是：注册会计师的法律地位得到法律的确认；审计的主要目的是查错防弊，保护公司资产的安全与完整；审计的方法是对会计账目进行详细审计；审计报告使用人主要为公司股东。

从 20 世纪初开始，全球经济发展重心逐步由欧洲转向美国，因此，美国的注册会计师审计得到了迅速发展，这对注册会计师职业在全球的迅速发展发挥了重要作用。19 世纪后半叶，英国巨额资本开始流入美国，促进了美国经济的发展。为了保护广大投资者和债权人的利益，英国的注册会计师远涉重洋到美国开展审计业务；同时美国也很快形成了自己的注册会计师队伍。1887 年，美国公共会计师协会（American Association of Public Accountants）成立，1916 年该协会改组为美国注册会计师协会，后来成为世界上最大的注册会计师职业团体。美国的注册会计师审计也逐步渗透到社会经济领域的不同层面。更为重要的是，在 20 世纪初期，由于金融资本对产业资本更为广泛的渗透，公司同银行之间的利益关系更加紧密，银行逐渐把公司的资产负债表作为了解公司信用的主要依据。于是美国产生了帮助银行及其他债权人了解公司信用的资产负债表审计，即美式注册会计师审计。审计方法也逐步从单纯的详细审计过渡到初期的抽样审计。在这一时期，美国注册会计师审计的主要特点是：审计对象由会计账目扩大到资产负债表；审计的主要目的是通过对资产负债表数据的检查，判断公司信用状况；审计方法从详细审计初步转向抽样审计；审计报告使用人除公司股东外，还包括债权人。

从 1929 年到 1933 年，资本主义世界经历了历史上严重的经济危机，大批公司倒闭，投资者和债权人蒙受了巨大的经济损失。这在客观上促使公司利益相关者从只关心公司财务状况转变到更加关心公司盈利水平，产生了对公司利润表进行审计的客观要求。1933 年，美国《证券法》规定，在证券交易所上市的公司的财务报告必须接受注册会计师审计，向社会公众公布注册会计师出具的审计报告。因此，审计报告使用人也扩大到社会公众。在这一时期，注册会计师审计的主要特点是：审计对象转为以资产负债表和利润表为中心的全部会计报表及相关财务资料；审计的主要目的是对财务报告发表审计意见，以确定财务报告的可信性，查错防弊转为次要目的；审计的范围已扩大到测试相关的内部控制，并广泛采用抽样审计；审计报告使用人扩大到股东、债权人、证券交易机构、税务机构、金融机构及潜在投资者；审计准则开始拟订，审计工作向标准化、规范化过渡；注册会计师资格考试制度广泛推行，注册会计师专业素质普遍提高。

第二次世界大战以后，经济发达国家通过各种渠道推动本国的公司向海外拓展，跨国公司得到空前发展。国际资本的流动带动了注册会计师审计的跨国界发展，形成了一大批国际会计师事务所。随着会计师事务所规模的扩大，"八大"国际会计师事务所产生，20世纪80年代末合并为"六大"，之后又合并为"五大"。2001年，美国出现了安然公司会计造假丑闻，为安然公司提供审计服务的"五大"之一安达信会计师事务所因涉嫌舞弊和销毁证据而轰然倒台。"五大"变成了"四大"，它们是：德勤会计师事务所、普华永道会计师事务所、安永会计师事务所、毕马威会计师事务所。

安然事件，特别是2002年6月的世界通信会计丑闻事件，彻底打击了美国投资者对美国资本市场的信心。为了改变这一局面，重新建立公司信用、培养社会公众的信心，美国国会和政府加速通过了《萨班斯法案》（以下简称《SOX法案》），该法案的另一个名称是《公众公司会计改革与投资者保护法案》。法案的第一句话就是"遵守证券法律以提高公司披露的准确性和可靠性，从而保护投资者及其他目的。"《SOX法案》对在美国上市的公司提出了合规性要求，使上市公司不得不考虑控制信息技术（Information Technology，IT）风险在内的各种风险。与此同时，美国的全国反舞弊财务报告委员会也在2001年委托"四大"之一的普华永道会计师事务所编写《企业风险管理框架》。该框架于2004年9月正式发布，用以指导公司的全面风险管理活动。所有这些都极大地推动了审计模式由制度基础审计向风险导向审计的转变。

三、中国注册会计师审计的产生与发展

中国注册会计师审计的历史比西方国家的历史要短得多。在20世纪以前，由于我国的商品经济很不发达，皇家审计（官厅审计）一直居于绝对统治地位。辛亥革命之后，随着民族工业的发展，当时一批爱国会计学者鉴于外国注册会计师包揽我国注册会计师业务的现实，为了维护民族利益与尊严，积极倡导创建我国的注册会计师职业。1918年9月，北洋政府农商部颁布了我国第一部注册会计师法规——《会计师暂行章程》，并于同年批准著名会计学家谢霖为中国第一位注册会计师。谢霖在北京创办的第一家会计师事务所——正则会计师事务所也获批准成立。此后，又逐步批准了一批注册会计师，建立了多个会计师事务所，包括潘序伦先生创办的"潘序伦会计师事务所"（后改称"立信会计师事务所"）等。1930年，国民政府颁布了《会计师条例》，确立了注册会计师的法律地位。之后，上海、天津、广州等地也相继成立了许多会计师事务所。1925年，"全国会计师公会"在上海成立了。1933年，"全国会计师协会"成立。至1947年，我国已拥有注册会计师2 619人，并建立了一批会计师事务所。

在中华人民共和国成立初期，注册会计师审计在经济恢复工作中发挥了积极作用。当时，由于一些不法资本家囤积居奇、投机倒把、偷税漏税造成了极为险恶的财政状况，负责全国财经工作的陈云同志大胆雇用注册会计师，依法对工商企业查账。这对平抑物价、保证国家税收、争取国家财政经济状况好转做出了突出贡献。

1978年以后，我国实行改革开放。随着外商来华投资日益增多，1980年12月中华人民共和国财政部（以下简称"财政部"）颁布了《中华人民共和国中外合资经营企业所得税法实施细则》，规定外资企业财务报表要由注册会计师进行审计，这为恢复我国注册会计师制度提供了法律依据。1980

年,财政部颁布了《关于成立会计顾问处的暂行规定》,这标志着我国注册会计师行业开始复苏。1981
年 1 月 1 日,"上海会计师事务所"宣告成立,成为中华人民共和国第一家由财政部批准成立的会计
师事务所。1984 年 9 月,财政部印发《关于成立会计咨询机构问题的通知》,明确了注册会计师应
当办理的业务。1985 年 1 月实施的《中华人民共和国会计法》第 20 条规定:"经国务院财政部门或
者省、自治区、直辖市人民政府的财政部门批准的注册会计师组成的会计师事务所,可以按照国家
有关规定承办查账业务",这是中华人民共和国成立以来第一次通过法律形式对注册会计师的地位和
任务所做的规定,它有力地推动了社会审计的发展。1986 年 7 月,中华人民共和国国务院(以下简
称"国务院")颁布《中华人民共和国注册会计师条例》,同年 10 月 1 日起实施。随着会计师事务所
数量的增加、业务范围的拓宽,如何对注册会计师和会计师事务所实施必要的管理,有效组织开展
职业道德和专业技能教育,加强行业管理,保证注册会计师独立、客观、公正执业,成为行业恢复
重建面临的重大问题。1988 年 11 月,财政部借鉴国际惯例成立了中国注册会计师协会,随后各地
相继组建省级注册会计师协会。1993 年 10 月,第八届全国人民代表大会常务委员会第四次会议审
议通过了《中华人民共和国注册会计师法》(以下简称《注册会计师法》),自 1994 年 1 月 1 日起实
施。1995 年,财政部批准发布了《中国注册会计师独立审计基本准则》《独立审计具体准则》第 1
号至第 7 号、《独立审计实务公告》第 1 号。2006 年 2 月,财政部发布了与国际趋同的中国注册会
计师执业准则体系。这些法规与准则的公布,有力地推动了我国注册会计师工作的发展及规范化。

截至 2018 年,中国注册会计师协会共拥有个人会员 20 多万人,团体会员(会计师事务所)8 000
多家。

第二节 审计概念体系

一个概念体系是由一组相关的概念构成的,每个概念在体系中都占据一个确切的位置。理想
的概念体系应该层次分明,结构合理,正确反映客观事物,便于定义和规范指称,也便于协调和
容纳不同语言的相应术语体系。审计概念体系,是指人们基于对审计实务活动的认识,通过思维
运动而形成的关于审计系统化的、合乎逻辑的、合乎审计发展规律的理性认识,是由审计基本概
念构成的审计知识体系。审计概念体系是审计理论结构的重要组成部分。1961 年,世界著名审计
大师莫茨(Mautz)出版了《审计理论结构》,这是世界上第一部将审计理论作为一门独立的学科
加以论述的重要著作[①]。在这部里程碑式的著作中,审计概念体系是审计理论的核心。审计理论结
构如图 1-1 所示。

莫茨认为,在一个完善的理论结构中,概念占据重要的地位。正是因为概念形成了一个框架,
在理论研究中理论结构才得以系统化、进步和完善。因此他认为需要在审计学科中探讨普遍性的审
计概念,正是这些概念反映了审计的本质特征,形成了审计理论结构的核心。

---

① 本书于 1961 年由美国会计学会首次出版,后由文硕等人译成中文,中文书名为《审计理论结构》(又译作《审计哲理》),并
由中国商业出版社于 1990 年出版。全书共 10 章,由审计理论探索、审计方法、审计假设、各种审计理论概念、审计证据、应有的
职业关注、适当反映、独立性、道德行为和审计的展望等部分组成。此书是莫茨和夏拉夫运用深透的哲学思想进行理论研究的成果,
详尽阐述了作者对建立审计理论学科的独特理解。《审计理论结构》的成功,使莫茨和夏拉夫跃居美国著名审计学家的行列,而且蜚
声海外,成为世界审计理论的权威人物。

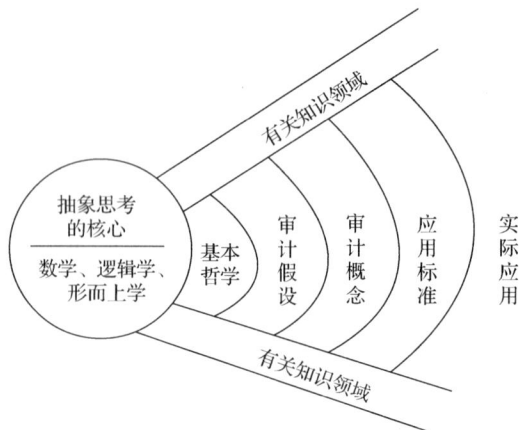

图 1-1　审计理论结构

　　审计概念体系主要由以下基本概念组成：审计定义、审计目的、审计独立性、公允性、审计原则、审计要素、审计风险等。

一、审计定义

　　审计定义是对审计实践的科学总结，是对审计这一客观事物特有属性的揭示。但审计是社会经济发展的产物，因此在不同的时期，人们对其的理解也不相同。早期的审计有"听其会计"之意，审计就是查账。"查账论"在国内外一直都是很流行的通俗说法。自二十世纪六七十年代以来，审计理论有了很大的发展，审计的定义也发生了很大的变化。目前，公认具有代表性且被广泛引用的是美国会计学会 1972 年在其颁布的《基本审计概念公告》中给出的审计定义，即："审计是为了查明经济活动及经济事项的表现与所制定的标准之间的一致程度，客观地收集和制定与这种表现有关的证据，并将其结果传达给利害关系的使用者的有组织的过程。"[1]

　　我国审计界也根据我国审计实践经验进行总结，并借鉴国外现有的研究成果，开展了包括审计定义问题在内的一系列审计理论研究。1989 年 4 月，中国审计学会在贵州省安顺市召开的审计基础理论研讨会上，将审计定义为："审计是由专职机构和人员，依法对被审计单位的财政、财务收支及其有关经济活动的真实性、合法性、效益性进行审查，评价经济责任，用以维护财经法纪，改善经营管理，提高经济效益，促进宏观调控的独立性经济监督活动。"[2]

　　就注册会计师审计而言，财务报表审计是传统核心业务。财务报表审计是指注册会计师对财务报表是否不存在重大错报提供合理保证，以积极方式提出意见，增加除管理层之外的预期使用者对财务报表信赖的程度。

　　上述定义可以从以下几个方面加以理解。

　　一是审计的用户是财务报表的预期使用者，即审计可以有效满足财务报表预期使用者的需求。

　　二是审计的目的是改善财务报表的质量或内涵，增强预期使用者对财务报表的信赖程度，即以合理保证的方式提高财务报表的可信度，而不涉及为如何利用信息提供建议。

　　三是合理保证是一种高水平保证。审计存在固有限制，注册会计师据以得出结论和形成审计意

① 崔建民. 世界主要国家审计[M]. 北京：中国大百科全书出版社，1996：26.
② 郭振乾. 中国审计学[M]. 北京：中国审计出版社，1997.

见的大多数审计证据是说服性而非结论性的证据，因此，审计只能提供合理保证，不能提供绝对保证。当注册会计师获取充分、适当的审计证据将审计风险降至可接受的低水平时，就获取了合理保证。

四是审计的基础是独立性和专业性。审计通常由具备专业胜任能力和独立性的注册会计师来执行，注册会计师应当独立于被审计单位和预期使用者。

五是审计的最终产品是审计报告。注册会计师针对财务报表是否在所有重大方面按照财务报告编制基础编制及是否实现公允反映发表审计意见，并以审计报告的形式予以传达。注册会计师只要按照审计准则和相关职业道德要求执行审计工作，就能够形成这样的意见。

二、审计目的

审计目的，是指审计所要达到的目标和要求。审计目的与审计所能满足的社会需求密切相关。注册会计师通过对构成审计信息使用群体的不同利益集团的分析，研究每一利益集团利用审计的动机，舍弃表象，抽象总结出其共性。不同利益集团对审计的共性要求，就形成了所要研究的审计目的。

（一）资源所有者的审计需求

资源所有者拥有资源剩余索取权，无须参与资源的经营管理，而仅是通过签订委托契约方式将经营资源的责任完全委托给有才干的人，即经理人来经营。经理人是资源的经营者，他们受托运用资源所有者的资源进行生产经营活动，拥有经营决策权，并依据委托受托契约条款取得相应的报酬。对于经理人而言，资源经营权的取得是以承担相应的资源经管责任为代价的，这一资源经管责任则是通常所说的受托责任。委托受托关系的正常维系，取决于受托方受托责任的履行情况。

反映受托责任履行情况的一个有效途径就是会计系统。为使会计系统能够真实地记录受托责任的履行情况，代理双方通常需要就受托责任的会计计量做出事先规定，用于约束资源受托人的经济行为。在委托受托关系中，由于存在利益的非均衡性和信息非对称性以及记录和反映受托责任履行情况的会计受聘于经理人等原因，经理人拥有很大的控制权，他们可以通过对会计信息系统进行控制与操纵，使会计信息脱离真实的经营成果而偏向其自身利益。这就意味着经理人在向委托人提供反映受托责任履行情况的信息时，在会计核算过程中可能存在违反委托人与经理人事先约定的会计计量规则的行为。而委托人在利用经理人提供的会计信息评价经理人受托责任的履行情况时，就要通过一定的方式来降低甚至消除会计信息中所存在的风险，以便正确评价经理人受托责任的履行情况。

由于会计信息质和量的变化，以及资源所有者个人受制于时间、精力、地域、能力等多方面的原因，拥有剩余索取权的资源所有者在难以亲自揭示经理人违背事先约定的会计计量规则的行为时，转而寻求独立的人员（注册会计师）代其行事。为了维护资源所有者的利益，注册会计师接受资源所有者的授权或委托，对经理人提供的会计信息进行审计，检查会计核算的所有方面是否遵循所有者与经理人之间既定的会计计量规则契约。所有不符合该契约的行为都属于错误或弊端，是审计应予以揭示的对象，亦即揭露会计信息中的错误和弊端，降低或消除信息风险，以便于资源所有者利用经审定后的会计信息正确评价经理人受托责任的履行情况。

（二）债权人的审计需求

在企业的经营过程中，生产经营所需要的资金最初主要是由资源所有者提供的。随着企业规模的扩大，生产经营所需资金逐渐增多，资源所有者所拥有资源的局限性决定了资源所有者不可能无限度地向企业提供资金。为满足企业经营的需要，向银行借贷成为企业主要的资金来源渠道。银行将资金让渡给企业使用，为确保贷款的安全性，银行需要企业提供反映其偿债能力的会计信息。银行根据企业的偿债能力进行相应的贷款决策，确定是否发放贷款、贷款的规模、期限与利率等。而企业为了以优惠的条件取得贷款，在向银行提供这些信息时，存在有意粉饰会计信息的动机。银行为了确保贷款决策的准确性，需要通过审计揭露企业会计信息中存在的错误和弊端，以降低或消除信息风险。债权人对审计的需求与资源所有者对审计的需求相比，最大的区别在于债权人不需要把所有的会计核算信息作为审计对象，而是重点检查与偿债能力有关的会计信息，主要表现在资产负债表的少数关键账户及其所反映的资产流动性是否可靠上。

（三）经营管理者的审计需求

经营管理者作为委托受托关系中的受托方，多数情况下充当的是被审计的对象。在相当长的时期内，虽然经营管理者在审计关系中处于被动地位，然而，在确定受托责任的履行过程中，为了明确自身的清白，取信于委托方，经营管理者亦存在主动需求审计的愿望。这时其对审计的需求是希望通过审计确信反映受托责任履行情况的会计信息遵守了与委托方之间既定的会计计量规范，不存在错误和弊端，即不含有信息风险。

随着资本市场的发展，为了满足企业扩大经营规模的需要，从证券市场上直接融资成为企业的重要方式。在这一时期，企业的股权结构表现为所有者的人数激增，股权变得高度分散，单一所有者已无能力对企业的经营管理实施监控，所有者只是通过委托契约关系对企业的财产保持最终的控制权，其最为关心的是股票的买卖，因此所有者成为纯粹的投资者。这样，所有者失去了形式上乃至实质上对企业经济活动的控制权，经营过程中的实际控制权逐渐落入企业经营管理者手中。经营管理者在掌握企业经营管理的控制权以后，所关心的就是如何将社会上闲散的资金更多地吸引到自己所经管的企业中。为了吸引投资者手中的资金，经营管理者必须表明自身的、较高的经营能力和投资回报率，对此，需要向投资者公布企业的会计信息，以便于投资者做出投资决策。为了消除理性投资者的信息风险，降低吸收资金的成本，经营管理者也就产生了对审计的需求。对于经营管理者而言，要求审计验证其提供的会计信息，是为了减少与投资者之间的信息不对称，亦即降低信息风险。

（四）投资者的审计需求

证券市场的发展不仅使得社会公众成为投资者的愿望成为现实，而且也使原来拥有企业控制权的所有者逐渐演变成为投资者。投资者所关心的是投资的盈利性，而投资的盈利性取决于其投资决策的准确性。投资者无论是购入、持有还是卖出一家企业的股票，均需要根据该企业相关的信息做出相应的投资决策。由于投资者进行决策所依据的信息是由企业提供的，而投资者本身无法实施对信息的验证，为降低信息风险，提高决策的准确性，就需依靠审计对信息进行验证。投资者对审计的需求也是为了降低信息风险。

（五）政府的审计需求

政府对审计的需求表现在两个方面：第一，政府以所有者的身份对审计的需求，该方面的分析见资源所有者的审计需求分析；第二，政府以社会管理者的身份对审计的需求。经济的繁荣是国家财富最有效和最丰富的来源之一，而经济繁荣的前提是保持一个良好的经济秩序。为保持经济秩序的有序运行，政府依据其强制力量介入市场经济，通过法律形式强制规定发行有价证券的企业必须向政府的有关部门进行证券发行登记，并报送经注册会计师验证的财务报表。这种强制性财务报表审计，客观上使得注册会计师已不再是对企业的某个具体投资者负责，而是面向全社会。对于政府而言，无论是作为所有者，还是作为社会管理者，其对审计需求的动机都是降低信息风险，不同的是：作为所有者是为了维护自身的利益，而作为社会管理者的政府则是为了整个社会经济秩序的稳定。

根据上述分析，可以看出，不同的审计信息使用者对审计需求的动机均是降低信息风险。降低信息风险满足了不同审计信息使用者的直接需求，因此，其被定义为审计的直接目的。

伴随着社会分工的出现，社会经济结构是由不同的委托受托关系组成的经管责任网络。经济秩序的稳定取决于不同经管责任的有序联结，任何一个环节的故障都将导致整个经济秩序的紊乱。审计是委托受托关系的产物，通过审计降低信息风险，不仅可以使某一具体的委托受托关系得以正常维系，而且还可以使不同的委托受托关系之间按既定规则有序运行。因此，撇开具体的审计信息使用者，从社会经济权责结构的整体考察，人们希望通过审计来维护整个社会经济秩序的稳定。这一点已在政府作为社会管理者的身份中体现了出来，并且审计已通过自身的努力得到了社会的认可，获得了"经济警察"的美誉。我们把从社会经济权责结构的整体考察而形成的人们对审计需求的动机称为审计的终极目的。

综上所述，审计目的包括直接目的和终极目的两部分。直接目的体现的是不同审计信息使用者直接的需求动机，而终极目的则是撇开具体的审计信息使用者，从社会经济权责结构的整体考察而形成的人们对审计需求的动机。审计的直接目的是降低信息风险，终极目的是维护经济秩序。

三、审计独立性

独立指的是不受外来力量控制、支配，按照一定的规则行事。独立性是注册会计师审计的灵魂。在执行鉴证业务时，注册会计师必须保持独立性。在市场经济条件下，投资者主要依赖经过注册会计师审计的财务报表来判断是否存在投资风险，在投资机会中做出选择。注册会计师如果不能保持独立性，而是与被审计单位存在经济利益、关联关系，或屈从于外界压力，就很难取信于社会公众。

四、公允性

公允性，又称公允表达，既是一个会计概念，也是一个重要的审计概念。公允性指的是编制财务报表应该达到的标准。注册会计师对公允性表示正面意见，意味着对财务报告具备下列特征所持的一种信念或信任：（1）所选择和运用的会计原则得到普遍接受；（2）会计原则切合实际；（3）财务报告，包括其注释的内容反映了影响使用、理解和揭示财务报告的重大事项；（4）财务报告中反映的信息已做合理分类、汇总，即详略得当；（5）财务报告在可接受限定范围内对财务状况、经营成果和财务状况之变化所做的表达反映了基本事实与交易。"可接受限定"是指财务报告允许的合理的和现实的限定。在美国，审计职业界将公允性审计目标与公认会计准则相联系。在我国，审计判断的依据则是企业会计准则和国家其他有关财务会计法规的规定。也就是说，在公允性目标下，审计工作就是验证被审计单位遵循企业会计准则和国家其他有关法规的程度。

五、审计原则

审计原则是指注册会计师对财务收支和其他经济活动进行审计时应遵循的基本要求。注册会计师在执行财务报表审计业务时，应当严格遵循下列一般原则。

（一）职业规范原则

注册会计师职业规范主要包括鉴证准则、服务准则、质量控制准则和职业道德准则等，它们是保证和衡量注册会计师执业质量的权威性标准。

审计准则作为注册会计师提供的审计服务质量的技术标准，对注册会计师在某一审计领域的责任、所需要达到的目标和核心要求、为达到这一目标所要实施的必要审计程序做出了明确规范。注册会计师应当按照审计准则的规定执行审计工作，以保证审计工作质量，维护社会公众利益，增进社会公众对注册会计师行业的信心。

（二）审计范围充分原则

财务报表的审计范围是指为实现财务报表审计目标，注册会计师根据审计准则和职业判断实施的恰当的审计程序的总和。恰当的审计程序至少包括以下二点：一是审计程序的种类要齐全，确保财务报表审计的所有内容和涉及的各个领域都安排有相应的审计程序，能够获取相关审计证据，实现相应的审计目标；二是审计程序的规模要充分，确保获取审计证据的充分性。因此，注册会计师在确定拟实施的审计程序时，应当严格遵守与财务报表审计相关的各项审计准则，保证审计范围的充分性。

（三）保持职业怀疑态度原则

职业怀疑态度是指注册会计师以质疑的思维方式评价所获取证据的有效性，并对相互矛盾的证据，以及引起对文件记录或管理层和治理层提供的信息的可靠性产生怀疑的证据保持警觉。职业怀疑是注册会计师综合素质不可或缺的一部分，是保证审计质量的关键要素。保持职业怀疑有助于注册会计师恰当运用职业判断，提高审计程序设计及执行的有效性，降低审计风险，实现审计质量目标。

（四）合理保证原则

注册会计师执行的业务分为鉴证业务和相关服务两类。鉴证业务包括审计、审阅和其他鉴证业务。鉴证业务的保证程度分为合理保证和有限保证。审计属于合理保证（高水平保证）的鉴证业务，注册会计师将审计业务风险降至审计业务环境下可接受的低水平，以此作为以积极方式提出审计意见的基础。审阅属于有限保证（低于审计业务的保证水平）的鉴证业务，注册会计师将审阅业务风险降至审阅业务环境下可接受的水平，以此作为以消极方式提出审阅结论的基础。表 1-1 列示了合理保证与有限保证的区别。

表 1-1　　　　　　　　　　　　合理保证与有限保证的区别

区别	业务类型	
	合理保证（财务报表审计）	有限保证（财务报表审阅）
目标	在可接受的低审计风险下，以积极方式对财务报表整体发表审计意见，提供高水平的保证	在可接受的审阅风险下，以消极方式对财务报表整体发表审阅意见，提供有意义水平的保证。该保证水平低于审计业务的保证水平

续表

区别	业务类型	
	合理保证（财务报表审计）	有限保证（财务报表审阅）
证据收集程序	通过一个不断修正的、系统化的执业过程，获取充分、适当的证据，证据收集程序包括检查记录或文件、检查有形资产、观察、询问、函证、重新计算、重新执行、分析程序等	通过一个不断修正的、系统化的执业过程，获取充分、适当的证据，证据收集程序受到有意识的限制，主要采用询问和分析程序获取证据
所需证据数量	较多	较少
检查风险	较低	较高
财务报表的可信性	较高	较低
提出结论的方式	以积极方式提出结论。例如，"我们认为，ABC 公司财务报表在所有重大方面按照企业会计准则的规定编制，公允反映了 ABC 公司 20×1 年 12 月 31 日的财务状况以及 20×1 年度的经营成果和现金流量。"	以消极方式提出结论。例如，"根据我们的审阅，我们没有注意到任何事项使我们相信，ABC 公司财务报表没有按照企业会计准则的规定编制，未能在所有重大方面公允反映被审阅单位的财务状况、经营成果和现金流量。"

（五）关注和控制审计风险原则

注册会计师要为财务报表提供合理保证，意味着审计风险始终存在，注册会计师应当通过计划和实施审计工作，获取充分与适当的审计证据，将审计风险降至可接受的低水平。审计风险是指财务报表存在重大错报而注册会计师发表不恰当审计意见的可能性。审计风险取决于重大错报风险和检查风险。在设计审计程序已确定财务报表整体是否存在重大错报时，注册会计师应当从财务报表层次和各类交易、账户余额、列报认定层次考虑重大错报风险。

（六）合理确定重要性原则

财务报表中存在的错报的重要性取决于在具体环境下对错报金额和性质的判断。如果一项错报单独或连同其他错报可能影响财务报表使用者依据财务报表做出的经济决策，则该错报是重大的。注册会计师应当关注财务报表的重大错报，但没有责任发现对财务报表整体不产生重大影响的错报。已识别未更正的错报对财务报表的整体是否有重大影响，不仅要从单个错报进行观察，而且要从累计错报进行观察。在财务报表审计中，注册会计师应当实施审计程序，评估重大错报风险，并根据评估结果设计和实施进一步的审计程序，识别重大错报，控制检查风险。

六、审计要素

尽管中外审计组织对审计定义的表述不尽相同，但审计定义中的基本要素大体上可概括为：审计业务的三方关系人、审计对象、审计标准、审计证据和审计报告。

（一）三方关系人

三方关系人是指构成一项审计活动的相互有责任关系的三方面的当事人，即：审计人、责任方、预期使用者。审计人对由责任方负责的审计对象信息给出结论，以增加除责任方之外的预期使用者对审计对象信息的信任程度。

1. 审计人

审计人是指取得审计证书并在审计机构执业的人员。

2. 责任方

责任方是指被审计单位管理层。管理层是指对被审计单位经营活动的执行负有经营管理责任的人员。在某些被审计单位，管理层包括部分或全部的治理层成员，如治理层中负有经营管理责任的人员，或参与日常经营管理的业主（以下简称"业主兼经理"）。

在经济领域，任何个人或组织接受了委托人的资金、资源，具有代管和运用这些资金和资源的权利，就应对委托人负有下列责任。

（1）行为责任，即应以最大的忠诚，最使委托人满意的方式，运用这些受托的资金和资源，完成委托人的托付。

（2）报告责任，即应定期或不定期地向委托人报告，请求解除责任。

3. 预期使用者

预期使用者是指预期使用审计报告的组织或人员。主要包括与被审计单位财务报表有重要和共同利益的主要利益相关者。

预期使用者与责任方可能是同一方，也可能不是同一方。在某些情况下，责任方和预期使用者可能来自同一企业，但并不意味着两者就是同一方。例如，某公司同时设有董事会和监事会，监事会需要对董事会和管理层负责编制的财务报表进行监督。

（二）审计对象

审计对象是指审计的客体，包括被审计单位的实体和内容。通常把审计的对象高度概括为被审计单位的经济活动，其中被审计单位即为审计的实体，经济活动即为审计的内容。具体地说，它包括以下两个方面的内容。

1. 被审计单位的财政财务收支及其有关的经济活动

审计主体不同，审计对象的内容也不尽相同。不论是政府审计、注册会计师审计还是内部审计，都要求以被审计单位的财政财务收支及有关经济活动为审计对象，对其真实性、合法性、效益性进行审查和评价。根据宪法的规定，政府审计的对象为国务院各部门和地方各级政府及其各部门的财政收支、国有的金融机构和企业、事业单位的财务收支。内部审计的对象为本部门、本单位的财务收支以及其他有关的经济活动。注册会计师审计的对象为委托人指定的被审计单位的财务收支及其有关经营管理活动。

2. 被审计单位提供的各种财政财务收支状况及其有关经济活动信息的载体

由于财政财务收支状况及有关经济活动总要以一定的载体来反映，一般是通过会计、统计和业务核算记录及预算计划、方案、合同、会计记录、分析等的纸质文本或电子文本来体现，所以各单位的会计资料及其他有关经济资料就成为审计的主要具体对象。

审计对象是否适当，是审计师能否将一项业务作为审计业务予以承接的前提条件。适当的审计对象应当同时具备下列条件：（1）审计对象可以识别；（2）不同的组织或人员对审计对象按照既定标准进行评价或计量的结果合理一致；（3）审计师能够收集与审计对象有关的信息，获取充分、适当的证据，以支持其提出适当的审计结论。

（三）审计标准

审计标准是审计业务中不可或缺的一项要素。运用职业判断对审计对象做出评价或计量，离不开适当的审计标准。如果没有适当的审计标准提供指引，任何个人的解释甚至误解都可能对结论产生影响，这样一来，审计结论必然缺乏可信性。也就是说，审计标准是对所要发表意见的审计对象进行"度量"的一把"尺子"，责任方和审计师可以根据这把"尺子"对审计对象进行"度量"。

审计师在运用职业判断对审计对象做出合理一致的评价或计量时，需要有适当的标准。适当的标准应当具备下列所有特征。

（1）相关性：相关的标准有助于得出结论，便于预期使用者做出决策。

（2）完整性：完整的标准不应忽略业务环境中可能影响结论的相关因素，当涉及列报时，还包括列报的基准。

（3）可靠性：可靠的标准能够使能力相近的审计师在相似的业务环境中，对审计对象做出合理一致的评价或计量。

（4）中立性：中立的标准有助于审计师得出无偏向的结论。

（5）可理解性：可理解的标准有助于审计师得出清晰、易于理解、不会产生重大歧义的结论。审计师基于自身的预期、判断和个人经验对审计对象进行的评价和计量，不构成适当的标准。

（四）审计证据

审计证据，是指审计师为了得出审计结论和形成审计意见而获取的必要信息。

（五）审计报告

审计报告是审计师在完成审计工作后向委托人提交的最终产品。审计师只有在实施审计工作的基础上才能报告。在财务审计中，审计报告是审计师对被审计单位财务报表合法性和公允性发表审计意见的书面文书，因此，审计师应当将已审计的财务报表附于审计报告之后，以便于财务报表使用者正确理解和使用审计报告，并防止被审计单位替换、更改已审计的财务报表。

七、审计风险

审计风险，是指当财务报表存在重大错报时，注册会计师发表不恰当审计意见的可能性。审计风险是一个与审计过程相关的技术术语，并不是指注册会计师执行业务的法律后果，如因诉讼、负面宣传或其他与财务报表审计相关的事项而导致损失的可能性。

审计风险取决于重大错报风险和检查风险。

（一）重大错报风险

重大错报风险是指财务报表在审计前存在重大错报的可能性。重大错报风险与被审计单位的风险相关，且独立于财务报表审计而存在。在设计审计程序以确定财务报表整体是否存在重大错报时，注册会计师应当从财务报表层次和各类交易、账户余额和披露认定层次考虑重大错报风险。

（二）检查风险

检查风险是指如果存在某一错报，该错报单独或连同其他错报可能是重大的，注册会计师为将审计风险降至可接受的低水平而实施程序后没有发现这种错报的风险。检查风险取决于审计程序设计的合理性和执行的有效性。由于注册会计师通常并不对所有的交易、账户余额和披露进行检查，以及其他原因，检查风险不可能降低为零。其他原因包括注册会计师可能选择了不恰当的审计程序、审计过程执行不当，或者错误解读了审计结论。这些问题可以通过适当计划，在项目组成员之间进行恰当的职责分配，保持职业怀疑态度以及监督、指导和复核项目组成员执行的审计工作得以解决。

（三）检查风险与重大错报风险的反向关系

在既定的审计风险水平下，可接受的检查风险水平与认定层次重大错报风险的评估结果呈反向关系。评估的重大错报风险越高，可接受的检查风险越低；评估的重大错报风险越低，可接受的检查风险就越高。检查风险与重大错报风险的反向关系用数学模型表示如下。

$$审计风险 = 重大错报风险 \times 检查风险$$

这个模型也就是审计风险模型。假设针对某一认定，注册会计师将可接受的审计风险水平设定为 5%，注册会计师实施风险评估程序后将重大错报风险评估为 25%，则根据这一模型，可接受的检查风险为 20%。当然，实务中，注册会计师不一定用绝对数值表达这些风险水平，而是选用"高""中""低"等文字进行定性描述。

第三节 审计基本要求

一、遵守审计准则

审计准则是衡量注册会计师执行财务报表审计业务的权威性标准，涵盖从接受业务委托到出具审计报告的整个过程。注册会计师在执业过程中，主要应该遵守鉴证业务准则。

中国注册会计师鉴证业务准则由鉴证业务基本准则统领，按照鉴证业务提供的保证程度和鉴证对象的不同，分为中国注册会计师审计准则、中国注册会计师审阅准则和中国注册会计师其他鉴证业务准则（以下分别简称"审计准则""审阅准则"和"其他鉴证业务准则"）。其中，审计准则是整个执业准则体系的核心，用以规范注册会计师执行历史财务信息的审计业务。在提供审计服务时，注册会计师对所审计信息是否不存在重大错报提供合理保证，并以积极方式提出结论；审阅准则用以规范注册会计师执行历史财务信息的审阅业务。在提供审阅服务时，注册会计师对所审阅信息是否不存在重大错报提供有限保证，并以消极方式提出结论；其他鉴证业务准则用以规范注册会计师执行历史财务信息审计和审阅以外的其他鉴证业务，注册会计师根据鉴证业务的性质和业务约定的要求，提供有限保证或合理保证。

（一）鉴证业务基本准则

中国注册会计师鉴证业务基本准则是整个鉴证业务准则的总纲领，其目的是规范注册会计师执业鉴证业务，明确鉴证业务的目标和要素，确定审计准则、审阅准则、其他鉴证业务准则适用的鉴证业务类型。

1. 鉴证业务的分类

鉴证业务分为基于责任方认定的业务和直接报告业务。

在基于责任方认定的业务中，责任方对鉴证对象进行评价或计量，鉴证对象信息以责任方认定的形式被预期使用者获取。例如，在财务报表审计中，被审计单位管理层（责任方）对财务状况、经营成果和现金流量（鉴证对象）进行确认、计量和列报（评价或计量）而形成的财务报表（鉴证对象信息）即为责任方的认定，该财务报表可被预期使用者获取，注册会计师针对财务报表出具审计报告。这种业务属于基于责任方认定的业务。

在直接报告业务中，注册会计师直接对鉴证对象进行评价或计量，或者从责任方获取对鉴证对象评价或计量的认定，而该认定无法被预期使用者获取，预期使用者只能通过阅读鉴证报告获取鉴证对象信息。例如，在内部控制鉴证业务中，注册会计师可能无法从管理层（责任方）获取其对内部控制有效性的评价报告（责任方认定），或虽然注册会计师能够获取该报告，但预期使用者无法获取该报告，注册会计师直接对内部控制的有效性（鉴证对象）进行评价并出具鉴证报告，预期使用者只能通过阅读该鉴证报告获得内部控制有效性的信息（鉴证对象信息）。这种业务属于直接报告业务。

2. 鉴证业务的保证程度

鉴证业务的保证程度分为合理保证和有限保证。

合理保证的鉴证业务的目标是注册会计师将鉴证业务风险降至该业务环境下可接受的低水平，以此作为以积极方式提出审计结论的基础。例如，在历史财务信息审计中，要求注册会计师将审计风险降至可接受的低水平，对审计后的历史财务信息提供高水平保证（合理保证），在审计报告中对历史财务信息采用积极方式提出结论。这种业务属于合理保证的鉴证业务。

有限保证的鉴证业务的目标是注册会计师将鉴证业务风险降至该业务环境下可接受的水平，以此作为以消极方式提出审计结论的基础。例如，在历史财务信息审阅业务中，要求注册会计师将审阅风险降至该业务环境下可接受的水平（高于历史财务信息审计中可接受的低水平），对审阅后的历史财务信息提供低于高水平的保证（有限保证），在审阅报告中对历史财务信息采用消极方式提出结论。这种业务属于有限保证的鉴证业务。

（二）审计准则

审计准则是注册会计师从事审计工作时必须遵循的行为规范，是衡量审计工作质量的尺度和标准。建立和实施审计准则，可以提高审计工作质量，赢得社会公众的广泛信赖，维护会计师事务所和注册会计师的合法权益，促进审计经验的广泛交流。

（三）审阅和其他鉴证业务准则

根据《中国注册会计师审阅准则第 2101 号——财务报表审阅》，财务报表审阅的目标是注册会计师在实施审阅程序的基础上，说明是否注意到某些事项，使预期使用者相信财务报表没有按照适用的会计准则和相关会计制度的规定编制，未能在所有重大方面公允反映被审阅单位的财务状况、经营成果和现金流量。注册会计师应当主要通过询问和分析程序获取充分、适当的证据，作为得出审阅结论的基础。由于实施审阅程序不能提供在财务报表审计中要求的所有证据，审阅业务对所审阅的财务报表不存在重大错报提供有限保证，注册会计师应当以消极方式提出结论。审阅报告应当清楚地表达有限保证的结论。注册会计师应当复核和评价根据审阅证据得出的结论，以此作为表达有限保证的基础。

由此可见，与审计业务相比，审阅业务提供的保证程度较低，仅限于有限的保证水平，提出结论的方式也是消极方式。

与其他鉴证业务相关的准则还有 2007 年 1 月 1 日起实施的《中国注册会计师其他鉴证业务准则第 3101 号——历史财务信息审计或审阅以外的鉴证业务》和《中国注册会计师其他鉴证业务准则第 3111 号——预测性财务信息的审核》。

（四）中国注册会计师审计准则应用指南和中国注册会计师审计准则问题解答

中国注册会计师审计准则对注册会计师执行审计业务的目标和核心要求做出规范。中国注册会计师审计准则应用指南是对中国注册会计师审计准则条款的进一步解释和说明。中国注册会计师审计准则问题解答根据中国注册会计师审计准则制定，为注册会计师如何正确理解中国注册会计师审计准则及中国注册会计师审计准则应用指南、解决实务问题提供实务指导和提示。注册会计师在执行审计业务时，应当将中国注册会计师审计准则、中国注册会计师审计准则应用指南与中国注册会计师审计准则问题解答一并掌握和执行。

二、遵守职业道德守则

注册会计师受到与财务报表审计相关的职业道德要求（包括与独立性相关的要求）的约束。相关的职业道德要求通常是指中国注册会计师职业道德守则中与财务报表审计相关的规定。

《中国注册会计师职业道德守则第 1 号——职业道德基本原则》和《中国注册会计师职业道德守则第 2 号——职业道德概念框架》规定了与注册会计师执行财务报表审计相关的职业道德基本原则，并提供了应用这些原则的概念框架。根据职业道德守则，注册会计师应当遵循的基本原则包括六项。

（一）诚信

诚信原则要求注册会计师应当在所有的职业关系和商业关系中保持正直和诚实，秉公处事，实事求是。

（二）独立性

注册会计师的独立性包括两个方面——实质上的独立和形式上的独立。会计师事务所在承办审计和审阅业务以及其他鉴证业务时，应当从整体层面和具体层面采取措施，以保持会计师事务所和项目组的独立性。

（三）客观和公正

客观和公正原则要求注册会计师应当公正处事，实事求是，不得由于偏见、利益冲突或他人的不当影响而损害自己的职业判断，否则注册会计师不得提供相关专业服务。

（四）专业胜任能力和应有的关注

专业胜任能力原则要求注册会计师通过教育、培训和职业实践获取和保持专业胜任能力，确保为客户提供具有专业水准的服务。注册会计师在应用专业知识和技能时，应当合理运用职业判断。应有的关注原则要求注册会计师遵守职业准则和职业道德规范要求，勤勉尽责，认真、全面、及时地完成工作任务。

（五）保密

保密原则要求注册会计师与客户的沟通，必须建立在为客户的信息保密的基础上。在没有取得客户同意的情况下，注册会计师不能泄露任何客户的涉密信息。

注册会计师不得有下列行为：未经客户授权或法律法规允许，向会计师事务所以外的第三方披露其所获知的涉密信息；利用所获知的涉密信息为自己或第三方谋取利益。

但在下列情况下，注册会计师可以披露涉密信息：法律法规允许披露，并且取得客户或工作单位的授权；根据法律法规的要求，为法律诉讼、仲裁准备文件或提供证据，以及向有关监管机构报告发现的违法行为；法律法规允许的情况下，在法律诉讼、仲裁中维护自己的合法权益；接受注册会计师协会或监管机构的执业质量检查，答复其询问和调查；法律法规、职业准则和职业道德规范规定的其他情形。

（六）良好的职业行为

注册会计师应当遵守相关法律法规，避免发生任何损害职业声誉的行为。注册会计师在向公众传递信息以及推介自己和工作时，应当客观、真实、得体，不得损害职业形象，不得夸大宣传提供的服务、拥有的资质或获得的经验；不得贬低或无根据地比较其他注册会计师的工作。

三、加强审计质量控制

审计质量控制是指会计师事务所为了确保事务所及其人员遵守审计准则、职业道德规范和法律法规的规定，确保审计质量符合审计准则的要求而建立和实施的控制政策和程序的总称。审计质量控制有两个基本作用：一是可以作为指导、监督事务所质量控制的指南和依据；二是衡量、判断和评价不同质量控制程序有效性的标准和尺度。

四、保持职业怀疑

职业怀疑，是注册会计师执行审计业务的一种态度，包括采取质疑的思维方式，对可能表明由于错误或舞弊导致错报的迹象保持警觉，以及对审计证据进行审慎评价。

可以从以下几个方面理解职业怀疑。

（1）职业怀疑在本质上要求秉持一种质疑的理念。这种理念促使注册会计师在考虑相关信息和得出结论时采取质疑的思维方式。在这种理念下，注册会计师具有批判和质疑的精神，摒弃"存在即合理"的逻辑思维，寻求事物的真实情况。注册会计师不应不假思索全盘接受被审计单位提供的证据和解释，也不应轻易相信过分理想的结果或太多巧合的情况。

（2）职业怀疑要求对引起疑虑的情形保持警觉。这些情形包括但不限于：相互矛盾的审计证据；引起对文件记录或对询问答复的可靠性产生怀疑的信息；明显不合商业情理的交易或安排；其他表明可能存在舞弊的情况；表明需要实施除审计准则规定外的其他审计程序的情形。

（3）职业怀疑要求审慎评价审计证据。审计证据包括支持和印证管理层认定的信息，也包括与管理层认定相互矛盾的信息。审慎评价审计证据包括质疑相互矛盾的审计证据、文件记录和对询问的答复以及从管理层和治理层获取的其他方面信息的可靠性，而非机械地完成审计准则要求实施的审计程序。在怀疑信息的可靠性或发现舞弊迹象时（例如，在审计过程中识别出的情况使注册会计师认为文件可能是伪造的，或文件中的某些信息已被篡改），注册会计师需要做出进一步调查，并确定需要修改哪些审计程序或追加实施哪些审计程序。需要强调的是，虽然注册会计师需要在审计成本与信息的可靠性之间进行权衡，但是，审计中的困难、时间或成本等事项本身，不能作为省略不可替代的审计程序或满足于说服力不足的审计证据的理由。

（4）职业怀疑要求客观评价管理层和治理层。由于被审计单位及其环境发生变化，或者管理层和治理层为实现预期利润或结果而承受内部或外部压力，即使以前正直、诚信的管理层和治理层也可能发生变化。因此，注册会计师不应依赖以往对管理层和治理层诚信形成的判断。即使注册会计师认为管理层和治理层是正直、诚实的，也不能降低保持职业怀疑的要求，不允许在获取合理保证的过程中满足于说服力不足的审计证据。

五、合理运用职业判断

（一）职业判断的含义

职业判断，是指在审计准则、财务报告编制基础和职业道德要求的框架下，注册会计师综合运用相关知识、技能和经验，做出适合审计业务具体情况、有根据的行动决策。

职业判断是注册会计师行业的精髓。从本质上讲，无论是财务报表的编制，还是注册会计师审计，都是由一系列判断行为构成的。职业判断对于适当地执行审计工作是必不可少的，如果没有运用职业判断将相关知识和经验灵活运用于具体事实和情况，仅靠机械地执行审计程序，注册会计师就无法理解审计准则、财务报告编制基础和相关职业道德要求，难以在整个审计过程中做出有依据的决策。

职业判断涉及注册会计师执业的各个环节。一方面，职业判断贯穿注册会计师执业的始终，从决定是否接受业务委托，到出具业务报告，注册会计师都需要做出职业判断；另一方面，职业判断涉及注册会计师执业中的各类决策，包括与具体会计处理相关的决策、与审计程序相关的决策，以及与遵守职业道德要求相关的决策。

注册会计师职业判断需要在相关法律法规、职业标准的框架下做出，并以具体事实和情况为依据。如果有关决策不被该业务的具体事实和情况支持或者缺乏充分、适当的审计证据，职业判断并不能作为不恰当决策的理由。

（二）职业判断的决策过程

注册会计师职业判断的决策过程通常可划分为下列五个步骤。

（1）确定职业判断的问题和目标。

（2）收集和评价相关信息。

（3）识别可能采取的解决方案。

（4）评价可供选择的方案。

（5）得出职业判断结论并做出书面记录。

（三）能提高职业判断能力的因素

注册会计师是职业判断的主体，职业判断能力是注册会计师胜任能力的核心。通常来说，注册会计师具有下列特征可能有助于提高职业判断能力。

（1）丰富的知识、经验和良好的专业技能。

（2）独立、客观和公正。

（3）保持适当的职业怀疑。

（四）职业判断质量的衡量

衡量职业判断质量可以基于下列三个方面。

（1）准确性或意见一致性，即职业判断结论与特定标准或客观事实的相符程度，或者不同职业判断主体针对同一职业判断问题所做判断彼此认同的程度。

（2）决策一贯性和稳定性，即同一注册会计师针对同一项目的不同判断问题，所做出的判断之间是否符合应有的内在逻辑，以及同一注册会计师针对相同的职业判断问题，在不同时点所做出的判断结论是否相同或相似。

（3）可辩护性，即注册会计师是否能够证明自己的工作。通常，理由的充分性、思维的逻辑性和程序的合规性是可辩护性的基础。

本章关键词汇

受托经济责任 entrusted economic responsibility

审计 audit

南海公司事件 The British South-Sea Company Event

审计关系人 audit related person

审计标准 auditing standard

信任 trust

审计独立性 audit independence

职业怀疑 occupation doubt

审计证据 audit evidence

思考与练习题

1. 为什么说经济越发展，审计越重要？

2. 如何理解审计本质上是一种信任鉴证？

3. 什么是审计的永恒主题？如何理解？

4. 你了解我国的注册会计师考试吗？

5. 请你收集上市公司对外发布的年度财务报表，阅读注册会计师的审计意见报告，你认为注册会计师在资本市场上扮演什么角色？（建议以小组为单位开展调查分析。）

6. 西方国家传统上认为，注册会计师、律师和医师是十分受人尊敬的黄金职业。请你设计调查表，了解你周围的人认为什么样的职业是黄金职业。在我国当前环境下，注册会计师是否属于黄金职业？请你基于你的调查结果做出自己的判断。（建议以班级为单位开展调查分析。）

相关资料链接

1. 南海公司事件（学生网上搜索）。

2. 安然事件（学生网上搜索）。

第二章 审计目标与审计流程

📖 **本章学习目标**

1. 知识目标
（1）了解不同社会经济背景如何影响审计目标的确立。
（2）了解不同审计历史发展阶段中审计的特点。
（3）理解审计目标与审计过程的关系。
2. 能力目标
（1）从审计总体目标的历史演变中，理解审计目标的形式及其发展趋势。
（2）理解管理层认定与审计目标的关系。

第一节 审计的总体目标

审计目标是在一定的历史环境下，人们通过审计实践活动所期望达到的境地或最终结果。在审计实务中，审计目标通常被作为审计活动的起点，因为只有确定了审计目标，才能确定合适的审计方法和审计程序。注册会计师所执行的审计测试和所得出的审计结论都应该与既定的审计目标直接相关。

一、审计总体目标的历史演变

审计目标不是一成不变的，随着社会对审计需求的不断变化，审计目标必然要发生变化，以使审计工作适应社会的需求。审计总体目标的演变已经经历了详细审计、资产负债表审计和财务报表审计三个阶段。

第一阶段为详细审计阶段，其总体目标为查错防弊。这一阶段的代表国家为英国，因此该阶段的审计也被称为英式审计。本阶段审计服务的对象主要是企业的业主，企业的业主更关心的是管理层有没有差错和舞弊，审计总体目标确定为查错防弊。因此，审计的方法就是针对所有财务资料的详细审计。

第二阶段为资产负债表审计阶段，其总体目标是审查资产负债表各项余额的可靠性和真实性，判断企业的财务状况和偿债能力。这一阶段的代表国家为美国，因此该阶段也被称为美式审计。本阶段审计服务的对象从企业的业主扩展到债权人，债权人更关心的是企业的财务状况和偿债能力。因此，资产负债表审计成为这一阶段的总体审计目标，审计的功能也从防护性发展到公正性。

第三阶段为财务报表审计阶段，其总体目标是判断被审计单位一定时期内的财务报表是否公

审计目标确定

允地反映其财务状况和经营成果。本阶段审计服务的对象进一步扩展到广大社会公众，社会公众对企业的关注点从财务状况扩展到财务成果，审计的范围也从资产负债表扩展到财务报表整体。此阶段审计由静态审计发展到动态审计，并增加了管理审计的内容，审计范围也随之向管理领域深入和发展。

二、审计总体目标的定位

在执行财务报表审计工作时，注册会计师的总体目标有：（1）对财务报表整体不存在由于舞弊或错误导致的重大错报获取合理保证，使得注册会计师能够对财务报表是否在所有重大方面按照适用的财务报告编制基础编制发表审计意见；（2）按照审计准则的规定，根据审计结果对财务报表出具审计报告，并与管理层和治理层沟通。在任何情况下，如果不能获取合理保证，并且在审计报告中发表保留意见也不足以实现向预期使用者报告的目的，注册会计师应当按照审计准则的规定出具无法表示意见的审计报告，或者在法律法规允许的情况下终止审计业务或解除业务约定。

注册会计师是否按照审计准则的规定执行了审计工作，取决于注册会计师在具体情况下实施的审计程序，由此获取的审计证据的充分性和适当性，以及根据总体目标和对审计证据的评价结果而出具审计报告的恰当性。

审计准则作为一个整体，为注册会计师执行审计工作以实现总体目标提供了标准。审计准则规范了注册会计师的一般责任以及在具体履行这些责任时需进一步考虑的内容。每项审计准则都明确了规范的内容、适用的范围和生效的日期。在执行审计工作时，除遵守审计准则外，注册会计师还需要遵守法律法规的规定。

第二节 | 具体审计目标

由于审计总体目标概括性较强，无法指导具体的审计工作，有必要将审计总体目标分解为具体目标。审计具体目标是对审计总体目标的进一步具体化。审计具体目标的确定有助于注册会计师按照审计准则的要求收集充分、适当的审计证据，并根据对审计证据的要求设计与实施必要的审计程序。

具体审计目标包括一般审计目标和项目审计目标。一般审计目标是进行所有项目审计必须达到的目标；项目审计目标则是注册会计师对每个被审计项目分别确定的目标。只有了解一般审计目标，才能据以确定合适的项目审计目标。

一、一般审计目标的确定

（一）总体合理性

总体合理性目标是指注册会计师须先根据其所掌握的有关被审计单位的全部信息，评价某类交易总额或某账户余额的合理性。总体合理性目标测试的目的在于帮助注册会计师评价某类交易或账户余额中存在重大错报的可能性。注册会计师如果对总体合理性目标的测试结果不满意，那么就需要将此类交易或账户余额作为审计重点，予以特别关注。

（二）与各类交易或事项相关的审计目标

1. 真实性

真实性旨在确认已记录的交易或事项是真实的，由发生认定推导得出。例如，被审计单位将并未发生的销售交易记录于会计账簿中，就是注册会计师基于真实性目标需要实施审查的重大错报。真实性目标将直接指向被审计单位管理层把那些不曾发生的交易或事项列入财务报表的错报。

2. 完整性

完整性旨在确认已发生的交易或事项均已记录，由完整性认定推导得出。完整性目标与真实性目标正好相反。例如，被审计单位漏记了已经发生的交易，就是注册会计师基于完整性目标需要实施审查的重大错报。完整性目标将直接指向被审计单位管理层漏记已经发生的交易或事项错报。

3. 准确性

准确性旨在确认已记录的交易或事项是按正确金额反映的，由准确性认定推导得出。例如，被审计单位在处理销售交易时，发出商品的数量与账单上的数量不符，或是开具账单时使用了错误的销售价额，或是账单中的乘积或加总有误，或是在销售明细账中记录了错误的金额，这些就是注册会计师基于准确性目标实施审查的重大错报。准确性目标将直接指向被审计单位管理层在处理交易过程中发生的金额计算上的错报，包括账表资料、数字、计算、加总及勾稽关系的正确性。

4. 截止

截止旨在确认接近与资产负债表日的交易或事项已经记录于恰当的期间，由截止认定推导得出。例如，被审计单位管理层将本期交易推到下期入账，或将下期交易提到本期入账等人为调节交易确认时间，就是注册会计师基于截止目标需要实施审查的重大错报。截止目标将直接指向被审计单位人为调节交易确认期间的错报。

5. 分类

分类旨在确认被审计单位记录的交易经过适当分类，由分类认定推导得出。分类的正确性通常分为两个层次：一是各个账户记录的分类是否正确；二是各项目在财务报表中的分类是否正确。例如，被审计单位管理层将现金销售记录为赊销，将出售经营性固定资产所得的收入记录为营业收入，就是注册会计师基于分类目标需要实施审查的重大错报。分类目标将直接指向被审计单位在交易处理中分类上的错报。账户记录的正确分类由会计科目表进行设定，因此，会计科目表也成为注册会计师确定被审计单位账户分类是否正确的基本依据。

（三）与期末账户余额相关的审计目标

1. 存在

存在旨在确认已记录的资产、负债和所有者权益确实存在。存在目标将直接指向被审计单位管理层将那些不存在的资产、负债和所有者权益列入资产负债表的错报。

2. 权利和义务

权利和义务旨在确认已记录的资产由被审计单位拥有或控制，记录的负债是被审计单位应当履行的偿还义务。权利和义务目标将直接指向被审计单位管理层将那些不属于被审计单位的资产或并非属于被审计单位义务的负债列入资产负债表的错报。

3. 完整性

完整性旨在确认所有应当记录的资产、负债和所有者权益均已记录。完整性目标将直接指向被审计单位管理层漏记的实际存在的资产、负债和所有者权益的错报。

4. 计价和分摊

计价和分摊旨在确认资产、负债和所有者权益以恰当的金额包括在财务报表中，与之相关的计价和分摊调整已恰当记录，由计价和分摊认定推导得出。例如，被审计单位管理层没有在资产负债表中以合理的价值反映资产、负债和所有者权益，或者没有将收入和费用进行恰当的配比，这些就是注册会计师基于计价和分摊目标需要实施审查的重大错报。

（四）与列报和披露相关的审计目标

与列报和披露相关的审计目标要求注册会计师不仅要对财务报表中各项目的期末余额进行审查，也需要对财务报表附注中的信息披露进行审查，以确定信息披露是否充分、完整和准确。因为某些对于财务报表使用者决策十分重要的信息，通常无法在期末余额中得以体现，如果附注中没有相关的披露，或者披露不充分、不准确，就会影响财务报表使用者的决策。例如，如果某些资产已经发生了抵押，那么这项资产对于不同债权人就具有不同的意义，这一信息如果不在附注中进行披露，必然会影响其他债权人的决策。

1. 发生及权利和义务

发生及权利和义务旨在确认披露的交易、事项和其他情况已发生，且与被审计单位有关。

2. 完整性

完整性旨在确认所有应当包括在财务报表中的披露均已包括。

3. 分类和可理解性

分类和可理解性旨在确认财务信息已被恰当地列报和描述，且披露内容表述清楚，易于理解。

4. 准确性和计价

准确性和计价旨在确认财务信息和其他信息已公允披露，且金额恰当。

二、项目审计目标的确定

一般审计目标是适合于所有认定的审计目标，但由于具体被审计项目的性质不同，注册会计师对一般审计目标的关注存在程度上的差异。对于一个具体的被审计项目，注册会计师对某些具体目标的关注可能要多于其他目标。例如，如果注册会计师通过合理性测试认为被审计单位存在高估资产和收益的倾向，那么对于资产类和收入类的项目，注册会计师将更加关注真实性目标；相反，对于负债类和成本、费用类的项目，注册会计师则更加关注完整性目标。因此，注册会计师需要根据被审计项目的具况选择适当的项目审计目标。

确定项目审计目标的基本依据如下。

（1）被审计单位的经营状况；

（2）被审计单位经活动的性质；

（3）被审计单位所属行业的特殊会计实务等。

在审计过程中，注册会计师应该紧密围绕具体审计目标收集审计证据，再把收集到的审计证据汇总起来，就可以对管理层的所有认定是否正确得出审计结论。注册会计师将每个认定的审计结论综合起来就可以对整个财务报表的合法性和公允性发表恰当的审计意见，从而最终实现审计总体目标。

第三节 | 审计流程

依照风险导向审计模式，注册会计师应当在审计过程中，以重大错报风险的识别、评估和应对为审计工作主线。相应地，审计过程大致可以分为以下几个阶段。

一、接受业务委托

会计师事务所应当按照执业准则的规定，谨慎决策是否接受或保持某客户关系和具体审计业务。在考虑接受新客户的业务前，或决定保持现有业务，或考虑接受现有客户的新业务时，会计师事务所应当执行有关客户接受与保持的程序，以获取以下信息：（1）考虑客户的诚信，没有信息表明客户缺乏诚信；（2）具有执行业务必要的素质、专业胜任能力、时间和资源；（3）能够遵守相关职业道德要求。

注册会计师需要做出的最重要的决策之一就是接受和保持客户。一项低质量的决策会导致不能准确确定计酬的时间或未被支付的费用，增加项目合伙人和员工的额外压力，使会计师事务所声誉遭受损失，或者涉及潜在的诉讼。

一旦决定接受业务委托，注册会计师应当与客户就审计约定条款达成一致意见。对于连续审计业务，注册会计师应根据具体情况确定是否需要修改业务约定条款，以及是否需要提醒客户注意现有的业务约定书。

二、计划审计工作

计划审计工作十分重要。如果没有恰当的审计计划，注册会计师不仅无法获取充分、适当的审计证据，影响审计目标的实现，而且还会浪费有限的审计资源，影响审计工作的效率。因此，对于任何一项审计业务，注册会计师在执行具体审计程序之前，都必须根据具体情况制订科学、合理的计划，使审计业务以有效的方式得到执行。一般来说，计划审计工作主要包括：在本期审计业务开始时开展初步业务活动，制订总体审计策略，制订具体审计计划等。需要指出的是，计划审计工作不是审计业务的一个孤立阶段，而是一个持续的、不断修正的过程，贯穿整个审计过程的始终。

计划审计工作的详细内容，将在本书第三章中介绍。

三、识别和评估重大错报风险

审计准则规定，注册会计师必须实施风险评估程序，以此作为评估财务报表层次和认定层次重大错报风险的基础。风险评估程序是指注册会计师为了解被审计单位及其环境，以及识别和评估财务报表层次和认定层次的重大错报风险而实施的审计程序。风险评估程序是必要程序。了解被审计单位及其环境实际上是一个连续和动态地收集、更新与分析信息的过程，贯穿整个审计过程的始终。一般来说，实施风险评估程序的主要工作包括：了解被审计单位及其环境；识别和评估财务报表层次以及各类交易、账户余额和披露认定层次的重大错报风险，包括确定需要特别考虑的重大错报风险，以及仅通过实质性程序无法应对的重大错报风险等。

风险识别与评估程序的详细内容，将在本书第六章中介绍。

四、应对重大错报风险

注册会计师实施风险评估程序本身并不足以为发表审计意见提供充分、适当的审计证据。注册会计师还应当实施进一步的审计程序，包括实施控制测试（必要时或决定测试时）和实质性程序。因此，注册会计师在评估财务报表重大错报风险后，应当运用职业判断，针对评估的财务报表层次重大错报风险确定总体应对措施，并针对评估的认定层次重大错报风险设计和实施进一步审计程序，以将审计风险降至可接受的低水平。

应对重大错报风险的有关内容，将在本书第七章中介绍。

五、编制审计报告

注册会计师在完成进一步审计程序后，还应当按照有关审计准则的规定做好审计完成阶段的工作，并根据所获取的审计证据，合理运用职业判断，形成适当的审计意见。

审计完成与审计报告的有关内容，将在本书第十章和第十一章中介绍。

本章关键词汇

总体审计目标 overall audit objective

具体审计目标 specific audit objectives

存在或发生认定 existence and occurance

完整性认定 completeness

权利和义务认定 rights and obligations

计价和分摊认定 valuation and allocation

列报与披露 presentation and disclosure

审计流程 audit process

思考与练习题

1. 什么是注册会计师审计的总体审计目标？
2. 被审计单位管理层对财务报表做了哪些认定？为什么这些认定成为制订具体审计目标的基础？
3. 请举例解释存在性。
4. 请举例解释完整性。

5. 请举例解释权利和义务。

6. 请举例解释计价和分摊。

7. 注册会计师审计目标与政府审计目标、内部审计目标有何异同？

相关资料链接

《中国注册会计师审计准则第 1101 号——注册会计师的总体目标和审计工作的基本要求》（中国注册会计师协会网站）。

审计计划 | 第三章

本章学习目标

1. 知识目标

（1）了解初步业务活动的内容及审计业务承接的前提条件。

（2）了解总体审计策略的内容及编制时需要考虑的因素。

（3）了解具体审计计划的内容及编制时需要考虑的因素。

（4）了解审计重要性水平的含义及内容。

2. 能力目标

（1）能够初步认识与分析财务报表错报。

（2）理解审计重要性水平与审计证据之间的关系。

第一节 | 初步业务活动

一、初步业务活动的目的

初步业务活动是指注册会计师在本期审计业务开始时开展的有利于计划和执行审计工作，实现审计目标的活动的总称。注册会计师开展初步业务活动的目的主要有以下三个。

（1）确保已具备执行业务所需要的独立性和专业胜任能力。

（2）确保不存在因管理层诚信问题而可能影响注册会计师保持该项业务意愿的事项。

（3）确保与被审计单位之间不存在对业务约定条款的误解。

二、初步业务活动的内容

（一）针对保持客户关系和具体审计业务实施相应的质量控制程序

无论是对首次接受审计委托的新客户，还是对实施连续审计的老客户，注册会计师都应该按照《中国注册会计师审计准则第 1121 号——对财务报表审计实施的质量控制》和《质量控制准则第 5101 号——会计师事务所对执行财务报表审计和审阅、其他鉴证和相关服务业务执行的质量控制》的相关要求，开展初步业务活动。

为了谨慎做出决策以确定是否保持客户关系和具体审计业务，注册会计师应当考虑下列主要事项。

（1）被审计单位的主要股东、关键管理人员和治理层是否诚信。

（2）审计项目组是否具备执行审计业务的专业胜任能力以及必要的时间和资源。

（3）会计师事务所和审计项目组能否遵守职业道德规范。

（二）评价遵守相关职业道德要求的情况

评价注册会计师遵守包括独立性在内的相关职业道德要求的情况也是一项非常重要的初步业务活动。虽然保持客户关系及具体审计业务和评价职业道德的工作贯穿审计业务的全过程，但这两项工作需要安排在其他审计工作之前，以确保注册会计师已具备执行业务所需要的独立性和专业胜任能力，以及确保不存在因管理层不诚信而影响注册会计师接受或保持该项业务意愿等情况。

（三）就审计业务约定条款达成一致意见

在做出接受或保持客户关系及具体审计业务的决策后，注册会计师应当与被审计单位就审计业务约定条款达成一致，签订或修改审计业务约定书，以避免双方对审计业务的理解产生分歧。

三、审计业务承接的前提条件

（一）财务报告编制基础

承接鉴证业务的条件之一是《中国注册会计师鉴证业务基本准则》中提及的标准适当，且能够为预期使用者获取。标准是指用于评价或计量鉴证对象的基准，当涉及列报时，还包括列报与披露的基准。适当的标准使注册会计师能够运用职业判断对鉴证对象做出合理一致的评价或计量。就审计准则而言，适用的财务报告编制基础为注册会计师提供了用以审计财务报表的标准。如果不存在可接受的财务报告编制基础，管理层就不具有编制财务报表的恰当基础，注册会计师也不具有对财务报表进行审计的适当标准。

审计业务承接

1. 确定财务报告编制基础的可接受性

在确定编制财务报表所采用的财务报告编制基础的可接受性时，注册会计师需要考虑下列相关因素。

（1）被审计单位的性质。例如，被审计单位是商业企业、公共部门实体还是非营利组织。

（2）财务报表的目的。例如，编制财务报表是用于满足广大财务报表使用者共同的财务信息需求（即通用目的财务报表），还是用于满足财务报表特定使用者的财务信息需求（即特殊目的财务报表）。

（3）财务报表的性质。例如，财务报表是整套财务报表还是单一财务报表。

（4）法律法规是否规定了适用的财务报告编制基础。

2. 通用目的编制基础

如果财务报告准则由经授权或获得认可的准则制定机构制定和发布，供某类实体使用，只要这些机构遵循一套既定和透明的程序（包括认真研究和仔细考虑广大利益相关者的观点），则认为财务报告准则对于这类实体编制通用目的财务报表是可接受的。这些财务报告准则主要有：国际会计准则理事会发布的国际财务报告准则；国际公共部门会计准则理事会发布的国际公共部门会计准则和某一国家或地区经授权或获得认可的准则制定机构，在遵循一套既定和透明的程序（包括认真研究和仔细考虑广大利益相关者的观点）的基础上发布的会计准则。

在规范通用目的财务报表编制的法律法规中，这些财务报告准则通常被界定为适用的财务报告编制基础。

（二）就管理层的责任达成一致意见

按照审计准则的规定，执行审计工作的前提是管理层已认可并理解其承担的责任。审计准则并不超越法律法规对这些责任的规定。然而，独立审计的理念要求注册会计师不对财务报表的编制或被审计单位的相关内部控制承担责任，并要求注册会计师合理预期能够获取审计所需要的信息。

（三）确认的形式

按照《中国注册会计师审计准则第 1341 号——管理层声明》的规定，注册会计师应当要求管理层就其已履行的某些责任提供书面声明。

四、签署审计业务约定书

审计业务约定书是指会计师事务所与被审计单位签订的，用以记录和确认审计业务的委托与受托关系、审计目标和范围、双方的责任以及报告的格式等事项的书面协议。会计师事务所承接任何审计业务，都应与被审计单位签订审计业务约定书。

审计业务约定书的具体内容与格式，可能因被审计单位的不同而存在差异，但基本内容应大致相同，包括以下几个方面。

（1）财务报表审计的目标与范围。

（2）管理层对财务报表的责任。

（3）注册会计师的责任。

（4）指出用于编制财务报表所适用的财务报告编制基础。

（5）提及注册会计师拟出具的审计报告的预期形式和内容，以及对在特定情况下出具的审计报告可能不同于预期形式和内容的说明。

第二节 总体审计策略和具体审计计划

审计计划分为总体审计策略和具体审计计划两个层次。图 3-1 列示了审计计划的两个层次。注册会计师应当针对总体审计策略中所识别的不同事项，制订具体审计计划，并考虑通过有效利用审计资源以实现审计目标。值得注意的是，虽然制订总体审计策略的过程通常在制订具体审计计划之前，但是两项计划具有紧密的内在联系，对其中一项的决定可能会影响甚至改变对另外一项的决定。

一、总体审计策略

总体审计策略是对审计业务的预期应用范围、实施方案进度和审计资源所做的规划。其作用是确定审计的范围、时间、方向和所需资源，并具体指导具体审计计划的制订。

（一）审计范围

注册会计师在确定审计范围时，应考虑以下因素。

（1）编制拟审计的财务信息所依据的财务报告编制基础，包括是否需要将财务信息调整至按照其他财务报告编制基础编制。

（2）特定行业的报告要求，如某些行业监管机构要求提交的报告。

（3）预期审计工作涵盖的范围，包括应涵盖的组成部分的数量及所在地点。

（4）母公司和集团组成部分之间存在的控制关系的性质，以确定如何编制合并财务报表。

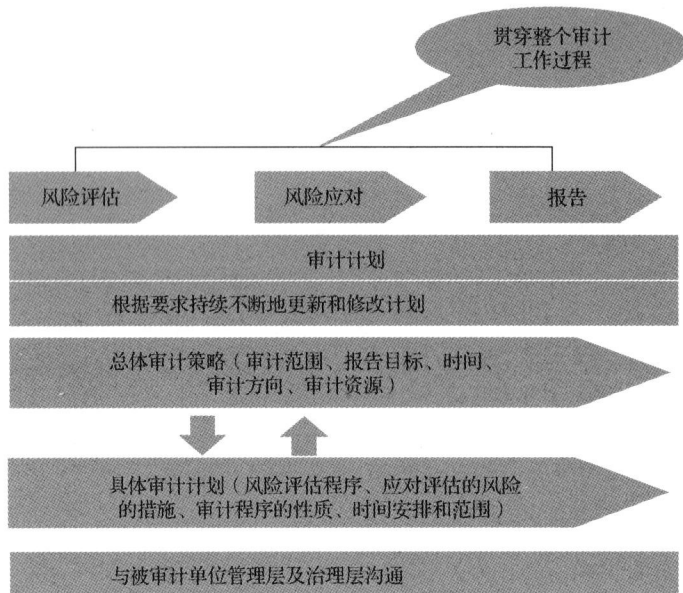

图 3-1　审计计划的两个层次

（5）由组成部分注册会计师审计组成部分的范围。

（6）拟审计的经营分部的性质，包括是否需要具备专门知识。

（7）外币折算，包括外币交易的会计处理、外币财务报表的折算和相关信息的披露。

（8）除为合并目的执行的审计工作之外，还要对个别财务报表进行法定审计的需求。

（9）内部审计工作的可获得性及注册会计师拟信赖内部审计工作的程度。

（10）被审计单位使用服务机构的情况，及注册会计师如何取得有关服务机构内部控制设计和运行有效性的证据。

（11）对利用在之前审计工作中获取的审计证据（如获取的与风险评估程序和控制测试相关的审计证据）的预期。

（12）信息技术对审计程序的影响，包括数据的可获得性和对使用计算机辅助审计技术的预期。

（13）协调审计工作与中期财务信息审阅的预期涵盖范围和时间安排，以及中期审阅所获取的信息对审计工作的影响。

（14）与被审计单位人员的时间协调和相关数据的可获得性。

（二）报告目标、时间安排和所需沟通的性质

为了计划审计业务的报告目标、时间安排和所需沟通的性质，注册会计师需考虑以下几个因素。

（1）被审计单位对外部财务报告的时间表，包括中间阶段财务报告和最终阶段财务报告。

（2）就审计工作的性质、时间安排和范围所举行的会议的组织工作与被审计单位管理层和治理层进行讨论。

（3）就拟出具的报告和其他文件（如审计报告、管理建议书和向治理层沟通函）的类型及提交时间与管理层和治理层进行讨论。

（4）就整个审计业务过程中通报审计工作进展和审计结果的方式与管理层进行讨论。

（5）就预期出具的报告类型和时间安排，及其他相关审计需沟通事项与组成部分注册会计师

沟通。

（6）考虑是否需要与第三方进行沟通，包括与审计相关的法定或业务约定的报告责任。

（7）项目组成员之间沟通的预期性质和时间安排，包括项目组会议的性质和时间安排及复核工作的时间安排。

（三）审计方向

总体审计策略的制订应当考虑影响审计业务的重要因素，以确定项目组工作方向，包括确定适当的重要性水平，初步识别可能存在较高的重大错报风险的审计领域，初步识别重要的组成部分和账户余额，评价是否需要针对内部控制的有效性获取证据，识别被审计单位、所在行业财务报告要求及其他相关方面最近发生的重大变化。

在确定审计方向时，注册会计师需考虑以下因素。

（1）审计重要性水平，包括为计划目的确定重要性。为组成部分确定重要性且与组成部分的注册会计师沟通，在审计过程中重新考虑重要性，识别重要的组成部分和账户余额。

（2）重大错报风险较高的重要审计领域。

（3）评估的财务报表层次的重大错报风险对指导、监督及复核工作的影响。

（4）项目组人员的选择（必要时包括项目质量控制复核人员）和工作分工，包括向重大错报风险较高的审计领域分派有适当经验的人员。

（5）审计时间预算，包括考虑为重大错报风险较高的审计领域分配恰当的工作时间。

（6）如何向项目组成员强调在收集和评价审计证据过程中保持职业怀疑的必要性。

（7）以前审计中对内部控制执行有效性评价的结果，包括所识别的控制缺陷的性质及应对措施。

（8）管理层重视设计和实施健全的内部控制的相关证据，包括这些内部控制得以适当记录的证据。

（9）业务交易量规模，以及基于审计效率的考虑确定是否依赖内部控制。

（10）对内部控制重要性的重视程度。

（11）影响被审计单位经营的重大发展变化，包括信息技术和业务流程的变化，关键管理人员变化，以及收购、兼并和分立。

（12）重大的行业发展情况，如行业法规变化和新的报告规定。

（13）会计准则及会计制度的变化。

（14）其他重大变化，如影响被审计单位的法律环境的变化。

（四）审计资源

注册会计师应当在总体审计策略中清楚地说明下列内容。

（1）向具体审计领域调配的资源，包括向高风险领域分派有相应经验的项目组成员，就复杂的问题利用专家工作等。

（2）向具体审计领域分配资源的数量，包括安排到重要存货存放地观察存货盘点的项目组成员的数量，对其他注册会计师工作的复核范围，对高风险领域安排的审计时间预算等。

（3）何时调配这些资源，包括是在期中设计阶段调配资源还是在关键的截止日期调配资源等。

（4）如何管理、指导、监督这些资源的利用，包括预期召开项目组预备会和总结会的时间，预期项目负责人和经理如何进行复核，是否需要实施项目质量控制复核等。

二、具体审计计划

具体审计计划是依据总体审计策略制订的，对项目组成员拟实施的审计程序的性质、时间和范围所做的详细规划与说明。其目的是帮助项目组成员获取充分、适当的审计证据以将审计风险降至可接受的低水平。

具体审计计划通常包括风险评估程序、计划实施的进一步审计程序和其他审计程序。

三、审计过程中对计划的更改

审计计划工作并非审计业务的一个孤立阶段，而是一个持续的、不断修正的过程，贯穿整个审计业务的始终。由于未预期事项、条件的变化或在实施审计程序中获取的审计证据等原因，在审计过程中，注册会计师应当在必要时对总体审计策略和具体审计计划做出更新和修改。

四、指导、监督与复核

注册会计师应当制订计划，确定对项目组成员的指导、监督以及对其工作进行复核的性质、时间安排和范围。对项目组成员的指导、监督以及对其工作进行复核的性质、时间安排和范围主要取决于下列因素。

（1）被审计单位的规模和复杂程度。

（2）具体审计领域。

（3）评估的重大错报风险。

（4）执行审计工作的项目组成员的专业素质和胜任能力。

注册会计师应在评估重大错报风险的基础上，计划对项目组成员工作的指导、监督与复核的性质、时间安排和范围。当评估的重大错报风险增加时，注册会计师通常会扩大指导与监督的范围，增强指导与监督的及时性，执行更详细的复核工作。在计划复核的性质、时间安排和范围时，注册会计师还应考虑单个项目组成员的专业素质和胜任能力。

第三节 审计重要性

一、审计重要性的含义

（一）审计重要性定义

审计重要性是贯穿审计全过程的一个非常重要的概念，是注册会计师据以发表审计意见的基本要素。正确理解重要性概念并有效地运用，对于保证审计质量、实现审计目标具有十分重要的意义。

审计重要性

由于审计工作本身的局限性，注册会计师不可能揭露财务报告中存在的全部差错，所以人们总是期望：经过注册会计师审查后，财务报告中尚存的差错能被有效地控制在一定水平之下，使其不至于影响或改变他们根据财务报告提供的信息所做出的管理决策。目前，各国对审计重要性的理解基本是一致的。

（1）如果合理预期错报（包括漏报）单独或汇总起来可能影响财务报表使用者依据财务报表做出的经济决策，则通常认为错报是重大的。

（2）对重要性的判断是根据具体环境做出的，并受错报的金额或性质的影响，或受两者共同作用的影响。

（3）判断某事项对财务报表使用者是否重大，是在考虑财务报表使用者共同的财务信息需求的基础上做出的。不同财务报表使用者对财务信息的需求可能差异很大，因此不考虑错报对个别财务报表使用者可能产生的影响。

（二）运用重要性原则的一般要求

对重要性的评估是注册会计师的一种专业判断。在确定审计程序的性质、时间和范围及评价审计结果时，注册会计师对运用重要性原则的一般要求，可以从以下三个方面来理解。

（1）对重要性的确定需要运用职业判断。前已述及，重要性的判断离不开特定的环境。实际上，影响重要性的因素很多，不同企业的重要性不同，同一企业在不同时期的重要性也不同。注册会计师在对某一企业进行审计时，必须根据该企业面临的环境，并考虑其他因素，这样才能合理地确定重要性水平。但是，对重要性的判断有赖于注册会计师的判断能力、判断方法和专业经验等因素。由于不同注册会计师对影响重要性水平的各种因素的判断存在差异，所以不同的注册会计师在确定同一企业财务报表的重要性水平时，得出的结果可能会不同，甚至相差很大。所以说，注册会计师需要运用职业判断来确定重要性。

（2）注册会计师在审计过程中应运用重要性原则。在审计过程中运用重要性原则主要是基于两方面的考虑。一是为了提高审计效率。由于社会经济环境的发展变化，企业规模的扩大，企业组织结构日趋复杂，详细审计已经很难全面推行。在抽样审计下，注册会计师为做出抽样决策，不得不考虑重要性问题。二是为了保证审计质量。在抽样审计下，注册会计师对未查部分是否正确要承担一定的风险，而风险的大小与重要性的判断有关。因此，注册会计师为保证审计质量，必须对重要性做出恰当的判断。

（3）在审计过程中，需要运用重要性原则的情形有两个。一是在确定审计程序的性质、时间和范围时。此时，重要性被看作是审计所公允的可能或潜在的未发现错报的限度，即注册会计师在运用审计程序以检查财务报告的错报时所允许的误差范围。二是在评价错报的影响时。此时，重要性被看作是某一错报单独或连同其他错报，是否影响财务报表使用者判断和决策的标志。

二、重要性水平的确定

（一）两个层次的重要水平

注册会计师应当考虑财务报表层次和各类交易账户余额、列报（包括披露）认定层次的重要性。这就意味着，注册会计师在审计过程中必须从两个层次来考虑重要性。

1．财务报表整体的重要性

由于财务报表审计的目标是注册会计师通过执行审计工作对财务报表发表审计意见，注册会计师应当考虑财务报表整体的重要性。只有这样，注册会计师才能得出财务报表是否公允反映的结论。注册会计师在制订总体审计策略时，应当确定财务报表整体的重要性。

确定重要性需要运用职业判断。通常先选定一个基准，再乘以某一比例，得到的结果作为财务报表整体的重要性。在选择基准时，需要考虑的因素包括以下几个。

（1）财务报表要素（如资产、负债、所有者权益、收入和费用）。

（2）是否存在特定会计主体的财务报表使用者特别关注的项目（如为了评价财务业绩，使用者可能更关注利润、收入或净资产）。

（3）被审计单位的性质、所处的生命周期阶段以及所处的行业和经济环境。

（4）被审计单位的所有权结构和融资方式（例如，被审计单位仅通过债务而非权益进行融资，财务报表使用者可能更关注资产及资产的索偿权，而非被审计单位的收益）。

（5）基准的相对波动性。

适当的基准取决于被审计单位的具体情况，包括各类报告收益（如税前利润、营业收入、毛利和费用总额），以及所有者权益或净资产。对于以营利为目的的被审计单位，注册会计师通常以经常性业务的税前利润作为基准。如果经常性业务的税前利润不稳定，注册会计师可选用毛利或营业收入等作为基准。

在确定恰当的基准后，注册会计师通常运用职业判断合理选择比例，据以确定重要性水平。以下是一些参考数值的举例。

（1）对以营利为目的的企业，经常性业务的税前利润或税后净利润的 5%，或总收入的 0.5%。

（2）对非营利组织，费用总额或总收入的 0.5%。

（3）对共同基金公司，净资产的 0.5%。

2．特定类别交易、账户余额、列报认定层次的重要性

财务报表所提供的信息来源于各类交易、账户余额及其列报方法，注册会计师只有通过验证各类交易、账户余额、列报的相关认定，才能得出财务报表是否公允反映的结论。因此，注册会计师还必须考虑各类交易、账户余额、列报认定层次的重要性。

（二）实际执行的重要性水平

实际执行的重要性，是指注册会计师确定的低于财务报表整体的重要性水平，旨在将未更正和未发现错报的汇总数超过财务报表整体重要性的可能性降至适当的低水平。如果适用，实际执行的重要性还指注册会计师确定的低于特定类别的交易、账户余额或列报的重要性水平。

确定实际执行的重要性的过程并非简单机械的计算，需要注册会计师运用职业判断，并考虑下列因素的影响。

（1）对被审计单位的了解（这些了解在实施风险评估程序的过程中得到更新）。

（2）前期审计工作中识别的错报的性质和范围。

（3）根据前期识别的错报对本期错报做出的预期。

通常而言，实际执行的重要性通常为财务报表整体重要性的 50%～75%。

如果存在下列情况，注册会计师可能考虑选择较低的比例来确定实际执行的重要性。

（1）首次接受委托的审计项目。

（2）连续审计项目，以前年度审计调整较多。

（3）项目总体风险较高，如处于高风险行业、管理层能力欠缺、面临较大市场竞争压力或业绩压力等。

（4）存在或预期存在值得关注的内部控制缺陷。

审计准则要求注册会计师确定低于财务报表整体重要性的一个或多个金额作为实际执行的重要性，注册会计师无须通过将财务报表整体重要性平均分配或按比例分配至各个报表项目的方法来确定实际执行的重要性，而是根据对报表项目的风险评估结果，确定如何确定一个或多个实际执行的重要性。

三、错报

（一）错报的定义

错报，是指某一财务报表项目的金额、分类、列报或披露，与按照适用的财务报告编制基础应当列示的金额、分类、列报或披露之间存在的差异；或根据注册会计师的判断，为使财务报表在所有重大方面实现公允反映，需要对金额、分类、列报或披露做出的必要调整。错报可能由下列事项导致。

（1）收集或处理用以编制财务报表的数据时出现错误。

（2）遗漏某项金额或披露。

（3）由于疏忽或明显误解有关事实导致做出不正确的会计估计。

（4）注册会计师认为管理层对会计估计做出不合理的判断或对会计政策做出不恰当的选择和运用。

（二）累积识别的错报

注册会计师可能将低于某一金额的错报界定为明显微小的错报，注册会计师认为对这类错报不需要累积，因为这些错报的汇总数明显不会对财务报表产生重大影响。"明显微小"不等同于"不重大"。明显微小错报的金额的数量级，与按照《中国注册会计师审计准则第 1221 号——计划和执行审计工作时的重要性》确定的重要性的数量级相比，是完全不同的（明显微小错报的数量级更小）。这些明显微小的错报，无论是单独还是汇总起来，无论是从规模、性质还是其发生的环境来看都是明显微不足道的。如果不确定一个或多个错报是否明显微小，就不能认为这些错报是明显微小的。

注册会计师需要在制订审计策略和审计计划时，确定一个明显微小错报的临界值，低于该临界值的错报视为明显微小的错报，可以不累积。《中国注册会计师审计准则第 1251 号——评价审计过程中识别的错报》第十六条规定，注册会计师应当在审计工作底稿中设定某一金额，低于该金额的错报视为明显微小。确定该临界值需要注册会计师运用职业判断。在确定明显微小错报的临界值时，注册会计师可能考虑以下因素。

（1）以前年度审计中识别的错报（包括已更正和未更正错报）的数量和金额。

（2）重大错报风险的评估结果。

（3）被审计单位治理层和管理层对注册会计师与其沟通的错报的期望。

（4）被审计单位的财务指标是否勉强达到监管机构的要求或投资者的期望。

注册会计师对上述因素的考虑，实际上是在确定审计过程中对错报的过滤程度。注册会计师的目标是要确保不累积的错报（即低于临界值的错报）连同累积的未更正的错报不会汇总成为重大错报。如果注册会计师预期被审计单位存在数量较多、金额较小的错报，则可能考虑采用较低的临界值，以避免大量低于临界值的错报积少成多构成重大错报。如果注册会计师预期被审计单位错报数量较少，则可能采用较高的临界值。

注册会计师通常将明显微小错报的临界值确定为财务报表整体重要性的 3%～5%，一般不超过财务报表整体重要性的 10%，除非注册会计师认为有必要单独为重分类错报确定一个更高的临界值。如果注册会计师不确定一个或多个错报是否明显微小，就不能认为这些错报是明显微小的。

为了帮助注册会计师评价审计过程中累积的错报的影响以及与管理层和治理层沟通错报事项，可以将错报区分为事实错报、判断错报和推断错报。

（1）事实错报。事实错报是无庸置疑的错报。这类错报产生于被审计单位收集和处理数据的错误，对事实的忽略或误解，或故意舞弊行为。例如，注册会计师在审计测试中发现购入存货的实际价值为 15 000 元，但账面记录的金额却为 10 000 元。因此，存货和应付账款分别被低估了 5 000 元，这里被低估的 5 000 元就是已识别的对事实的具体错报。

（2）判断错报。由于注册会计师认为管理层对会计估计做出不合理的判断或不恰当地选择和运用会计政策而出现的差异。这类错报产生于两种情况下：一是管理层和注册会计师对会计估计值的判断差异。例如，由于包含在财务报表中的管理层做出的估计值超出了注册会计师确定的一个合理范围，出现判断差异；二是管理层和注册会计师对选择和运用会计政策的判断差异。例如，注册会计师认为管理层选用会计政策造成错报，而管理层却认为选用会计政策适当，因此出现判断差异。

（3）推断错报。注册会计师对总体存在的错报做出的最佳估计数，涉及根据在审计样本中识别的错报来推断总体的错报。推断错报通常是指通过测试样本估计的总体错报减去在测试中发现的已经识别的具体错报的错报。例如，应收账款年末余额为 2 000 万元，注册会计师测试样本发现 500 万元样本金额中有 100 万元的高估，高估部分为样本账面金额的 20%，据此注册会计师推断总体的错报金额为 400（2 000×20%）万元，那么上述 100 万元就是已识别的具体错报，其余 300 万元即推断错报。

（三）对审计过程识别的错报的考虑

错报可能不会孤立发生，一项错报的发生还可能表明存在其他错报。例如，注册会计师识别内部控制失效导致的错报，或被审计单位广泛运用不恰当的假设或评估方法导致的错报，均可能表明还存在其他错报。

抽样风险和非抽样风险可能导致某些错报未被发现。如果审计过程中累积错报的汇总数接近按照《中国注册会计师审计准则第 1221 号——计划和执行审计工作时的重要性》的规定确定的重要性水平，则表明存在比可接受的低风险水平更大的风险，即可能未被发现的错报连同审计过程中累积错报的汇总数可能超过重要性水平。

注册会计师可能要求管理层检查某类交易、账户余额或披露，以使管理层了解注册会计师识别的错报的产生原因，并要求管理层采取措施以确定这些交易、账户余额或披露实际发生错报的金额，以及对财务报表做出适当的调整。例如，在从审计样本中识别的错报推断总体错报时，注册会计师可能会提出这些要求。

四、重要性水平与审计风险之间的关系

重要性水平与审计风险之间存在反向关系。也就是说，重要性水平越高，即允许经过审计以后的报表存在的错误越多，则审计风险越低；反之，重要性水平越低，审计风险越高。注册会计师在确定审计过程的性质、时间和范围时，应当考虑这种反向关系。这里所说的重要性水平高低指的是其金额的大小。

审计风险的高低往往取决于注册会计师对重要性的判断，而审计风险的高低又直接影响注册会计师执行的有关审计程序。如果注册会计师确定的重要性水平偏低，审计风险就会增加，注册会计师就会通过扩大审计程序的范围或追加审计程序来降低审计风险，而实际上却没有这样做的必要，其结果只会导致人力和时间的浪费，影响审计工作的效率。如果注册会计师确定的重要性水平偏高，审计风险就会降低，在这种情况下，注册会计师所执行的审计程序就会比原来应当执行的审计程序少、所执行的审计范围就会比原来应当执行的审计范围小，其结果必然会导致注册会计师得出错误的审计结论，影响审计工作的效果。因而，重要性水平确定得过高或过低，对注册会计师来说都是不利的。注册会计师应当充分考虑重要性水平与审计风险之间存在的反向关系，保持应有的职业谨慎，合理地确定重要性水平。

在确定审计程序后，如果注册会计师决定接受更低的重要性水平，审计风险将增加。注册会计师应当选用下列方法将审计风险降至可以接受的低水平。

（1）如有可能，注册会计师将通过扩大控制测试范围或实施追加的控制测试，降低评估的重大错报风险，并支持降低后的重大错报风险水平。

（2）注册会计师通过修改计划实施的实质性程序的性质、时间和范围，降低检查风险。

五、重要性水平与审计证据之间的关系

重要性水平与审计证据之间存在反向关系。也就是说，重要性水平越低，应获取的审计证据越多；反之，重要性水平越高，应获取的审计证据越少。在理解这一关系时，必须注意，重要性水平不同于重要的审计项目。审计项目越重要，所需收集的审计证据就越多。例如，存货占资产总额的40%时的审计项目要比占20%时的审计项目需要更多的审计证据。

重要性水平是影响审计证据充分性的一个十分重要的因素，因此，注册会计师在编制审计计划时，应当根据所确定的审计重要性水平，合理确定所需审计证据的数量，并据此决定审计程序的性质、时间和范围。

本章关键词汇

审计计划 audit plan

总体审计策略 overall audit strategy

具体审计计划 specific audit plan

风险评估程序 risk-assessment procedure

控制测试 test of control

实质性程序 substantive procedure

重要性 materiality

思考与练习题

（一）思考题

1. 审计计划工作的含义与作用是什么？

2. 总体审计策略的内容包括什么？具体审计计划的内容包括什么？

3. 总体审计策略与具体审计计划的关系是什么？

4. 重要性的含义是什么？

5. 重要性的作用是什么？

6. 重要性水平与审计风险之间的关系是什么？

7. 重要性的判断标准是什么？

（二）分析题

1. 从 A 股上市公司中选择一家上市公司。假设你是一个注册会计师，拟对该公司当年财务报表进行审计。结合相关资料（如该公司近 5 年年报），根据重要性的相关知识，确定财务报表层次的重要性水平并详细说明理由。

2. 东进会计师事务所注册会计师李云等接受长电公司董事会委托，对该公司 2019 年度财务报告进行审计。根据李云等人的调查，长电公司 2019 年 12 月 31 日的资产、负债及所有者权益的部分项目如表 3-1 所示。

表 3-1　　　　　　　　　　　　资产、负债及所有者权益的部分项目　　　　　　　　　　　单位：元

资产	金额	负债及所有者权益	金额
货币性资金	41 000	应付账款	236 000
应收账款	948 000	应付票据	1 415 000
存货	1 493 000	应付工资	73 000
其他流动资产	68 000	应付股利	102 000
固定资产净值	517 000	其他负债	117 000
		股本	425 000
		盈余公积	699 000
合计	3 067 000	合计	3 067 000

该公司 2019 年度的利润表显示，2019 年的利润总额为 411 111 元。

李云准备以资产负债表项目为基础分配重要性水平，采取了如下的分配原则。

（1）避免将重要性水平全部分配至某一项目中，不可能要求其他项目不产生任何误差。所以，设定为任何项目的可容忍误差不能超过报表总体重要性水平的 60%。

（2）所有项目可容忍误差之和不能超过报表总体重要性水平的 2 倍。这样可使每个项目都留有一定的余地，而且项目的高估和低估可能相互抵消，从而整个项目或报表的误差不是太大。

（3）对现金、应付票据、应付股利及股本等项目进行详细审计，不允许产生误差或分配很小误差。

（4）应收账款、存货的审计需要较为复杂的审计程序，成本较大。故应分配最大的可容忍误差。

（5）其他流动资产、应付工资一般应用分析性复核程序，成本较低。但仅用分析性复核程序时

应允许有较大的可容忍误差。

（6）固定资产与上一年相比，一般情况不会出现较大变动，可能不需要实施审计程序，因而分配较少的可容忍误差。

（7）应付账款存在低估的可能性，预期的误差较大，应分配较多的可容忍误差。

（8）盈余公积与利润的误差来自其他项目产生的误差，对其他项目误差控制的同时也就控制了该项目的误差。因此，不需要对该项目进行专项审计，也不需要对它分配重要性水平。

要求：（1）根据以上资料确定各项目重要性水平。

（2）说明理由。

相关资料链接

1. 《中国注册会计师审计准则第 1201 号——计划审计工作》。
2. 审计计划范文（学生上网搜索或从实习会计师事务所查找）。

第四章 审计证据与审计工作底稿

本章学习目标

1. 知识目标
（1）了解审计证据的来源。
（2）了解审计证据的种类及特征。
（3）了解审计工作底稿的基本内容。
2. 能力目标
（1）熟悉不同类型的审计证据及获取方法。
（2）理解审计证据的充分性的含义。
（3）掌握审计证据的审定。

第一节 审计证据概述

审计的整个过程，就是收集审计证据，并根据审计证据，依据相关制度、准则，形成审计结论和审计意见的过程。因此，收集、鉴定和评价审计证据，是审计工作的核心。

我国于 2006 年 2 月 15 日颁布了《中国注册会计师审计准则第 1301 号——审计证据》，并于 2010 年 11 月修订，这为中国注册会计师做好审计证据的获取和整理分析工作，保证审计证据的充分性和适当性提供了有力保障。

审计证据

一、审计证据的定义和作用

（一）审计证据的定义

审计证据，是指注册会计师为了得出审计结论和形成审计意见而获取的信息。审计证据包括构成财务报表基础的会计记录所含有的信息和其他信息。注册会计师必须在每一项审计工作中获取充分、适当的审计证据，以满足发表审计意见的要求。要正确理解审计证据的含义，应注意把握以下内容。

第一，审计证据作为证据的一种形式，应具备证据的一般特性，即真实可靠，能反映客观事实。这也是对审计证据收集的最基本要求。

第二，审计证据作为证据的一种特殊形式，应与审计意见的形成相关。这是对审计证据收集的特别要求。也就是说，收集审计证据的目的是支持审计意见或结论。

第三，依据会计记录编制财务报表是被审计单位管理层的责任，注册会计师应当测试会计记录以获取审计证据。然而，会计记录中含有的信息本身并不足以提供充分的审计证据，不足以作为对财务报表发表审计意见的基础，注册会计师还应当获取用作审计证据的其他信息，包括：注册会计师从被审计单位内部或外部获取的会计记录以外的信息，通过询问、观察和检查等审计程序获取的信息，以及自身编制或获取的可以通过合理推断得出结论的信息。审计证据的内容如图4-1所示。

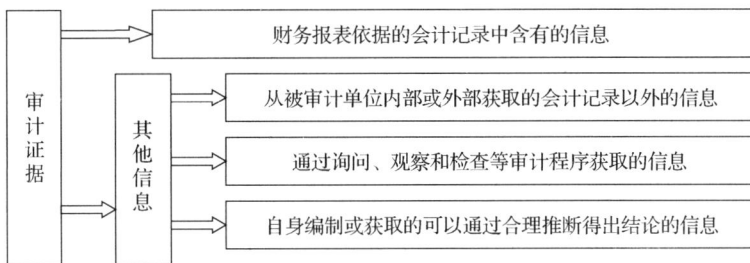

图4-1　审计证据的内容

具体而言，审计证据的内容由以下两个部分组成。

（1）会计记录所含有的信息。构成财务报表基础的会计记录所含有的信息一般包括对初始会计分录的记录和支持性记录。例如，支票、电子资金转账记录、发票、合同、总账、明细账、记账凭证和未在记账凭证中反映的对财务报表的其他调整，以及支持成本分配、计算、调节和披露的手工计算表和电子表数据。

（2）其他信息。其他信息的内容比较广泛，包括有关被审计单位所在行业的信息、有关被审计单位的内外部环境的其他信息等。可以用作审计证据的其他信息包括：注册会计师从被审计单位内部或外部获取的会计记录以外的信息，如被审计单位会议记录、内部控制手册、询证函的回函、分析师的报告、与竞争者的比较数据等；注册会计师通过询问、观察和检查等审计程序获取的信息，如通过检查存货获取存货存在性的证据等；注册会计师自身编制或获取的可以通过合理推断得出结论的信息，如注册会计师编制的各种计算表、分析表等。

构成财务报表基础的会计记录所含有的信息和其他信息共同构成了审计证据，两者缺一不可。如果没有前者，审计工作将无法进行；如果没有后者，注册会计师可能无法识别重大错报风险。只有将两者结合在一起，才能将审计风险降至可接受的低水平，为注册会计师发表审计意见提供合理保证。

（二）审计证据的作用

1. 审计证据是形成审计意见的基础

审计工作的最终成果是发表审计意见、出具审计报告。而审计意见的形成应建立在充分适当的审计证据的基础上，不应建立在注册会计师主观臆断或猜测想象的基础上，注册会计师更不能毫无依据地发表审计意见。

2. 审计证据是修订审计计划的依据

审计计划并不是一成不变的。在审计实施过程中，注册会计师应不断根据当前所获取的审计证据以及对已完成审计工作的评价，对原审计计划进行适时而必要的调整或修改。当前所获取的审计证据是对被审计单位经济活动的客观反映，这种反映可能是注册会计师事先未估计到的，或者是估计有误、估计程度有变的。所以，注册会计师应根据这种变化的情况及时修订审计计划，包括对审计范围、审计重点、注册会计师工作的分配、审计程序方法等方面的修订。

3. 拥有充分适当的审计证据有利于避免或减少注册会计师的法律责任

注册会计师对外提供的是以审计意见为核心的审计报告。当报告的使用者对审计意见提出质疑并追究注册会计师的法律责任时，注册会计师可以通过提供充分有效的审计证据来为自己申辩，避免或减少自身的责任。可见，加强对审计过程的质量控制，获取充分可靠的审计证据，对于维护注册会计师利益具有十分重要的意义。

二、审计证据的特征

注册会计师在执行审计业务时，为了形成审计意见，并得出合理的审计结论，必须保持职业怀疑态度，运用职业判断，收集充分、适当的审计证据。为此，《中国注册会计师审计准则第 1301 号——审计证据》规定："注册会计师应当获取充分、适当的审计证据，以得出合理的审计结论，作为形成审计意见的基础。"也就是说，充分性和适当性是审计证据必须具备的两大特性。

（一）审计证据的充分性

审计证据的充分性是审计证据的数量特征，它是指审计证据的数量足以使注册会计师形成审计意见，主要与注册会计师确定的样本量有关。也就是说，要支持审计意见的形成，审计证据的规模必须要达到某一最低数量要求。

客观公正的审计意见必须建立在足够数量的审计证据的基础上，但这并不意味着审计证据的数量越多越好。因为审计证据的数量越多，实施审计的规模就越大，审计成本也会相应增加。就审计工作本身而言，不考虑审计目标的总体要求，无端增加审计证据的数量，进而增加审计成本是不经济、不可取的。因此，每一审计项目对审计证据的需要量，以及取得这些证据的途径和方法，应当根据该项目的具体情况来定。注册会计师只有通过不同的渠道和方法取得其认为足够的审计证据时，才能据以发表审计意见。

注册会计师判断审计证据是否充分，应当考虑下列主要因素。

（1）审计风险。

（2）具体审计项目的重要性。

（3）注册会计师的审计经验。

（4）审计过程中是否发现错误或舞弊。

（5）审计证据的类型与获取途径。

（6）经济因素和总体规模与特征。

（二）审计证据的适当性

审计证据的适当性，是对审计证据质量的衡量。它是指审计证据在支持各类交易、账户余额、列报（包括披露）的相关认定，或发现其中存在错报方面具有相关性和可靠性。

1. 审计证据的相关性

所谓相关性，是指审计证据应当与审计目标相关。注册会计师只能利用与审计目标相关联的审计证据来证明或否定被审计单位所认定的事项。

（1）注册会计师通过控制测试获取审计证据时，应当考虑的相关事项包括以下几个。①内部控制是否存在。②内部控制是否有效。注册会计师一方面，应测试被审计单位已经制订的内部控制是否已切实得到贯彻；另一方面，还要对内部控制能否有效地防止各种错弊加以分析与评价。③内部控制在审计期间是否得到一贯遵守。只有当被审计单位存在健全有效且得到一贯遵守的内部控制时，被审计单位的会计资料才具有较高的可依赖程度。

（2）注册会计师通过实质性程序获取审计证据时，应考虑的相关事项主要包括以下几个。①资产或负债在某一特定时日是否存在。②资产或负债在某一特定时日是否归属于被审计单位。在许多情况下，存放于企业的资产并不一定归属于该企业，注册会计师在检查记录、文件或被审计单位的资产时，应注意这部分内容。同样，注册会计师对记录在会计资料上的债务也要加以审计，以查明其是否确实是被审计单位应承担的义务。③经济业务的发生是否与被审计单位有关。④是否有未入账的资产、负债或其他交易事项。⑤会计记录金额是否恰当。⑥资产或负债的计价是否恰当。⑦收入与费用是否归属当期，并相互配比。⑧财务报告项目的分类反映是否适当，并前后一致。

2. 审计证据的可靠性

所谓可靠性，是指审计证据应能如实反映客观事实。审计证据的可靠性通常受其来源和性质的影响，并取决于获取审计证据的具体环境。

不同来源的审计证据的可靠性可参照如下原则判断。

（1）从外部独立来源获取的审计证据比从其他来源获取的审计证据更可靠。

（2）相关控制有效时内部生成的审计证据比控制薄弱时内部生成的审计证据更可靠。

（3）直接获取的审计证据比间接获取或推论得出的审计证据更可靠。

（4）以文件记录形式（无论是纸质、电子还是其他介质）存在的审计证据比口头形式的审计证据更可靠。

（5）从原件获取的审计证据比从复印件、传真或通过拍摄、数字化或其他方式转化成电子版形式的文件获取的审计证据更可靠。

（6）注册会计师以函证方式直接从被询证者获取的审计证据，比被审计单位内部生成的审计证据更可靠。

注册会计师在判断审计证据的可靠性时，需要注意，当不同来源或不同性质的审计证据能够相互印证时，与该认定相关的审计证据更为可靠；如果从不同来源获取的审计证据或获取的不同性质的审计证据不能相互印证，可能表明某项审计证据不可靠，注册会计师应当追加必要的审计程序。

此外，客观程度越高的证据越可靠；越及时的证据越可靠。

（三）审计证据充分性与适当性之间的关系

充分性和适当性作为审计证据的两大基本特征，既相互联系又相互区别。相关性是对审计证据利用的前提条件，可靠性是审计证据证明力存在的内在要求，充分性则是对审计证据总体证明力程度的保障。审计证据的适当性会影响其充分性。一般而言，审计证据的相关与可靠程度高，所需审计证据的数量就可减少；反之，审计证据的数量就要相应增加。

三、审计证据的种类

根据审计证据的外在的具体形态，审计证据可分为实物证据、书面证据、口头证据和环境证据四大类。根据获取的证据对审计结论的支持程度，审计证据可以分为直接证据和间接证据。根据证据的来源，审计证据可以划分为来自审计客户内部的证据、来自审计客户外部的证据。根据证据所提供的逻辑证明，审计证据可划分为正面证据和负面证据。注册会计师决定是否需要对现有的证据进行完善，或者在综合和评价审计证据时，需要考虑证据的证明力的大小。按照证据的证明力，审计证据可以划分为充分证明力和部分证明力两种类型。

下面就不同外在形态的审计证据进行详细描述。

（一）实物证据

实物证据是指通过实际观察或清点所取得的、用以确认某些实物资产是否确实存在的证据。实物证据通常是证明实物资产是否存在的非常有说服力的证据，但实物资产的存在并不能完全证实被审计单位对其拥有所有权。而且某些实物资产的清点，虽然可以确定其实物数量，但其质量好坏将影响资产的价值，资产的价值有时难以通过实物清点来加以判断。因此，对于取得实物证据的账面资产，还应就其所有权归属及其价值情况进行确认。

（二）书面证据

书面证据是注册会计师所获取的各种以书面文件为存在形式的证据。它包括与审计有关的各种原始凭证、记账凭证、会计账簿和各种明细表、各种会议记录和文件、各种合同、通知书、报告书及函件等。在审计过程中，注册会计师往往要大量地获取和利用书面证据，因此，书面证据是审计证据的主要组成部分，可称为基本证据。

书面证据又可按其来源分为外部证据和内部证据两类。

（三）口头证据

口头证据是被审计单位职员或其他有关人员对注册会计师的提问做口头答复所形成的一类证据。由于口头证据会带有被询问者个人的观点、情感、倾向性等，因此这类证据的可靠性较差，证明力较弱，注册会计师在使用这类证据时必须十分谨慎。在审计过程中，注册会计师应对各种重要的口头证据尽快形成书面记录，并注明是何人、何时、在何种情况下所作的口头陈述，必要时还应获得被询问者的签名确认。

（四）环境证据

环境证据也称状况证据，是指对被审计单位产生影响的各种环境事实。具体而言，它包括以下几种。

（1）有关内部控制情况。被审计单位内部控制的好坏，直接影响其会计资料的可信赖程度。审计人员如果确认被审计单位具有良好的内部控制，其日常管理能够一贯地遵守内部控制中有关的规定，就可以认为被审计单位现行的内部控制为会计报表项目的可靠性提供了强有力的证据。

（2）被审计单位管理人员的素质。被审计单位管理人员的素质越好，其所提供的证据发生差错的可能性就越小。例如，会计人员的素质对会计资料的可靠性会产生重要影响。会计人员的素质越高，会计记录出现差错的可能就越小；即使发生了差错，这些差错也能够被及时地发现并予以纠正。

（3）各种管理条件和管理水平。良好的管理条件和较高的管理水平，也是影响其所提供证据可靠程度的一个重要因素。

需要指出的是，环境证据一般不属于基本证据，但它可以帮助审计人员了解被审计单位及其经济活动所处的环境，是审计人员进行专业判断所必须掌握的资料。

上述各种类型的审计证据可以用来实现各种不同的审计目标。在审计实务中，审计人员通常是针对会计报表中的某一个具体账户及其相关认定来获取审计证据，注册会计师应当选择适当的审计证据实现各种不同的审计目标。

各类审计证据与具体审计目标的关系如表 4-1 所示。

表 4-1 审计证据与具体审计目标的关系

审计证据种类	审计目标								
	总体合理性	真实性	完整性	所有权	估价	截止	计价准确性	披露	分类
实物证据	—	√	√	—	√	√	—	√	—
书面证据	√	√	√	√	√	√	√	√	√
口头证据	√	√	√	√	√	√	—	√	√

第二节 获取审计证据的方法

注册会计师获取审计证据的方法有很多。在审计过程中，注册会计师获取审计证据的常用方法主要有检查记录或文件、检查有形资产、核对、观察、询问、函证、重新计算、重新执行和分析程序等。在实施风险评估程序、控制测试或实质性程序时，注册会计师可根据需要单独或综合运用上述方法，以获取充分、适当的审计证据。

一、检查记录或文件

检查记录或文件是指注册会计师对被审计单位内部或外部生成的，以纸质、电子或其他介质形式存在的记录或文件进行审查。

检查记录或文件的目的在于对财务报表所包含的或者应包含的信息进行验证。在审计过程中，注册会计师可以通过仔细审查各种会计凭证、账簿、报表以及各种有关文件（如计划、预算、合同等），确定会计资料以及其他有关资料是否真实、正确。

（1）审查原始凭证。主要查看原始凭证上所反映的经济业务是否符合规定，凭证上所记载的抬头、日期、数量、单价、金额等方面的字迹是否清晰，填发原始凭证的单位名称、地址、图章、手续是否完整清楚，字迹、数字有无涂改情况。

（2）审查记账凭证。审查记账凭证的记载是否符合会计制度的规定，所记账户名称和会计分录是否正确，有无错用账户或记错方向等情况。

（3）审查会计账簿。主要检查日记账、分类账、备查账簿的会计科目、金额。必要时，查对记账凭证及原始凭证，以求查明其反映的经济业务是否正常。在审查明细分类账时，要检查明细分类账的记载是否符合会计制度的规定。明细分类账账户较多时，可以有选择、有重点地进行审查，如材料成本差异账户，应收、应付款账户，预收、预付款账户，费用账户和营业外支出账户等容易隐藏错弊的账户。

（4）审查会计报表。主要应注意审查会计报表的编制是否符合国家颁布的《企业会计准则》和相关会计制度的规定。会计报表的附注是否对应予揭示的重大问题做了充分的披露。

必要时，注册会计师还应对计划资料、经济合同和其他有关经济资料进行审查。审查资料来源是否可靠，数据计算是否正确，业务内容是否符合法规政策，运行时是否符合经营管理原理方法和规章制度。以较全面地掌握情况并发现问题。

检查记录或文件可以提供可靠程度不同的审计证据，审计证据的可靠性取决于记录或文件的来源和性质。外部记录或文件通常被认为比内部记录或文件更可靠，因为外部凭证经被审计单位的客户出具，又经被审计单位认可，表明交易双方对凭证上记录的信息和条款达成一致意见。另外，某些外部凭证编制过程非常谨慎，通常由律师或其他有资格的专家进行复核，因而其可靠性更高。

二、检查有形资产

检查有形资产是指注册会计师对资产实物进行检查。一般来说，有形资产的检查通常由被审计单位进行盘点，注册会计师只进行现场监督；对于贵重的物资，可进行抽查复盘。检查有形资产，一方面是为了确定资产的数量和规格，以确定被审计单位有形资产是否真实存在并与账面数量相符；另一方面则是为了查明各项财产物资有无短缺、损毁、腐坏、变质、等级下降、超储积压、呆滞、贪污以及盗窃等问题，以评价资产的状况和质量。检查有形资产可为有形资产存在性提供可靠的审计证据，但不一定能够为权利和义务、计价认定提供可靠的审计证据。

检查有形资产的
注意事项

三、核对

在检查记录或文件时，注册会计师还可以将反映各个不同方面而又互相关联的凭证、账簿、报表进行交叉对照，以检查它们之间是否一致。一般而言，主要是核对证证之间、证账之间、账账之间、账表之间、表表之间的有关数据是否相符，有无计算错误、书写错误，有无错记、漏记、重记等问题。

（1）原始凭证之间、原始凭证同记账凭证之间、记账凭证同汇总记账凭证之间的核对。主要核对日期、内容、数量、金额等是否相符。例如，审查材料采购业务，为了查明所购材料是否已经收到，可将购料发票同收料单核对。如收料单上的材料名称、数量同购料发票上的相符，则说明材料照收无误。购料发票和收料单都是原始凭证，但购料发票规定了应收材料的名称和数量，所以，它们之间的核对应以购料发票为根据。由此可见，原始凭证之间的核对，应视经济业务的具体情况，确定哪两种原始凭证间的核对，并以哪种原始凭证为根据。又如，审查汇总记账凭证是否正确，可将记账凭证同汇总记账凭证核对，这是因为汇总记账凭证是根据有关记账凭证汇总起来编制的，所以应以记账凭证为根据。

至于原始凭证同记账凭证之间的核对，一般是在审阅记账凭证，观察其会计科目及其借贷方向以及金额时，才需翻阅所附原始凭证，并从原始凭证上考察所用会计科目、方向、金额是否正确，因而一般把这种原始凭证同记账凭证之间的核对归入审阅技术。

（2）记账凭证或原始凭证同所记账簿核对。主要核对凭证的日期、会计科目、明细科目、金额，同记入或过入序时账簿、分类账簿、备查账簿的相应记录是否相符，以及各种账簿转次页、承前页的金额是否相符。

（3）明细分类账同总分类账核对。主要核对期初余额、本期发生额和期末余额是否相符。例如，审查固定资产总账账户的期末余额为 12 800 000 元，固定资产各明细户期末余额合计为 12 600 000 元，明细账余额合计比总账余额少 200 000 元。要查明不符原因，注册会计师可先审查有关固定资产的记账凭证，看每张记账凭证上会计科目和明细科目的合计是否相符。如相符，则检查是否过账时有遗漏或金额少过。如并无遗漏或少过，则要对总账和明细账分别复算。如复算无误，则要看总账账户期初余额和明细账账户期初余额是否有误。通过以上查核和复算，注册会计师虽可发现错误所在，但还要进一步了解错误的原因。如果一笔固定资产仅总账账户有而明细账账户却没有，其原因可能是被审计单位领导为了多计折旧费用，以便多计产品成本，少计产品销售利润，因而指使会计人员在总账账户上借记固定资产时，增记 200 000 元。这样，可据总账的固定资产原价多计折旧。如果是过入总账时错误地把借方金额 300 000 元，过为 500 000 元，则属于技术性错误。

（4）明细分类账同所编报表核对。主要核对账簿的记账时间、明细科目、金额，同有关报表是否相符。例如，固定资产各明细账余额合计仅 12 600 000 元，比总账账户余额少 200 000 元。会计人员为了使明细账余额合计同总账金额相符，在编制明细表时虚增了明细账户余额或虚增了明细表合计。如将明细账和明细表核对和复算，就可发现这类错误。

（5）明细表同有关报表核对。主要核对明细表的时间、总额同有关报表的项目、时间、金额是否相符。例如，上例固定资产明细表余额合计，同资产负债表的固定资产项目原价不符，少了 200 000 元，注册会计师就要按照前述审查方法追查清楚，以求确定是什么问题。

（6）报表之间有关项目的核对。主要核对会计报表上的数字计算是否正确无误，核对相关会计报表之间的相关数字是否相符；核对账卡上所反映的实物余额是否与实际存在的实物数额相符。如果涉及前期的数字，还应核对是否与前期会计报表上的有关数字相符。例如，利润分配表中的利润总额，应同损益表中的利润总额核对。利润分配表中的未分配利润，应同资产负债表中所有者权益中的未分配利润核对。

（7）预测、核算、分析、检查书面资料中的项目和数据，应同计划、业务核算、统计核算、会计核算等书面资料核对。例如，资产负债表上各项目的年初数，应同上年资产负债表的期末数和分类账有关账户的年初数核对。

从上可知，对于复核技术的应用，必须针对所要审查经济活动的具体内容，确定什么书面资料同什么书面资料核对，并以什么书面资料为根据。对于复核中发现的问题，应进一步分析问题的性质，到底是工作过程中的一般过失差错，还是故意弄虚作假的弊端差错或违法乱纪行为。然后，再运用其他方法获得相关证据，按问题的性质进行处理。

四、观察

观察是指注册会计师察看相关人员正在从事的活动或执行的程序。例如，对被审计单位执行的存货盘点或控制活动进行观察。

观察提供的审计证据仅限于观察发生的时点，并且在相关人员已知被观察时，相关人员从事活动或执行程序的做法可能与日常的做法不同，从而影响注册会计师对真实情况的了解。因此，注册会计师在使用观察程序获取审计证据时，要注意其本身固有的局限性，有必要获取其他类型的证据。

五、询问

询问是指注册会计师以书面或口头方式，向被审计单位内部或外部的知情人员获取财务信息和非财务信息，并对答复进行评价的过程。

知情人员对询问的答复可能为注册会计师提供尚未获悉的信息或佐证，也可能提供与已获悉信息存在重大差异的信息，注册会计师应当根据询问结果考虑修改审计程序或实施追加的审计程序。

询问本身通常不足以发现认定层次存在的重大错报，也不足以测试内部控制运行的有效性，注册会计师还应当实施其他审计程序获取充分、适当的审计证据。

六、函证

（一）函证的含义与形式

函证（即外部函证），是指注册会计师为了获取影响财务报表或相关披露认定的项目的信息，直接从第三方取得有关信息和现存状况的书面答复，以获取和评价审计证据的过程。书面答复可以采用纸质、电子或其他介质等形式。

询证函有积极式询证函和消极式询证函两种形式。积极式询证函，是指要求被询证者直接向注册会计师回复，表明是否同意询证函所列示的信息，或填列所要求的信息的一种询证函。消极式询证函，是指要求被询证者只有在不同意询证函所列示的信息时才直接向注册会计师回复的一种询证函。

（二）函证程序

注册会计师应当确定是否有必要实施函证程序以获取认定层次的相关、可靠的审计证据。在做出决策时，注册会计师应当考虑评估的认定层次重大错报风险，以及通过实施其他审计程序获取的审计证据如何将检查风险降至可接受的水平。

注册会计师应当对银行存款、借款（包括零余额账户和在本期内注销的账户）及与金融机构往来的其他重要信息实施函证程序，除非有证据表明这些项目对财务报表不重要且与之相关的重大错报风险很低。如果不对这些项目函证，注册会计师应当在工作底稿中说明理由。

注册会计师应当对应收账款实施函证程序，除非有充分证据表明应收账款对财务报表不重要，或函证很可能无效。如果认为函证很可能无效，注册会计师应当实施替代审计程序，以获取相关、可靠的审计证据。如果不对应收账款函证，注册会计师应当在工作底稿中说明理由。当实施函证程序时，注册会计师应当对询证函保持控制，包括以下几点。

（1）确定需要确认或填列的信息。

（2）选择适当的被询问者。

（3）设计询证函，包括正确填列被询证者的姓名和地址，以及被询证者直接向注册会计师回函的地址。

（4）发出询证函并予以跟进，必要时再次向被询证者寄发询证函。

（三）实施函证程序的结果

如果存在对询证函回函的可靠性产生疑虑的因素，注册会计师应当进一步获取审计证据以消除这些疑虑。如果认为询证函回函不可靠，注册会计师应当评价其对评估的相关重大错报风险，以及其他审计程序的性质、时间安排和范围的影响。在未回函的情况下，注册会计师应当实施替代审计程序以获取相关、可靠的审计证据。如果注册会计师认为取得积极式询证函回函是获取充分、适当的审计证据的必要程序，替代程序不能提供注册会计师所需要的审计证据，在这种情况下，如果未获取回函，注册会计师应当确定其对审计工作和审计意见的影响。如果回函存在不符事项，注册会计师应当调查不符事项，以确定其是否表明存在错报。

进行函证时，应注意下列问题：函证问题必须有记录，如询问什么问题，结果如何，均应记录清楚；函证的问题要简单明了；发函应由注册会计师亲自办理，不得委托被审计单位办理。

（四）管理层要求不实施函证时的处理

当被审计单位管理层要求对拟函证的某些账户余额或其他信息不实施函证时，注册会计师应当考虑该项要求是否合理，并获取审计证据予以支持。如果认为管理层的要求合理，注册会计师应当实施替代审计程序，以获取与这些账户余额或其他信息相关的，充分、适当的审计证据。如果认为管理层的要求不合理，且被其阻挠而无法实施函证，注册会计师应当视为审计范围受到限制，并考虑对审计报告可能产生的影响。

分析管理层要求不实施函证的原因时，注册会计师应当保持职业怀疑态度，并考虑：（1）管理层是否诚信；（2）是否可能存在重大的舞弊或错误；（3）替代审计程序能否提供与这些账户余额或其他信息相关的，充分、适当的审计证据。

七、重新计算

重新计算是指注册会计师以人工方式或使用计算机辅助审计技术，对记录或文件中的数据计算准确性进行核对。它不仅包括对被审计单位的凭证、账簿和报表中有关数字的验算，而且还包括对会计资料中有关项目的加总或其他运算。在计算过程中，注册会计师并非完全按照被审计单位原先的计算形式和顺序来进行，而且既要注意计算结果的正确性，又要关注某些其他可能的差错，如计算结果的过账和转账错误等。

八、重新执行

重新执行是指注册会计师独立执行原本作为被审计单位内部控制组成部分的程序或控制。

九、分析程序

分析程序是指注册会计师通过研究不同财务数据之间以及财务数据与非财务数据之间的内在关系，对财务信息做出评价。分析程序还包括调查识别的、与其他相关信息不一致或与预期数据严重偏离的波动和关系。例如，注册会计师可以对被审计单位的会计报表和其他会计资料中的重要比率及其变动趋势进行分析程序，以发现其异常变动项目。对于异常变动项目，注册会计师应重新考虑自己采用的审计方法是否合适；必要时，应追加适当的审计程序，以获得相应的审计证据。

常用的分析程序方法有：比较分析法、比率分析法、平衡分析法、趋势分析法等。

分析程序方法

第三节

审计证据的审定

审计证据是注册会计师得出客观公正的审计结论的基础，因而注册会计师应尽量使审计证据真实可靠、合法充分。由于审计证据具有多样性和相对性的特点，加之收集审计证据的注册会计师的个人工作素质不同，在判断审计证据和运用审计证据得出审计结论上就可能出现主观不符合客观的情况。为了尽可能杜绝这种情况的发生，对审计证据本身进行审定就成为审计过程的重要环节。所谓审计证据的审定，即审计证据的审查判断，是指注册会计师对收集的审计证据运用审计方法和技术进行分析、研究、鉴别真伪，审定所收集的审计证据的质量，找出与被审事项的客观联系，从而正确认识被审计单位的经济活动。换言之，审计证据的审定，就是审查判断收集到的审计证据本身的客观真实性，能否依据它们得出审计结论，依据它们能得出什么样的审计结论，得出的审计结论是否客观正确反映被审计事项。下面就以书面证据和实物证据的审定为例，进行说明。

一、书面证据的审定

对书面证据的审定应重点审查其真实、可靠、正确性和充分性。

（一）审查书面证据的格式、要素，判断其真实、可靠、正确性

一般而言，对书面证据的审定，要重点关注其格式是否规范，基本要素是否齐全，以此判断其真实、可靠、正确性。此外，对于来自被审单位内部的资料，应审查生成这些资料的内部控制机制；对于由被审单位提供的其他单位填制的资料，应审查有无篡改、伪造，是否符合国家规定；对从外部获得的书面证据，应审查提供者的理解能力和可信程度；对专家提供的书面证据，应审查其声誉和资格，另外，还应分析专家所用的分析方法和假设，并测试被审单位提供的数据；对注册会计师自己编制的资料，应审查其数据来源、计算程序、计算结果。

【案例 4.1】2017 年 3 月 13 日，中国证券监督管理委员会发布行政处罚决定书〔2017〕22 号，就瑞华会计师事务所（以下简称"瑞华所"）对辽宁振隆特产股份有限公司（以下简称"振隆特产"）审计失败进行行政处罚。经查明，瑞华所作为振隆特产首次公开募股（Initial Public Offering，IPO）审计机构，对振隆特产 2012 年、2013 年及 2014 年财务报表进行审计并出具了标准无保留意见的审计报告，审计收费 130 万元。瑞华所在审计过程中未勤勉尽责，其所出具的审计报告存在虚假记载。具体违法事实如下。

……

（一）瑞华所未保持应有的职业怀疑，未充分关注境外销售合同的异常情况

在瑞华所对振隆特产 2012 年至 2014 年营业收入进行审计时，振隆特产提供的与各个境外销售客户签订的合同的格式大致相同，合同中缺少对外贸易合同的一些基本要素，如对货物质量的约定（如纯度、含水率、破损率等）、包装标准、付款条件（如见票即付等）、需要提交的文件（如发票、提单、各种检疫检验证明文件等）。瑞华所在审计时发现振隆特产在 2012 年前后使用的外销合同格式不一样，但未保持应有的职业怀疑，特别是在 2013 年及 2014 年营业收入存在舞弊导致的重大错报风险的情况下，对上述异常情况未予以充分关注。

……

（二）审查判断书面证据的充分性

书面证据的充分性是当前获得的证据能够形成一条完整的证据链①，能够全面、客观地反映被审

---

① 证据链是一个法律术语，指一系列客观事实与物件所形成的证明链条。从性质上看，证据链之中的证据必须能够相互印证，排除合理怀疑。证据相互印证就是在运用证据查明案件事实的过程中，为了判断证据的真伪以及证明力的大小，将某一证据与案件其他证据进行比对、检验，考察证据之间的协调性、一致性，进而证明案件事实的活动。法官在采纳某一证据以及根据全案证据认定案件事实时，必须注重证据之间的相互印证。证据必须得到与其含有相同信息的其他证据的印证性支持。全案证据之间不能有矛盾，应一致性地证明案件事实。

计事项，并且根据这些证据能够做出唯一的审计结论。对书面证据的充分性审查，主要从以下三个方面进行。

首先，审查对会计记录、会计处理的错误或者其他不正常问题是否找到了根本原因，是否收集到足够证据证实该原因。

其次，审查对同一问题做出的审计结论的定性有无相反证据。如有，应进一步深入分析，或推翻原来的审计结论，或合理排除该相反证据的干扰。

最后，审查判断注册会计师自己做的推理证据，主要是看有无其他查证属实的证据佐证等。因为注册会计师在发现书面记载、会计处理有问题后，还需要其他证据证明所审计事项的分析和结论是否正确。

【案例4.2】

【案情】审计师在对某企业进行常规审计时，对于两台空调器提前报废的事情，获得了以下两张转账凭证及其附件（单位：元）。

凭证1

借：待处理财产损溢	6 000	
累计折旧	3 500	
贷：固定资产		9 500

凭证2

| 借：营业外支出 | 6 000 | |
| 贷：待处理财产损溢 | | 6 000 |

附件是空调器使用部门提交的"空调器报废申请表"和设备管理部门对此申请的批准文件。

注册会计师对这两张转账凭证及其附件进行了审核，文件签字齐备，并没有发现什么疑点。通常就会认为没有什么问题了。

【疑点】注册会计师又采用审阅法、询问法取得了如下证据。

（1）经查询，在此期间，企业并未发生盗窃、火灾等情况。

（2）购买发票表明，这两台空调器系上一年度同时采购。

（3）固定资产卡片上记载，这两台空调器系同批采购，均仅使用一年零三个月，且没有修理记录。

但空调器到底因何原因报废？是否有人对此负责？被审计单位是否启动过问责程序？为什么没有修理记录就批准报废？所有这些问题被审计单位都不能提供有力证据进行证实，这些都是疑点。

【真相】两台空调器提前报废是假，真实情况是企业将两台空调器作为礼物送人了。

二、实物证据的审定

在审定实物证据时，注册会计师应着重审查判断实物证据的真实可靠性、合法性和相关性。

（一）审查判断实物证据的真实可靠性

收集实物证据，通常运用监盘法，主要采取两种方式。

一是直接清查验证法，即注册会计师亲自清查验证。

二是监督清查验证法，即注册会计师到现场监督，由其他人员清查，注册会计师只对其中的某一部分亲自清查验证。

无论采取哪一种方式，收集实物证据都是比较烦琐耗时的事。于是有的注册会计师怕麻烦，工作不负责任，马虎了事，甚至根本不清点，不认真观察，只是听被审单位有关人员报一下数，记下来就算是取得了证据。这样取得的实物证据显然缺乏真实可靠性。在审定时，应主要从两个方面进行审查。

一是审查作为实物证据的财产物资是否属于被审单位。这可以通过核对发票、核对产权证书来查证。不解决这个问题，就不能得出账实相符或不相符的结论。

二是审查实物的形态和价值。作为实物证据的财产物资，在生产经营过程中，因消耗或销售、使用或损耗其实物形态和价值形态都有所变化，所以，财产物资的数量及价值的会计确认与核算直接影响资产负债表中有关资产价值的真实性。审查被审单位的财产物资的实物形态和价值，并与会计记录进行核对，看其会计处理是否合理、合规。

【案例4.3】

【案情】注册会计师对 Q 公司的固定资产进行审计时，运用审阅法、核对法和抽查法取得以下证据。

（1）会计凭证分录如下。

借：固定资产——4 台客车   200 000

    贷：长期应付款——运输公司   200 000

并附有一张购车原始单据。

（2）固定资产登记簿上记载：2018 年 12 月 17 日购入 M 公司的 4 台客车，金额 20 万元。

（3）实地盘存，公司一分部和二分部各 2 台客车。

注册会计师初步结论为：账实相符。

【疑点】审计负责人在审定以上证据时，发现注册会计师没有审查客车的产权证书。

【取证】在审计负责人要求该公司出示 4 台客车的产权证书时，该厂有关负责人员道出了原委：这 4 台客车并非公司购买，而是从 M 公司租赁，双方协定，M 公司每年收取 4 万元租金，期限 5 年，共计 20 万元，5 年后客车交还给 M 公司。

【结论】上述购车的原始单据是 Q 公司伪造的。

【启示】本案中，Q 公司对 4 台客车的产权确定不正确、不合规。本应属于经营性租入的固定资产却列为本公司的固定资产，其目的是虚增资产，这必然导致账实不符。本案就是根据固定资产产权的归属查出了 Q 公司的舞弊行为。因而，在审定实物证据时，审查财产物资所有权归属是极其重要的一个方面。

（二）审查判断实物证据的合法性

审查判断实物证据的合法性即审查判断收集的实物证据是否符合国家法律法规的规定。一般从以下两个方面进行审查。

一方面，作为实物证据的财产物资，被审计单位在取得、使用、转让或报废等方面是否符合有关规定。

另一方面，注册会计师收集实物证据的方法和程序是否符合有关规定，是否具有完备的法律手续等。注册会计师直接清查验证时，必须要有被审计单位的主管人员、具体经管人员等人员在场并在验证单据上签章，经过适当的法律程序，取得法律证明文件，以分清责任。例如，验证现金的真实性，一般应由注册会计师在制订盘点计划后，实行突击性盘点。盘点时间应在全天业务开始之前或终止后。参加盘点的，除注册会计师外，还应包括被审计单位财务负责人和现金管理人员。在盘点结束前，注册会计师对所有的现金加以控制，对未能盘点的现金应予以封存。

【案例4.4】

【案情】注册会计师李玲对某公司进行审计时，为验证公司固定资产的真实性和完整性，李玲运用抽查法进行审查。根据固定资产卡片上的内容分别与实物相核对，发现以下两点。

（1）一台2013年购置的某轿车未按要求驰回厂区待检；相关人员说车已用于出差，并拿出购车发票予以证明，保证一切符合规定。

（2）120平方米的产成品库房。按卡片上记载的位置，有关人员指着一个小平房介绍说这就是该产成品库房。但李玲未进入房屋查实。

【疑点】审计项目经理肖勇在审定上述审计证据时认为，现有的审计证据尚不充分，应进一步实地审查。

【取证】经实地考察，取得了新的证据。

（1）轿车挂的是私人牌照，由公司采购办主任驾驶。

（2）卡片上记载的产成品库房并不在该公司区域内，实为处于市内繁华地段的销售门市部，现已作为投出资产与外单位某公司联营，但并未在该公司会计核算中反映。

（3）公司人员介绍的小平房已停用两年。

【结论】这样，注册会计师终于查清了该公司存在的问题。

（1）公司车辆擅自挂私人牌照，容易造成资产流出。

（2）已对外投资的固定资产不转账，掩盖了非正当的经营目的，其目的是将来私分联营投资收益。

【启示】本案中，注册会计师李玲最初取得的证据是不可靠的，会得出错误的结论。这是因为她收集实物证据的方法和程序不符合实物清查的规定。审计项目经理肖勇在审定证据时，遵循了实物证据的收集方法——实地监盘，重新调取实物证据，从而最终查明公司对财产物资的使用不合法。

（三）审查判断实物证据的相关性

审计证据必须和审计结论有关，它们之间应当存在合乎逻辑的内在联系，使审计证据客观密切地反映被审计事项，有力支持审计结论。例如，当注册会计师审查库存材料的数量时，一般采用清点实物数量的方法来获取证据，即清点数量后所得的总数是注册会计师得出库存材料账面数量与实有数量是否一致结论的重要证据。但因材料核算可采用多种计价方法，如果注册会计师不对其计价方法的合理性、正确性和一贯性进行审查，仅凭点数无法做出库存材料账面价值与实存价值是否相符的判断。

在审查实物证据是否支持审计结论的同时，注册会计师应注意不要被一些表面现象蒙蔽，应当认真深入考虑本次审计是否达到了纠错揭弊的目的。

【案例4.5】

【案情】2019年3月5日，注册会计师对某企业所属子公司的原材料进行审计时，取得以下证据。

（1）一种添加剂2018年6月12日一次性购入200吨，单价13 000元，共计260万元。

（2）该添加剂2018年度只出库一次，领用了10吨，金额13万元。

（3）经盘点，发现库存数与账面数相符。

表面上完全可以得出结论：账实相符。

【疑点】但是，注册会计师并没有马上下结论，而是认真审定以上证据，发现该添加剂已经有9个月无动态，不能不让人疑惑：购入原材料是为生产需要，为什么这么长时间无动态，没有消耗吗？如果9个月只领用一次，一次领用10吨的话，所购入的200吨原材料岂不是要用15年以上？

【取证】带着疑问，注册会计师又继续调查，取得下列证据。

（1）到库房检查，得知该库存添加剂已变质。

（2）询问保管员和车间领料员，都说是由于进货后是雨季，库房漏雨，使这批原材料被雨水淋湿，车间领用后，无法生产出合格产品，就没有再领用。

（3）查阅利润账，该子公司一直处于微利状态，2018年全年账面仅盈利45万元。

（4）注册会计师询问公司财务人员。财务人员说，该公司如在年底将此添加剂报损，必将造成247万元的亏损，并导致该公司年度总亏损200多万元。年末集团公司考核该子公司时，公司领导将受重罚。所以财务一直将该批原材料挂在账上，不做处理，形成潜在亏损247万元。

【结论】注册会计师认定了财务人员的说法，要求公司进行会计调整。

【思考】本案例中，真相是否真的如财务人员所说是因为害怕亏损而将该批原材料挂在账上不做处理吗？有没有另外一种可能：该批原材料购入时，除了将要领用的10吨没有问题外，其他190吨原材料本来就是已经变质的废品。所谓的"库房漏雨，使这批原材料被雨水淋湿"只不过是掩盖舞弊的借口。毕竟260万元的原材料对于一家年盈利只有近50万元的公司来说，是一个非常大的数字，这么重要的资产为何不能妥善保管而"被雨水淋湿"呢？请大家一起思考应该如何进一步查明真相呢？注册会计师不能被表面现象蒙蔽，而是要尽可能抓住一些蛛丝马迹，透过现象看本质，最终实现审计目标，这是在审定实物证据的相关性时尤其要注意的。

不认真排除，辨明真相，往往会干扰注册会计师形成正确、恰当的审计结论和意见。

第四节 审计工作底稿的编制与归档

一、审计工作底稿的定义和编制目的

（一）审计工作底稿的定义

所谓审计工作底稿，是指注册会计师对制订的审计计划、实施的审计程序、获取的审计证据，以及得出的审计结论做出的记录。审计工作底稿可以以纸质、电子或其他介质形式存在。它全面反映了审计工作的全过程及其工作内容和工作结果，其内容包括注册会计师在制订和实施审计计划时直接编制的、用以反映其审计思路和轨迹的工作记录，注册会计师从被审计单位或其他有关部门取得的、用作审计证据的各种原始资料，以及注册会计师接受并审阅他人代为编制的审计记录。

（二）审计工作底稿的编制目的

审计工作底稿是审计业务中普遍使用的专业工具。编制或取得审计工作底稿是注册会计师主要的审计工作。审计工作底稿的编制目的主要表现在以下几个方面。

（1）审计工作底稿是联结整个审计工作的纽带，有助于项目组计划和实施审计工作。

（2）审计工作底稿是注册会计师形成审计结论、发表审计意见的直接依据。

（3）审计工作底稿是减轻或摆脱注册会计师的审计责任，评价或考核注册会计师专业能力与工作业绩的依据。

（4）审计工作底稿为审计质量控制与质量检查提供了可能。

（5）审计工作底稿对未来的审计业务具有重要的参考备查价值。

二、审计工作底稿的要求

（一）编制审计工作底稿的总体要求

注册会计师编制的审计工作底稿，应当使得未曾接触该项审计工作的有经验的专业人士清楚了解如下内容。

（1）按照审计准则和相关法律法规的规定实施的审计程序的性质、时间和范围。

（2）实施审计程序的结果和获取的审计证据。

（3）审计中遇到的重大事项和得出的结论，以及在得出结论时做出的重大职业判断。

这里所说的有经验的专业人士，是指对审计过程、相关法律法规和审计准则的规定、被审计单位所处的经营环境，以及与被审计单位所处行业相关的会计和审计问题有了解的人士。

（二）确定审计工作底稿的格式、要素和范围时考虑的因素

在确定审计工作底稿的格式、要素和范围时，注册会计师应当考虑下列因素。

（1）被审计单位的规模和复杂程度。

（2）拟实施审计程序的性质。

（3）识别的重大错报风险。

（4）已获取的审计证据的重要程度。

（5）识别的例外事项的性质和范围。

（6）当从已执行的审计工作或获取审计证据的记录中不易确定结论或结论的基础时，记录结论或结论基础的必要性。

（7）审计方法和使用的工具。

（三）审计工作底稿的范围

审计工作底稿的范围通常包括总体审计策略、具体审计计划、分析表、问题备忘录、重大事项概要、询证函回函和声明、核对表、有关重大事项的往来函件（包括电子邮件），注册会计师还可以将被审计单位文件记录的摘要或复印件（如重大的或特定的合同和协议）作为审计工作底稿的一部分。

此外，审计工作底稿通常还包括业务约定书、管理建议书、项目组内部或项目组与被审计单位举行的会议记录、与其他人士（如其他注册会计师、律师、专家等）的沟通文件及错报汇总表等。但是，审计工作底稿并不能代替被审计单位的会计记录。

审计工作底稿中的分析表、问题备忘录、核对表

审计工作底稿通常不包括已被取代的审计工作底稿的草稿或财务报表的草稿、反映不全面或初步思考的记录、存在印刷错误或其他错误而作废的文本，以及重复的文件记录等。这些草稿、错误的文本或重复的文件记录不直接构成审计结论和审计意见的

支持性证据，因此，注册会计师通常无须保留这些记录。

（四）审计工作底稿的要素

一般情况下，审计工作底稿应包括以下基本要素。

（1）被审计单位的名称。

（2）审计项目名称。

（3）审计项目的时点或期间。

（4）审计过程记录。

（5）审计标识及其说明。

（6）审计结论。

（7）索引号及页次。

（8）审计工作的执行人员及完成该项审计工作的日期。

（9）审计工作的复核人员及复核的日期和范围。

（10）其他应说明的事项。

（五）审计工作底稿的基本结构

注册会计师编制审计工作底稿的基本目的是揭示有关审计事项的未审情况，以及审计过程中和审计后有关审计事项的审定情况。为实现上述目的，注册会计师编制审计工作底稿时，应把握以下基本结构。

（1）被审计单位的未审情况，包括被审计单位内部控制的情况、有关会计账项的未审计发生额及期末余额。

（2）审计过程的记录。其中包括：注册会计师实施的审计测试性质、审计测试项目、抽取的样本及检查的重要凭证、审计标识及其说明、审计调整及重分类事项等。在记录实施审计程序的性质、时间和范围时，注册会计师应当记录测试的特定项目或事项的识别特征。所谓识别特征，是指被测试的项目或事项表现出的征象或标志。如在对被审计单位生成的订购单进行细节测试时，注册会计师可能以订购单的日期或编号作为测试订购单的识别特征。识别特征因审计程序的性质和所测试的项目或事项的不同而不同。

（3）注册会计师的审计结论。其中包括：注册会计师对被审计单位内部控制情况的研究与评价结果、有关会计账项的审定发生额及审定期末余额。

（六）形成审计工作底稿的基本要求

审计工作底稿的形成方式有编制与获取两种，对审计工作底稿的基本要求也应从这两个方面来认识。

1. 编制审计工作底稿的基本要求

注册会计师在编制审计工作底稿时，应遵循以下几个要求。

（1）资料翔实，即记录在审计工作底稿上的各类资料来源要真实可靠。

（2）重点突出，即审计工作底稿应力求反映对审计结论有重大影响的内容。

（3）繁简得当，即审计工作底稿应当根据记录内容的不同，对重要内容详细记录，对一般内容简单记录。

（4）结论明确，即按审计程序对审计项目实施审计后，注册会计师应对该审计项目明确表达其最终的专业判断意见。

（5）内容完整，即构成审计工作底稿的基本内容应全部包括在内。

（6）格式规范，即审计工作底稿所采用的格式应规范，这主要强调审计工作底稿在结构设计上应当合理，并有一定的逻辑性，但并不意味着格式要统一。

（7）标识一致，即审计符号的含义应前后一致，并明确反映在审计工作底稿中。

（8）记录清晰，即审计工作底稿中记录的内容要连贯，文字要端正，计算要正确。

2. 获取审计工作底稿的基本要求

对于由被审计单位、其他第三者提供或代为编制的审计工作底稿，注册会计师必须做到以下几点。

（1）注明资料来源。

（2）实施必要的审计程序。例如，对有关法律性文件复印件的审阅，应同原件核对一致。

（3）形成相应的审计记录。注册会计师在审阅或核对后，应形成相应的文字记录并签名，这样才能形成审计工作底稿。

三、审计工作底稿的复核

（一）审计工作底稿复核制度

一张审计工作底稿往往由一名注册会计师独立完成。编制者对有关资料的引用，对有关事项的判断，对会计数据的加计复算等都可能出现误差，因此，审计工作底稿编制完成后，通过一定的程序，经过多层次的复核就显得十分必要。会计师事务所应结合本所实际情况，制订实用有效的复核制度。所谓审计工作底稿复核制度，就是会计师事务所对有关复核人的级别、复核程序与要点、复核人的职责等所做出的明文规定。

（二）审计工作底稿复核的作用

对审计工作底稿实施多层次的复核制度，是保证审计工作质量的一项积极措施和有效手段。具体来说，审计工作底稿复核的作用主要体现在以下三个方面。

（1）减少或消除人为的审计误差，以降低审计风险，提高审计质量。

（2）及时发现和解决问题，保证审计计划顺利执行，并能够不断地协调审计进度，节约审计时间，提高审计效率。

（3）便于上级管理人员对注册会计师进行审计质量监控和工作业绩考评。

（三）审计工作底稿的复核要点

根据审计质量控制准则的基本要求，审计组织应当建立多层次的审计工作底稿复核制度，而不同层次的复核可能有不同的复核重点。但就复核工作的基本要点来看，一般都应包括以下几个方面。

（1）所引用的有关资料是否翔实可靠。

（2）所获取的审计证据是否充分适当。

（3）审计判断是否有理有据。

（4）审计结论是否恰当。

（四）审计工作底稿复核的基本要求

复核是审计组织进行质量控制的一项重要程序，必须有严格、明确的原则。一般来说，复核工作包括以下几个方面。

（1）做好必要的复核记录。对审计工作底稿中存在的问题和疑点要明确指出，并以文字记录于审计工作底稿中。

（2）书面表示复核意见。

（3）复核人在其复核过的审计工作底稿上签名和签署日期。如果由若干页审计工作底稿组成一个审计项目，复核人可仅在第一页审计工作底稿上签名和签署日期。复核人签名和签署日期，有利于划清审计责任，也有利于上级复核人对下级复核人的监督。

（4）督促编制人及时修改、完善审计工作底稿。

（五）审计工作底稿的三级复核制度

为了保证审计工作底稿复核工作的质量，审计组织应建立多层次的审计工作底稿复核制度。就我国审计组织的体制来看，建立三级复核制度是切实可行的。所谓三级复核制度，就是审计组织制订的以项目经理、部门经理和主任会计师为复核人，对审计工作底稿进行逐级复核的一种复核制度。从目前实行的效果来看，这种复核制度对提高我国审计质量发挥了重要作用。

审计工作底稿的
三级复核

需要指出的是，若部门经理作为某一审计项目的项目负责人，该项目又没有部门经理参加，则该部门经理的复核应视为项目经理复核，主任会计师应另行指定人员代为执行部门经理的复核工作，以保证三级复核彻底贯彻和全面执行。

四、审计工作底稿的归档

审计工作底稿经过分类整理、汇集归档后，就形成了审计档案。审计档案是会计师事务所的重要历史资料，是会计师事务所的宝贵财富，会计师事务所应妥善管理。

（一）审计工作底稿归档工作的性质

在出具审计报告前，注册会计师应完成所有必要的审计程序，取得充分、适当的审计证据并得出适当的审计结论。在审计报告日后将审计工作底稿归整为最终审计档案是一项事务性的工作，不涉及实施新的审计程序或得出新的结论。

如果在归档期间对审计工作底稿做出的变动属于事务性的，则注册会计师可以做出变动，主要包括以下内容。

（1）删除或废弃被取代的审计工作底稿。

（2）对审计工作底稿进行分类、整理和交叉索引。

（3）对审计档案归整工作的完成核对表签字认可。

（4）记录在审计报告日前获取的、与审计项目组相关成员进行讨论并取得一致意见的审计证据。

（二）审计工作底稿的归档期限

通常，审计工作底稿的归档期限为审计报告日后 60 天内。如果注册会计师未能完成审计业务，审计工作底稿的归档期限为审计业务中止后的 60 天内。

（三）审计工作底稿归档后的变动

在完成最终审计档案的归整工作后，如果发现有必要修改现有审计工作底稿或增加新的审计工作底稿，无论修改或增加的性质如何，注册会计师均应当记录下列事项。

（1）修改或增加审计工作底稿的时间和人员，以及复核的时间和人员。

（2）修改或增加审计工作底稿的具体理由。

（3）修改或增加审计工作底稿对审计结论产生的影响。

（四）审计工作底稿的保管期限

会计师事务所应当自审计报告日起,对审计工作底稿至少保存 10 年。如果注册会计师未能完成审计业务,会计师事务所应当自审计业务中止日起,对审计工作底稿至少保存 10 年。在完成最终审计档案的归整工作后,注册会计师不应在规定的保存期届满前删除或废弃任何性质的审计工作底稿。

本章关键词汇

审计证据 audit evidence	观察 observation
充分性 sufficiency	询问 inquiry
适当性 appropriateness	函证 confirmation
相关性 relevance	重新计算 recalculation
可靠性 reliability	重新执行 reperformance
分析程序 analytical procedure	检查 inspection
审计工作底稿 audit working paper	

思考与练习题

（一）思考题

1. 注册会计师获取审计证据时考虑的相关事项有哪些?

2. 注册会计师应考虑哪些影响评价审计证据的充分性和适当性的因素?如果不能获取充分、适当的审计证据,注册会计师应出具什么意见类型的审计报告?

3. 审计证据种类与具体审计目标的关系如何?

4. 外部函证的重要性体现在哪些方面?

5. 什么是审计工作底稿?为什么要编制审计工作底稿?

（二）分析题

1. 分组讨论注册会计师利用专家工作和内部注册会计师的工作时应当注意哪些问题。

2. 对存货和固定资产可以通过检查有形资产的方式判定其是否确实存在,而对于固定资产又可以通过观察来判断是否确实存在,两者是否矛盾?

3. 东海会计师事务所接受委托于 2020 年 2 月 25 日对长德股份有限公司 2019 年度的财务报表进行审计,注册会计师王豪带领审计项目组接受了任务。为实现表 4-2 所列审计目标,请指出王豪等人应实施的具体审计程序（每个审计目标对应两项）,以及获取到审计证据的类型。

表 4-2   审计目标、具体审计程序及审计证据类型的情况

审计目标	具体审计程序	审计证据类型
资产负债表日的库存现金是否确实存在		
应收账款是否确实为长德股份有限公司的债权		

续表

审计目标	具体审计程序	审计证据类型
存货增减变动的记录是否真实、完整		
累计折旧的年末余额是否正确		
固定资产是否归长德股份有限公司所有		

4. 注册会计师李新在对长岭公司存货项目的相关内部控制进行研究评价之后，发现长岭公司存在以下六种可能导致错误的情况。

（1）所有存货都未经认真盘点。

（2）接近资产负债表日前入库的产成品可能已计入存货项目，但可能未进行相关的会计记录。

（3）由东湖公司代管的 A 材料可能并不存在。

（4）东湖公司存放于长岭公司仓库内的 B 材料可能已被计入长岭公司存货项目。

（5）存货计价方法已做变更。

（6）长岭公司以前年度未曾接受过审计。

要求：请按下述要求，将答案填列在题后的表格中。

（1）为了证实上述情况是否真正导致错误，李新应当分别执行的最主要的实质性测试程序是什么？（每一种情况陈列一项程序。）

（2）李新执行的实质性测试程序能够实现哪些审计目标？

（3）李新执行各项实质性测试程序所获取的审计证据如按其外形特征分类，分别为哪些种类？请填入表 4-3。

表 4-3　　　　　　　　实施的审计程序及对应实现的目标、所获证据种类的情况

情况序号	审计程序	审计目标	审计证据的种类
（1）			
（2）			
（3）			
（4）			
（5）			
（6）			

相关资料链接

1. 《中国注册会计师审计准则第 1301 号——审计证据》（2016）

2. 《中国注册会计师审计准则第 1301 号——审计证据》应用指南（2019）

3. 《中国注册会计师审计准则第 1311 号——对存货、诉讼和索赔、分部信息等特定项目获取审计证据的具体考虑》（2019）

4. 《中国注册会计师审计准则第 1312 号——函证》（2010）

5. 《中国注册会计师审计准则第 1313 号——分析程序》（2010）

6. 《中国注册会计师审计准则第 1612 号——银行间函证程序》（2006）

7. 《中国注册会计师审计准则第 1131 号——审计工作底稿》（2016）

8. 《中国注册会计师审计准则第 1131 号——审计工作底稿》应用指南（2017）

审计抽样方法

第五章

本章学习目标

1. 知识目标
（1）了解不同审计抽样方法的概念及相互的区别。
（2）理解样本设计及抽样结果的评价。

2. 能力目标
（1）掌握审计抽样的原理、步骤以及运用方法。
（2）掌握抽样技术在控制测试中的运用方法。
（3）掌握抽样技术在实质性程序中的运用方法。

第一节 审计抽样概述

现代审计已经将抽样方法作为最主要的方法。审计抽样技术的产生和发展，使注册会计师可通过审查较少的交易凭证、资料而获得正确的结论，从而极大地提高了审计工作效率。审计抽样是 20 世纪审计技术令人瞩目的成就之一，是审计理论和实践的重大突破。

一、审计抽样的产生和发展

抽样技术作为一种审计方法，可以追溯到十九世纪末。在审计发展的早期阶段，注册会计师大都运用详细审计技术对会计资料或其他记录进行逐笔审查。当时企业规模较小，经济业务不很复杂，注册会计师有能力做到这一点。但是随着社会生产力的发展，企业规模的扩大，经营活动日趋复杂，会计记录成倍地增加，致使审计活动无论是从审计费用的开支还是从审计要办理的程序来看，都无法继续运用详细审计技术。于是，改革传统的审计方法成为注册会计师的燃眉之急。

审计抽样方法产生的前提有两个：一是随着经济的发展，审计内容越来越复杂，若采用详细审计方法只会造成成本高而效率低；二是被审计单位的管理水平在逐渐提高，内部控制也在逐渐完善，从而降低了其内部发生错弊的可能性，为注册会计师采用抽样审计方法创造了条件。

任意抽样、判断
抽样、统计抽样

审计抽样的发展是一个从简单到复杂、从放任到科学的过程。具体讲，审计抽样经历了任意抽样审计、判断抽样审计和统计抽样审计三个阶段。

二、审计抽样的基本概念

（一）选取测试项目的方法

注册会计师在设计审计程序、收集审计证据时，需要选取项目进行测试。选取方法有三种：一是对某总体包含的全部项目（如资本公积项目）进行测试；二是对选出的特定项目进行测试，但不推断总体；三是审计抽样，以样本结果推断总体结论。

1. 选取全部项目

当存在下列情形之一时，注册会计师应当考虑选取全部项目进行测试。

（1）总体由少量的大额项目构成。

（2）存在特别风险且其他方法未提供充分、适当的审计证据。

（3）由于信息系统自动执行的计算或其他程序具有重复性，对全部项目进行检查符合成本效益原则。

对全部项目进行检查，通常更适用于细节测试。

2. 选取特定项目

根据对被审计单位的了解、评估的重大错报风险以及所测试总体的特征等，注册会计师可以确定从总体中选取特定项目进行测试。

选取的特定项目可能包括以下几个。

（1）大额或关键项目。

（2）超过某一金额的全部项目。

（3）被用于获取某些信息的项目。

（4）被用于测试控制活动的项目。

根据判断选取特定项目，容易产生非抽样风险。

在现实社会经济生活中，注册会计师可以根据具体情况，单独或综合使用选取测试项目的方法，但所使用的方法应当能够有效地提供充分、适当的审计证据，以实现审计程序的目标。但选取全部项目和选取特定项目进行测试不属于审计抽样。

3. 审计抽样

所谓审计抽样，是指注册会计师对某类交易或账户余额中低于百分之百的项目实施审计程序，使所有抽样单元都有被选取的机会。这使注册会计师能够获取和评价与被选取项目的某些特征有关的审计证据，以形成或帮助形成对从中抽取样本的总体的结论。

总体，是指注册会计师从中选取样本并期望据此得出结论的整个数据集合。总体可分为多个层或子总体。对每一层或子总体，注册会计师可予以分别检查。例如，若查应收账款是否高估，总体为应收账款的账面总金额；若查付款是否有授权，总体是所有已付款发票。抽样单元，是指构成总体的个体项目。如上述付款授权测试中的每一张发票为抽样单元。

注册会计师对于容易发生错报的账户余额，可以使用选取全部项目或选取特定项目的方法；但对于缺乏了解的交易或账户余额，注册会计师从成本效率原则考虑，普遍采用审计抽样的方法。

（二）审计抽样的适用性

审计抽样并非在所有审计程序中都可使用。注册会计师拟实施的审计程序将对运用审计抽样产生重要影响。在风险评估程序、控制测试和实质性程序中，有些审计程序可以使用审计抽样，有些审计程序则不宜使用审计抽样。

（1）风险评估程序通常不使用审计抽样。但如果注册会计师在了解控制的设计和确定其是否得到执行时，一并计划和实施控制测试，则会涉及审计抽样。

（2）实施控制测试时，对留下运行轨迹的控制，注册会计师可考虑使用审计抽样；对未留下运行轨迹的控制，注册会计师通常实施询问、观察等审计程序，以获取有关控制运行有效性的审计证据，此时不宜使用审计抽样。此外，在被审计单位采用信息技术处理各类交易及其他信息时，注册会计师通常只需要测试信息技术一般控制，并从各类交易中选取一笔或几笔交易进行测试，就能获取有关信息技术应用控制运行有效性的审计证据，此时不需使用审计抽样。

（3）实质性程序包括对各类交易、账户余额和披露的细节测试，以及实质性分析程序。在实施细节测试时，注册会计师可以使用审计抽样获取审计证据，以验证有关财务报表金额的一项或多项认定（如应收账款的存在），或对某些金额做出独立估计（如陈旧存货的价值）。如果注册会计师将某类交易或账户余额的重大错报风险评估为可接受的低水平，也可不实施细节测试，此时不需使用审计抽样。实施实质性分析程序时，注册会计师的目的不是根据样本项目的测试结果推断有关总体的结论，此时不宜使用审计抽样。

三、抽样风险和非抽样风险

在获取审计证据时，注册会计师应当运用职业判断，评估重大错报风险，并设计进一步审计程序，以确保将审计风险降至可接受的低水平。在使用审计抽样时，审计风险既可能受到抽样风险的影响，又可能受到非抽样风险的影响。抽样风险和非抽样风险通过影响重大错报风险的评估和检查风险的确定而影响审计风险。

（一）抽样风险

抽样风险是指注册会计师根据样本得出的结论，与对总体全部项目实施与样本同样的审计程序得出的结论存在差异的可能性。也就是说，样本中包含的金额错报可能与某类交易或账户余额整体中存在的错报不成比例，或者是样本中对设定控制的偏差与某类交易、账户余额总体中的控制偏差不成比例，产生了样本特征与总体实际特征不相符的可能性。除非注册会计师对总体中的所有项目进行审计，否则抽样风险就可能产生。

在实施控制测试时，误差是指控制偏差；在实施细节测试时，误差是指错报。

（1）控制测试中的抽样风险。在实施控制测试时，注册会计师要关注两类抽样风险：信赖过度风险和信赖不足风险。信赖过度风险是指推断的控制有效性高于其实际有效性的风险；信赖不足风险是指推断的控制有效性低于其实际有效性的风险。

（2）实质性程序中的抽样风险。在实施实质性程序时，注册会计师也要关注两类风险：误受风险和误拒风险。误受风险是指注册会计师推断某一重大错报不存在而实际上存在的风险；误拒风险是指注册会计师推断某一重大错报存在而实际上不存在的风险。

上述四种风险，都将严重影响审计的效率或效果。

信赖不足风险和误拒风险可能导致两种结果：一是发表有保留的审计意见；二是增加审计程序，增加审计工作量。就第一种结果看，被审计单位未必会接受，因为缺乏充分的根据。就第二种结果看，执行额外的审计程序，虽然可以使审计的效果不错，但由于增加工作量，必然增加相关的支出，从而降低审计效率，产生风险成本，而这部分成本只能全部由注册会计师和会计师事务所承担。虽然信赖不足风险和误拒风险会降低审计效率，产生风险成本，但其正确性还是有保证的。

信赖过度风险和误拒风险是最危险的风险，会导致注册会计师形成错误的审计结论，提出错误的审计意见，使审计无法达到预期的效果，从而加大注册会计师的法律责任和经济损失。所以，注册会计师应对这两类风险特别予以关注，尽可能降低信赖过度风险和误受风险，这样才能提出正确的审计意见。

注册会计师在评价抽样风险时要运用专业判断。注册会计师在使用统计抽样时可以准确地计量抽样风险，从而进行控制。无论是控制测试还是细节测试，注册会计师都可以通过扩大样本规模降低抽样风险。

（二）非抽样风险

非抽样风险是指由某些与样本规模无关的因素而导致注册会计师得出错误结论的可能性。它包括审计风险中不是由抽样导致的所有风险。非抽样风险对审计工作的效率和效果都有一定影响。在审计过程中，可能导致非抽样风险的原因主要包括以下几个。

（1）注册会计师选择了不适实现特定目标的审计程序。例如，注册会计师依赖应收账款函证来揭露未入账的应收账款。

（2）注册会计师选择的总体不适合测试目标。例如，注册会计师在测试销售收入完整性认定时将主营业务收入明细账界定为总体。

（3）注册会计师未能适当地定义误差（包括控制偏差或错报），导致未能发现样本中存在的控制偏差或错报。例如，注册会计师在测试现金支付授权控制的有效性时，未将签字人未得到适当授权的情况界定为控制偏差。

（4）注册会计师未能适当地评价审计发现的情况。例如，注册会计师错误解读审计证据可能导致未能发现误差。注册会计师对所发现误差的重要性的判断有误，从而忽略了性质十分重要的误差，也可能导致得出不恰当的结论。

非抽样风险是由人为因素造成的，虽然难以量化非抽样风险，但通过采取适当的质量控制政策和程序，对审计工作进行适当的指导、监督和复核，仔细设计审计程序，以及对审计实务的适当改进，注册会计师可以将非抽样风险降至可接受的水平。

四、统计抽样与非统计抽样

所有的审计抽样都需要注册会计师运用职业判断，计划并实施抽样程序，评价样本结果。审计抽样时，注册会计师既可以使用统计抽样方法，也可以使用非统计抽样方法。

（一）统计抽样

统计抽样是以概率论和数理统计为理论基础，将数理统计与审计工作相结合而产生的一种审计抽样方法。统计抽样应同时具备下列特征。

（1）随机选取样本。

（2）运用概率论评价样本结果，包括计量抽样风险。

如果注册会计师严格按照随机原则选取样本，却没有对样本结果进行统计评估，或者基于非随机选样进行统计评估，则都不能认为其使用了统计抽样。

统计抽样有助于注册会计师高效地设计样本，计量所获取的证据的充分性，以及定量评价样本结果。但统计抽样又可能发生额外的成本：一方面，统计抽样需要特殊的专业技能，因此使用统计抽样需要增加额外的支出，即对注册会计师进行培训；另一方面，统计抽样要求单个样本项目符合统计要求，这些也可能需要支出额外的费用。使用审计抽样软件能够适当降低统计抽样的成本。

（二）非统计抽样

不同时具备上述两个特征的抽样方法为非统计抽样，包括任意抽样和判断抽样。

任意抽样是注册会计师在对总体进行审查时，随意地抽取样本，并以此推断全部审计总体的方法。缺点是，注册会计师在运用这种方法抽取样本时，没有考虑合适的样本容量，没有考虑样本的代表性，所以，得出的审计结论往往缺乏正确性和科学性。

判断抽样是注册会计师完全根据自己的实际经验和判断能力来抽取样本，并以此推断全部审计总体的方法。注册会计师认为，审计质量取决于自己的实际经验与判断能力。如果注册会计师的经验丰富，判断也准确，那么，审计工作将能收到事半功倍之效。但是，判断抽样避免不了主观性，样本容量也难以科学地决定。

统计抽样能够客观地计量抽样风险，并能通过调整样本规模精确地控制风险，这是与非统计抽样最重要的区别。不允许计量抽样风险的抽样方法都是非统计抽样，即便注册会计师按照随机原则选取样本项目，或使用统计抽样的表格确定样本规模，如果没有对样本结果进行统计评估，这仍然是非统计抽样。注册会计师在统计抽样与非统计抽样方法之间进行选择时主要考虑成本效益。不管是统计抽样还是非统计抽样，两种方法都要求注册会计师在设计、选取和评价样本时运用职业判断。如果设计适当，非统计抽样也能提供与统计抽样同样有效的结果。

另外，对选取的样本项目实施的审计程序通常与使用的抽样方法无关。

五、属性抽样和变量抽样

属性抽样和变量抽样是统计抽样在审计工作中的具体应用。

（一）属性抽样

属性抽样是一种用来对总体中某一事件发生率得出结论的统计抽样方法。属性抽样在审计中最常见的用途是测试某一设定控制的偏差率，以支持注册会计师评估的控制有效性和重大错报风险。在属性抽样中，设定控制的每一次发生或偏离都被赋予同样的权重，而不管交易的金额大小。

（二）变量抽样

变量抽样是用来估计总体金额而采用的一种统计抽样方法。变量抽样在审计中的主要用途是实行实质性细节测试，以确定记录金额是否合理。

在审计实务中，经常存在同时进行控制测试和实质性程序的情况，在此情况下采用的审计抽样称为双重目的抽样。属性抽样和变量抽样的主要区别如表 5-1 所示。

表 5-1 属性抽样与变量抽样的区别

抽样技术	测试种类	目标
属性抽样	控制测试	估计总体既定控制的偏差率
变量抽样	实质性程序	估计总体金额或者总体中的错误金额

一般而言，属性抽样得出的结论与总体发生率有关，而变量抽样得出的结论与总体的金额有关。但有一个例外，即统计抽样中的概率比例规模抽样（Probability Proportionate to Size Sampling，PPS），却运用属性抽样的原理得出以金额表示的结论。

另外，注册会计师在进行控制测试时，通常可采用固定样本量抽样、停一走抽样、发现抽样等属性抽样方法；在进行实质性程序时，通常可采用均值估计抽样、差异估计抽样、比率估计抽样等变量抽样方法。无论是控制测试，还是实质性程序，均可采用货币单位抽样方法。

第二节　审计抽样的基本步骤

注册会计师在控制测试和实质性细节测试中使用审计抽样方法要分三个阶段进行。即样本设计阶段、选取样本和实施审计程序阶段、评价样本结果阶段。

一、样本设计的含义和基本要求

（一）样本设计的含义

注册会计师运用审计抽样方法时，根据测试目标的需要，围绕样本的性质、样本量、抽样组织方式、抽样工作质量等要求进行的计划工作称为样本设计。

样本设计是审计抽样过程中的一个重要环节，注册会计师运用抽样方法需要在科学、具体的规划指导下进行。做好样本设计工作，设计有效的样本，对于提高审计抽样质量，实现审计抽样目标，形成正确的审计结论具有重要的意义。

（二）样本设计的基本要求

关于样本设计的基本要求，《中国注册会计师审计准则第 1314 号——审计抽样和其他选取测试项目的方法》有以下规定。

（1）在设计审计样本时，注册会计师应当考虑审计程序的目标和抽样总体的属性。

（2）注册会计师应当根据所获取的审计证据的性质，以及与该审计证据相关的可能的误差情况或其他特征，界定误差构成条件和抽样总体。

（3）对总体的预计误差率或误差额的评估，有助于设计审计样本和确定样本规模。

在实施控制测试时，注册会计师通常根据对相关控制的设计和执行情况的了解，或根据从总体中抽取少量项目进行检查的结果，对拟测试总体的预计误差率进行评估。

在实施细节测试时，注册会计师通常对总体的预计误差额进行评估。

二、样本设计的主要步骤

（一）测试目标的确定

审计的目的不同，对审计工作的要求也就不同，如用于公开报表的审计目的与用于银行借款的审计目的是不同的，抽取样本量的多少也就不同。审计抽样必须围绕审计测试的目标展开。一般而言，控制测试是为了获取关于某项控制的设计或运行是否有效的证据，而细节测试的目的是确定某类交易或账户余额的金额是否正确。

（二）定义总体和抽样单元

总体代表了注册会计师希望对其得出结论的数据集合，即注册会计师为形成审计结论，需要在本次审计过程中采用抽样技术进行审计的经济业务及有关会计或其他资料的总和。在实施抽样之前，注册会计师必须仔细定义总体，确定被审计总体的范围。例如，注册会计师对销售货物是否发运进行测试，则审计对象总体就是所有销售货物发运记录，包括货运单据和发货单等。

总体要与审计测试目标保持一致，以保证审计目的的实现。注册会计师要确保总体符合适当性和完整性的特征。

抽样单元也应与审计测试目标保持一致。注册会计师在定义子总体时通常都指明了适当的抽样单元。在控制测试中，抽样单元通常是能够提供控制运行证据的文件资料；而在细节测试中，抽样单元可能是一个账户余额、一笔交易或交易中的一项记录，甚至是每个货币单位。

适当性和完整性

注册会计师应当根据审计测试目标及被审计单位实际情况，依据不同的要求和方法，从总体中选取若干抽样单元，以便组成适量的、有效的样本。一般情况下，抽样单位的数量与审计对象总体成正比。

（三）定义构成误差的条件

注册会计师必须事先准确定义构成误差的条件，否则执行审计抽样程序时就没有识别误差的标准。在实施控制测试时，误差是指控制偏差，注册会计师要仔细定义所要测试的控制及可能出现偏差的情况；在实施细节测试时，误差是指财务报表错报，注册会计师要确定哪些情况构成错报。

例如，在审查应收账款余额时，发现被审计单位将甲顾客的应收账款错记在乙顾客的应收账款明细账户中。由于这一处理结果并不影响应收账款的余额，所以，注册会计师在评价抽样结果时，不能认为这是一项误差。

（四）分层

分层是指将一个总体划分为多个子总体的过程，每个子总体由一组具有相同特征（通常为货币金额）的抽样单元组成。注册会计师对分出的每个层次都要单独进行抽样，但对样本结果可单独评价也可综合评价，以便估计总体特征。注册会计师可以利用分层着重审查可能存在较大错误的项目，从而提高审计效率，降低审计成本。

分层时，必须注意以下几点。

第一，总体中的每一抽样单元必须属于一个层次，并且只属于这一层次。

第二，必须有事先能够确定的、有形的、具体的差别来明确区分不同的层次。

第三，必须能够事先确定每一层次中抽样单元的准确数字（数量或金额）。

当实施细节测试时，注册会计师通常按照货币金额对某类交易或账户余额进行分层，以将更多的审计资源投入大额项目；也可以按照显示较高误差风险的某一特定特征对总体进行分层。例如，为了函证应收账款，可以将应收账款账户按应收账款账户金额的重要性分层。假设分为三层，即账户金额在5 000元以下（不包括5 000元）的为第一层，在5 000元至10 000元（不包括10 000元）的为第二层，10 000元以上的为第三层。根据各层的重要性采取不同的选样方法。对于第三层的账户，因其重要性水平最高，则应考虑进行全部函证。对于第一层、第二层，则可考虑采用抽样方法选取应函证的样本。要注意的是，对某一层中的样本项目实施审计程序的结果，只能用于推断构成该层的项目。如果要对整个总体得出结论，注册会计师应当考虑与构成整个总体的其他层有关的重大错报风险。

（五）确定样本规模

从被审查总体中抽取样本的数量称为样本规模（或样本容量）。样本规模的大小直接关系到注册会计师所获取的审计证据的充分性和经济性。在审计抽样中，样本规模过小，就不能反映审计对象总体的特征，注册会计师也无法获取充分的审计证据，并可能导致注册会计师得出错误的审计结论；相反，如果样本规模过大，则会增加审计工作量，造成不必要的时间和人力浪费，降低审计效率，也就失去了审计抽样的意义。因此，恰当地确定样本规模，选取适量样本是审计抽样中一个至关重要的问题。

样本是否适量要受到诸多因素的影响，表 5-2、表 5-3 说明在不同的测试中影响样本容量的各方面因素。

表 5-2 控制测试中影响样本量的因素

影响样本量的因素	左侧因素导致较小的样本量的情形	左侧因素导致较大的样本量的情形
计划可信赖程度*	较低	较高
可容忍误差	较高	较低
可接受的信赖过度风险	较高	较低
预期总体误差**	较低	较高
总体中项目数量	基本无影响（除非总体项目非常少）	基本无影响（除非总体项目非常少）

注：*计划对内部控制不予信赖时，可以不进行控制测试。

**如果预期总体误差过高，可考虑采用其他审计方法，或对有关内部控制不予以信赖。

表 5-3 实质性程序中影响样本量的因素

影响样本量的因素	左侧因素导致较小的样本量的情形	左侧因素导致较大的样本量的情形
对内部控制的信赖程度	较高	较低
对与该审计目标相关的其他审计工作的信赖程度	较高	对其他实质性程序信赖较低
可容忍误差	较高	较低
预期总体误差	较低	较高
总体性质	相对不重要	相对较重要
总体项目数量	较少	较多
经济可靠性水平要求	较低	较高
层次划分	较为适当	不划分

在实际工作中，确定样本量大小的方法主要有三种：查表法、公式计算法、经验估计法。注册会计师应根据抽样方法和测试目的、特点，选择不同的方法确定样本量。

（1）查表法。在控制测试中，如果运用统计抽样方法进行抽样，则需要将影响样本量大小的因素加以量化，然后根据预先制订的样本量表确定样本量。示例如表 5-4 所示。

表 5-4 95%可信赖程度下控制测试样本容量（部分列示）

预期总体误差率	样本容量							
	可容忍误差率1%	可容忍误差率2%	可容忍误差率3%	可容忍误差率4%	可容忍误差率5%	可容忍误差率6%	可容忍误差率7%	可容忍误差率8%
0.25%	650	236	157	117	93	78	66	58
0.5%	—	320	157	117	93	78	66	58
1.0%	—	600	260	156	93	78	66	58
1.5%	—	—	400	192	124	103	88	77
2.0%	—	—	900	300	181	127	88	77
2.5%	—	—	—	550	240	150	109	77

（2）公式计算法。在实质性程序中，如果运用统计抽样中的均值估计抽样法，则应运用预先推导出的公式，代入量化后影响样本量大小的因素，计算出样本量。具体公式在后面再做介绍。

（3）经验估计法。在采用非统计抽样法时，通常可参照以上两种方法，并结合专业判断和自身经验估计出样本量。

三、选取样本和实施审计程序

（一）样本选取的基本要求

注册会计师在选取样本时，应使审计对象总体中所有项目均有被选取的机会，以使样本能够代表总体。只有如此，才能保证由抽样结果推断出的总体特征具有合理性、可靠性。

注册会计师可以采用统计抽样或非统计抽样方法选取样本，只要运用得当，均可以取得充分、适当的审计证据。

（二）样本选取的方法

样本选取的方法分为概率选样和非概率选样。概率选样中，每个总体项目都有一个已知的概率被选取，且具体选样是随机的。非概率选样中，注册会计师运用职业判断而不是概率方法来选取样本项目。运用统计抽样时，注册会计师可以使用概率选样方法，也可以使用非概率选样方法。

1. 非概率选样

非概率选样包括：整群选样、随意选样和判断抽样。

（1）整群选样，是将总体划分为若干群，然后以群为抽样单元，从总体中随机抽取一部分群，对所选群中的所有基本单元进行审查的一种方法。例如，将全年的支出凭证按星期划分为52个组，现在要从中选出5个组进行审查。假如从随机数表中选出的5个随机数为32、52、01、18、22，那么样本就由第1、18、22、32、52组的支出凭证组成。一般来说，如果群的数量较少，那么取得没有代表性的样本的概率就会很大。注册会计师运用整群选样时要特别小心，以控制抽样风险。

（2）随意选样，是指不考虑金额大小、资料取得的难易程度及个人偏好，以随意的方式选取样本。随意选样的缺点在于很难完全无偏见地选取样本项目，因而很可能使样本失去代表性。由于文化背景和所受训练等的不同，每个注册会计师都可能无意识地带有某种偏好。注册会计师在使用随意抽样时，要避免由项目性质、大小、外观和位置不同所引起的偏差，尽量使所选取的样本具有代表性。例如，注册会计师要从发票柜中抽取发票，就不能只取柜子中间部分的发票，而使柜子上面部分和下面部分的发票没有得到平等选取的机会。

（3）判断抽样，是指注册会计师根据自己对被审计对象的了解，运用职业经验对容易出现错误的样本做出判断，并以此为标准选取样本。例如，注册会计师发现出纳休假期间由另一名员工开具支票，因而可能认为由于该员工对开具支票的工作并不熟悉，出现错误的可能性较大。该员工所开具的支票将更多地被选择为样本。在审计中常用的判断标准包括：最可能包含错误的项目、包含总体特征的项目、大额项目。

2. 概率选样

为量化抽样风险，统计抽样要求概率选样。使用概率选样时，对样本项目的选取不要求注册会计师运用判断。

（1）随机选样。随机选样是指对审计对象总体或次级总体的所有项目，按随机规则选取样本，并根据样本资料对被审计对象的有关信息的真实性、合法性等做出评价。运用随机选样需以总体中的每一项目都有不同编号为前提。采用随机选样方法时，总体中各样本被选择的概率是均等的。通常，随机选样可运用随机数表或计算机产生的随机数来进行。步骤如下。

第一，对总体项目进行编号，建立总体中的项目与表中数字的一一对应关系。

第二，确定连续选取随机数的方法。即从随机数表中选择一个起点和一个选号路线，随机起点和选号路线可以任意选择，但一经选定就不得改变。表 5-5 所示是五位随机数表的一部分。

表 5-5　　　　　　　　　　　五位随机数表（部分列示）

	1	2	3	4	5	6
1	69358	26533	94923	56241	38942	57255
2	85385	39380	15570	39289	74903	81072
3	43510	69105	07145	94724	45873	03829
4	63378	21991	05588	26649	10368	47458
5	22571	98025	14588	72537	33875	88622
6	83199	52608	51696	98143	17524	99434
7	17178	85326	63285	21310	82412	33452
8	65199	34810	24622	50472	06464	82499
9	17282	69064	84088	49739	04197	87668
10	57885	72453	18185	38640	19336	63992

现举例说明如何使用随机数表。假定注册会计师对某公司连续编号为 500 至 5 000 的现金支票进行随机选样，希望选取一组样本量为 20 的样本。对此，如果注册会计师确定只用随机数表所列数字的前四位数与现金支票号码一一对应。那么，从左到右，从上到下，选出的号码的前四位应该是大于 0500 又小于 5000 的四位数，它们依次为：2653，3894，3938，1557，3928，4351，0714，4587，2199，0558，2664，1036，4745，2257，1458，3387，1752，1717，2130，3345。选出这 20 个号码后，找出与其对应的 20 张支票作为选定样本进行审查。

（2）系统选样。系统选样也称为等距选样，是指从确定的选样起点开始，然后根据已计算出的选样间隔，顺序选取样本的一种选样方法。例如，注册会计师希望采用系统选样法从 2 000 张凭证中选出 100 张凭证作为样本。首先计算出的间隔为 20（2 000÷100），假定仅采用一个起点时，注册会计师应每隔 20 张凭证选取一张凭证作为样本。如果随机起点为 32（即对应的 32 号凭证），第二张为 52 号凭证，第三张为 72 号凭证……以此类推，共选取 100 张凭证作为样本。如果随机起点为 542，则往下的顺序为 522、502、……往上的顺序为 562、582、……如果采用四个起点，那么从每个起点开始都要抽取 25 张凭证（100÷4）。

系统选样方法使用方便，并可用于无限总体。但使用系统选样方法要求总体必须是随机排列的，否则容易发生较大的偏差。所以在使用这种方法时，注册会计师必须先确定总体是否随机排列。若不是随机排列，则不宜使用。

（3）分层选样。分层是指将某一审计对象总体划分为若干具有相似特征的子总体的过程。对分出的每个层次，注册会计师都要单独进行抽样，但对样本结果可单独评价也可综合评价，以便估计总体特征。严格地讲，分层选样法并非一种独立的样本选择方法，它必须结合随机选样等方法使用。但由于其具有的优越性，分层抽样成为审计实践中广泛采用的一种方法。

（4）概率比例规模抽样。在审计中，经常会出现选择样本时侧重于选取记录金额较大的总体项目情况。有两种方法可用于获取这种样本。其一是分层选样法，其二是使总体中项目被选取的概率与其记录金额成比例，即概率比例规模抽样。

（三）实施审计程序

在选取了样本之后，注册会计师要对选取的样本项目实施审计程序，以发现样本中存在的误差。如果选项不适合于实施审计程序，注册会计师通常使用替代项目。如果按既定的审计程序无法对样本取得审计证据时，应实施替代审计程序。如果注册会计师无法或者没有执行替代程序，则应将该项目视为一项误差。

四、评价样本结果

注册会计师在对样本实施必要的审计后，需要对抽样结果进行评价，其具体程序和内容包括：分析样本误差；推断总体误差；形成审计结论。

（一）分析样本误差

注册会计师在分析样本误差时，一般应从以下几个方面着手。

1. 确定误差项目

注册会计师应根据预先确定的构成误差的条件，确定某一有问题的项目是否为一项误差。例如，在对应收账款存在性的细节测试（如函证）中，客户在函证日之前支付、被审计单位在函证日之后不久收到的款项。这一函证结果并不影响应收账款的存在性，因此，注册会计师在评价抽样结果时，不认为该项目是一项误差。

2. 获取审计证据

注册会计师按照既定的审计程序，无法对样本取得审计证据时，应当实施替代审计程序，以获取相应的审计证据。例如，对应收账款的肯定式函证没有收到回函时，注册会计师必须审查期后收款的情况，以证实应收账款的余额。如果注册会计师无法或者没有执行其他审计程序，在评价抽样结果时，则应将该项目视为一项误差。

3. 实施审计程序并进行单独评价

如果某些样本误差项目具有共同的特征，如相同的经济业务类型、场所、时间，则注册会计师应将这些具有共同特征的项目作为一个整体，实施相应的审计程序，并根据审计结果，进行单独的评价。

4. 分析样本误差

注册会计师在分析抽样中发现误差时，还应考虑误差的性质、原因及其对其他相关审计工作的影响。例如，在控制测试中，对样本误差可做以下定性分析。

（1）误差是否超过审计范畴？是关键的还是非关键的？

（2）分析每一个关键误差的性质和原因，是故意的还是非故意的、是系统的还是偶然的、是频繁的还是不频繁的、如何影响货币金额等。

（3）确定这些误差对其他控制测试以及实质性程序的影响。

（二）推断总体误差

分析样本误差后，注册会计师应根据抽样中发现的误差，采用适当的方法，推断审计对象总体误差。如果在抽样时对总体进行了分层，那么就应先对每一层次进行个别的推断，然后将推断结果加以汇总。由于存在多种抽样方法，注册会计师根据样本误差推断总体误差的方法应与所选用的抽样方法一致。例如，同样发现样本误差为 5 000 元，但一种是采用判断抽样得出的误差，一种是采用系统抽样得出的误差。显然依据前者所推断的总体误差应该比依据后者的小，因为采用判断抽样时，注册会计师已经对可能出现错误的样本进行了选取。

（三）形成审计结论

注册会计师在抽样结果评价的基础上，应根据所取得的证据，确定审计证据是否足以证实某一审计对象总体特征，从而得出审计结论。

第三节 控制测试中抽样技术的运用

控制测试是为了确定内部控制的设计和执行是否有效而实施的审计程序。控制测试中的审计抽样，通常被称为属性抽样。其特点是通过对样本的审查结果，来推断总体中某些特征或属性发生的频率或次数，从而评价被审计单位的内部控制制度是否值得信赖，为实质性程序提供依据。

控制测试的程序如前所述，首先进行样本设计，在确定样本量后选取样本；然后实施审计程序；最后评价样本结果。控制测试中所采用的抽样方法主要有：固定样本量抽样、发现抽样、停—走抽样等。

一、固定样本量抽样

固定样本量抽样是一种广泛使用的属性抽样，常用于估计审计对象总体中某种误差发生的比例，用"多大比例"来回答问题。一般情况下，固定样本量抽样的基本步骤如下。

（1）确定审计目的：是否实施了必要的控制？如何实施的？由谁实施的？

（2）确定审计对象总体及抽样单位：与审计目标保持一致；样本应能代表总体，体现总体特征。

（3）进行样本设计：确定误差、抽样风险、可容忍误差、可信赖程度，预期总体误差，考虑是否分层等。

（4）确定样本量。

（5）选取样本并进行审计。

（6）评价抽样结果。

下面举例说明固定样本量抽样方法。

例如：某公司某年度购货发票共 5 000 张，为了审查购货发票是否遵守或符合内部控制的要求，注册会计师可以按以下步骤进行抽查。

（一）确定审计目的

由于购货发票内部控制的要求是只有在将验收报告与进货发票核对相符后，才核准支付采购货款。所以，注册会计师只会对该程序操作的准确性，以及进货发票与验收报告相核对的控制程序是否正常运行感兴趣。

（二）确定审计对象总体及抽样单位

假设公司对每笔采购业务均采用连续编号的凭单，在每张凭单的后面附有验收报告与发票。因此，抽样单位可确定为公司的个别凭单。如果测试是年终进行的，则审计对象总体为本审计年度（12个月）内的所有购货凭单。

（三）进行样本设计

1. 界定"误差"

在控制测试中，误差是指注册会计师认为使控制程序失效、运行偏离的所有控制无效事件。注册会计师应根据实际情况恰当地界定误差。在本例中，注册会计师可根据具体审计目标，若发现有下列情形之一的，即可界定为"误差"。

（1）未附验收单据的任何发票。

（2）所附单据的性质与发票记载的性质不符。

（3）所附单据记载的数量与发票记载的数量不符。

2. 确定可接受的信赖过度风险

信赖过度风险就是实际误差超过了可容忍误差的可能性。如果注册会计师推断的控制有效性高于其实际有效性，导致评估的重大错报风险过低，注册会计师就会不适当地减少从实质性程序中获取的证据，从而影响审计效果。一般而言，注册会计师通常希望对样本结论获取高度保证，因而其可接受的信赖过度风险较低。

可接受的信赖过度风险与样本规模成反比。在非统计抽样中，注册会计师不需要量化信赖过度风险，而将其评估为高、中、低水平；在统计抽样中注册会计师则需要赋予其具体的数值。

可接受的信赖过度风险与可信赖程度相加等于1，即可信赖程度=1-信赖过度风险。可信赖程度是指样本性质能够代表总体性质的可靠性程度。例如，注册会计师选择一个95%的可信赖程度，其将有5%的风险去接受抽样结果表示的内部控制是有效的结论，而实际上内部控制是无效的。

在实务中，注册会计师常常对所有控制测试确定一个统一的可接受风险水平，然后考虑每项测试的内部控制的重要性和重大错报风险的评估水平，分别确定可容忍误差率。本例中，注册会计师将可接受的信赖过度风险定为5%。

3. 确定可容忍误差率

可容忍误差是在一定的审计风险范围内注册会计师愿意接受的对设定控制的最大误差。注册会计师一般根据计划的重大错报风险评估水平和可信赖程度来确定可容忍误差。估计的重大错报风险水平越高，可容忍误差越大；或者要求的可信赖程度越高，可容忍误差越小。同时，可容忍误差与样本规模成反向变化关系，可容忍误差越小，需选取的样本量就应越大。如果可容忍误差很高，控制运行的有效性通常不会大幅度降低相关实质性程序的范围。在这种情况下，甚至可能不需进行控制测试。

在进行控制测试时，可容忍误差是注册会计师不改变对内部控制的可信赖程度的前提下，所愿意接受的最大误差。也就是说，可容忍误差率是指注册会计师可以接受的、内部控制实际运行偏离于规定的控制要求的最大偏差，只要实际偏离率低于这一比率，注册会计师即可以维持对内部控制的信赖程度。注册会计师一般可按表5-6所列标准确定可容忍误差率。

表5-6 可容忍误差率的确定（控制测试）

可容忍误差率	内部控制的可信赖程度
20%（或小于20%）时，考虑忽略抽样测试，进行详细测试	可信赖程度差，在信赖内部控制方面的实质性工作不能有大（或中等）的减少
10%（或小于10%）	中等可信赖程度，基于审计结论，在信赖内部控制方面的实质性工作将减少
5%（或小于5%）	内部控制可靠，基于审计结论，在信赖内部控制方面的实质性工作将减少1/2或1/3

本例中，注册会计师将可容忍误差率定为4%。

4. 确定预期总体误差

预期总体误差是注册会计师预计在审计对象总体中发现误差的程度，它将对抽样的样本规模产生影响。预期总体误差与样本规模是同向变化关系。如果预期总体误差较大，则需要选取较大的样本量；如果预期总体误差较小，则需要抽取的样本量较小。

注册会计师应根据前期审计所发现的误差、被审计单位经营业务和经营环境的变化、内部控制制度的评价及分析性复核的结果等，来确定审计对象总体的预期误差。如以前对该公司进行过审计，且本年情况预计与过去基本相同，则可采用过去的误差率；如为初次审计，或虽曾审计过，但情况变化较大，则应采用预先抽样法，即先随机抽取少部分样本，了解误差率情况。在本例中，假定前三年的审计中，内部控制误差率分别为0.9%、0.95%、0.97%，基于稳健原则，注册会计师可将预期总体误差率确定为1%。

5. 确定是否进行分层

本例不拟分层。

（四）确定样本量

根据样本容量表（见表5-4），查出在可容忍误差率为4%、预期总体误差率为1%时，应选取的样本量为156张凭单。

（五）选取样本并进行审计

注册会计师按随机抽样法选取156张凭单，并按所定义的"误差"审查每张凭单及附件。

（六）评价抽样结果

（1）若注册会计师通过抽样查出的误差数为1，且没有发现有欺诈、舞弊或逃避内部控制的情况，由于发现的误差数不超预期误差率1%（1÷156=0.64%），所以注册会计师可以得出结论，可容忍误差率不超过4%的可信赖程度为95%。

（2）若注册会计师通过抽样查出的误差数为3，且没有发现有欺诈、舞弊或逃避内部控制的情况，由于发现的误差数超预期误差率1%（3÷156=1.92%），接近2%，这种情况下注册会计师需要抽查的样本量将增至300（查样本容量表可知）。注册会计师不能以95%的可信赖程度保证可容忍误差率不超过4%。这时，注册会计师应减少对这一内部控制的可信赖程度，增加样本量，扩大实质性程序范围。

（3）若注册会计师通过抽样发现有欺诈、舞弊或逃避内部控制的情况，不论其误差率是高是低，均应采用其他审计程序。如果存在舞弊，通常要求对其可能产生的后果进行更广泛的考虑。

总之，注册会计师在设计样本时要考虑以上几个因素的影响。如果其他因素不变，某单一因素的变化对样本量的影响如表5-7所示。

表5-7　　　　　　　　　　　　　　　影响样本量的因素

因素	对样本量的影响
审计目标	决定抽取样本的范围大小
审计对象总体	与样本量成正比
抽样风险	与样本量成反比
可信赖程度	与样本量成正比
可容忍偏差	与样本量成反比
预计总体误差	与样本量成正比
分层	优化样本分布和数量，以降低成本

二、发现抽样

发现抽样是在预先确定可信赖程度，并假定误差以既定的发生率存在于总体之中的情况下，至少可以找出一个误差的抽样方法。它是属性抽样的一种特殊形式。在对选出的样本进行审查时，一旦发现一个误差就立即停止抽样。如果在样本中没有发现误差，则可以得出预计总体误差率可以接受的结论。

发现抽样主要用于找出重大误差，适用于查找重大舞弊或非法行为的审计。例如，注册会计师怀疑被审计单位的员工制造虚假请购单、验收单，虚构购货交易以便转移单位资金。假定注册会计师设定，总体中包含4%（含）以上的欺诈项目，则在95%的可信赖程度下，样本将显示虚假凭单。查表5-4可知，在预计总体误差率为0.25%及可容忍误差率为4%时，样本量为117。注册会计师在选取并审查了117个样本后，没有发现虚假凭单，结论是：有95%的可信赖程度确保虚假凭单不超过4%。

三、停—走抽样

停—走抽样也叫顺序抽样，是固定样本量抽样的一种特殊形式。采用固定样本量抽样时，如果预期总体误差率远远高于实际误差率，其结果是选取了过多的样本，降低了审计工作效率。停—走抽样是从预期总体误差率为零开始，通过边抽样边评估来完成抽样审计工作的一种方法。

停—走抽样一般要经过几个阶段才能完成全部样本的抽取。注册会计师一方面根据确定的可容忍误差率、预计总体误差率确定样本量；另一方面，通过审查样本来判断总体误差率是否高于可容忍误差率，并以此判断在不扩大检查范围的情况下是接受还是提高计划的重大错报风险评估水平，或因为没有获取充分的信息确定计划的重大错报风险水平是否有保证而扩大检查范围。倘若样本结果不足以证明注册会计师对内部控制的判断，则应追加样本量并重复审查过程，直到抽样结果支持计划控制风险评估水平为止。

表5-8列示了一个四步停—走抽样计划中的每组抽样单元的数量。假设可容忍误差率为5%，信赖过度风险为10%，预计总体误差率为0.5%。

表 5-8　　　　　　　　　　　　　　　　停—走抽样样本量

组	抽样单元数量（个）	累计抽样单元数量（个）	如果累计误差为下列数量（个）		
			接受重大错报风险计划评估水平	继续抽样（转入下一步）	提高重大错报风险计划评估水平
1	50	50	0	1～3	4
2	51	101	1	2～3	4
3	51	152	2	3	4
4	51	203	3	不适用	4

如果在第1组50个抽样单元中没有发现误差，注册会计师就不需检查更多的样本单元，认为样本支持计划的控制信赖程度和重大错报风险评估水平。如果第1组抽样单元存在1个、2个或3个误差，注册会计师就要对下一组抽样单元进行检查，最终要得出样本结果支持或不支持计划的重大错报风险估计水平的结论。

第四节 实质性程序中抽样技术的运用

实质性程序的两种统计抽样方法：一种是传统的变量抽样法，另一种是概率比例规模抽样法。这两种方法都能提供充分的证据以实现审计目标。传统的变量抽样法运用正态分布理论，根据样本项目评价总体特征。概率比例规模抽样法是一种运用属性抽样原理对货币金额而不是对发生频率得出结论的统计抽样方法。

对交易和余额实施细节测试的目的是发现各类交易、账户余额和财务报表披露中的重大错报。注册会计师应当评估重大错报风险，并综合运用分析程序和细节测试，为形成关于财务报表是否存在重大错报的意见提供基础。

一、传统变量抽样

传统变量抽样运用正态分布理论，通过对总体进行定量估计，来描述和评价总体的数量特征。这种抽样涉及复杂的数学计算，难以通过手工进行。

变量抽样是一类方法的统称，主要包括均值估计抽样、差异估计抽样、比率估计抽样等具体方法。变量抽样通常用于：审查应收账款的金额；审查存货的数量和金额；审查工资费用；审查交易活动，以确定未经适当批准的交易金额。

（一）变量抽样的特点

（1）如果账面金额和审定金额之间的差异很大，变量抽样能以更小的样本规模实现审计目标。

（2）在设计样本时通常不需将零余额或余额为负数的项目加以特别考虑。

（3）计算复杂，需要计算机程序帮助。

（4）如果账面金额和审定金额之间的差异巨大，或总体中项目金额极大，且样本规模不大，正态分布理论就不适用。

（二）均值估计抽样

均值估计抽样法是通过检查确定样本的平均值，依据样本平均值来推断总体的平均值和总值的方法。这种方法适用范围十分广泛，无论被审计单位提供的数据是否完整、可靠，甚至在被审计单位缺乏基本的经济业务或事项账面记录情况下，都可以使用该方法。

使用这种方法时注册会计师应该：（1）先计算样本中所有项目审定金额的平均值；（2）用样本平均值乘以总体规模，得出总体金额的估计值；（3）根据样本审定金额的变异性，运用正态分布理论计算抽样风险允许限度。

下面以均值估计抽样法为例说明审计抽样法在实质性程序中的运用。

假定某公司1996年12月31日期末应收账款涉及2 000个客户，账面总金额为8 100 000元。注册会计师欲通过抽样函证来审查应收账款的账面价值。

1. 确定审计目的

审计目的：确定期末应收账款的账面价值8 100 000元是存在的。

2. 定义审计对象总体

根据被审计单位的实际情况，总体为 2 000 个应收账款账户。

3. 选定抽样方法

注册会计师选择均值估计抽样方法。

4. 确定样本量

（1）考虑到货币金额的重要性，确定计划抽样误差率为 1%，即 ±81 000 元。考虑到内部控制及抽样风险的可接受水平，注册会计师确定的可信赖程度为 95%，则可信赖程度系数为 1.96。（注：可信赖程度系数是正态分布中的一个概念。这里不做介绍，大家只需知道它与可信赖程度有关，如当可信赖程度为 90%，这一系数为 1.65。）

（2）根据被审计单位应收账款明细账，注册会计师估计总体标准离差（总体标准离差是用来衡量个别项目值在总体平均值周围的可变异或离散程度）为 350 元。

（3）确定样本量，计算公式如下。

$$n' = \left(\frac{U_r \times S \times N}{P_a} \right)^2$$

$$n = \frac{n'}{1 + \dfrac{n'}{N}}$$

上式中：

U_r 为可信赖程度系数；

S 为估计总体标准离差；

P_a 为计划的抽样误差；

n' 放回抽样的样本量；

n 为不放回抽样的样本量；

N 为总体项目个数。

$$n' = \left(\frac{1.96 \times 350 \times 2\,000}{81\,000} \right)^2 \approx 287$$

$$n = \frac{287}{1 + \dfrac{287}{2\,000}} \approx 251$$

5. 确定样本选取方法

注册会计师采用随机抽样法，从应收账款账户中选取 251 个客户作为样本。

6. 选取样本并进行审计

注册会计师对选出的 251 个客户发出函证。函证结果表明，样本平均值为 4 032.36 元，样本标准离差为 336 元，实际抽样误差的计算公式如下。

$$P_1 = U_r \times \frac{S_1}{\sqrt{n_1}} \times N \times \sqrt{1 - \frac{n_1}{N}}$$

上式中：

P_1 为实际抽样误差；

S_1 为实际样本的标准离差；

n_1 为实际样本量。

于是

$$P_1 = 1.96 \times \frac{336}{\sqrt{251}} \times 2\,000 \times \sqrt{1 - \frac{251}{2\,000}} \approx 77\,744$$

实际抽样误差（77 744）小于计划抽样误差（81 000），则注册会计师估计的总体金额为 8 064 720 元（4 032.36×2 000）。于是，注册会计师可以得出这样的结论：有 95%的把握保证 2 000 个应收账款账户的真实总体金额落在 8 064 720 元±77 744 元之间，即 7 986 976～8 142 464 元。

7．评价抽样结果

根据以上抽样结果，考虑被审计单位应收账款的账面金额为 8 100 000 元，在上述区间之内。可见，应收账款的账面金额并无重大误差，可以发表无保留意见。当然，为了谨慎起见，建议被审计单位对所发现的审计差异进行调整。

（三）差异估计抽样

差异估计抽样是以样本实际价值与账面价值的平均差额来估计总体实际价值与账面价值的平均差额，然后用平均差额乘以总体规模，从而求出总体的实际价值与账面价值的抽样方法。

公式如下。

样本平均错报=（样本实际价值-账面价值）÷样本规模

推断的总体错报=样本平均错报×总体规模

估计的总体金额=总体账面金额-推断的总体错报

例如，注册会计师从总体规模为 1 000，账面金额为 1 040 000 元的存货项目中选取了 200 个项目进行检查。注册会计师逐一比较 200 个样本项目的审定金额和账面金额，并将 200 个样本项目的账面金额（208 000 元）和审定金额（196 000 元）之间的差异加总，得出差异总额为 12 000 元（208 000-196 000），再用这个差额除以样本项目个数 200，得到样本平均错报 60 元。然后注册会计师用这个平均错报乘以总体规模，计算出总体错报为 60 000 元（60×1 000）。因为样本的账面金额大于审定金额，估计的总体金额为 980 000 元（1 040 000-60 000）。

（四）比率估计抽样

比率估计抽样是先计算出样本的账面金额与样本的审定金额，然后将样本的审定金额除以样本账面金额得出一个比率，用此比率乘以总体的账面金额，从而求出估计的总体金额的一种抽样方法。

公式如下。

比率=样本审定金额÷样本账面金额

估计的总体金额=总体账面金额×比率

推断的总体错报=总体账面金额-估计的总体金额

当误差与账面价值成比例关系时，通常运用比率估计抽样。

二、概率比例规模抽样

概率比例规模抽样也叫作货币单位抽样，是指直接根据金额大小成比例地选取样本。其抽样的出发点是重视账户余额相对较大的项目。

一般的抽样方法主要以实物单位为抽样基础。与此不同的是，概率比例规模抽样以金额单位为抽样基础，采用以金额为间隔的系统选样方法，账户余额的每一金额单位都有相同的入选机会。

（一）概率比例规模抽样的特点

概率比例规模抽样的优点有：（1）样本设计容易，方法易于使用；（2）不需考虑被审计金额的预计变异性；（3）生成的样本能自动分层；（4）能自动识别所有单个重大项目；（5）在没有预计错报的情况下，样本规模会更小。

概率比例规模抽样的缺点有：（1）对零余额或负余额的选取需要在设计时特别考虑；（2）如果注册会计师在抽样的样本中发现低估，在评价样本时须特别考虑；（3）发现错报时，如果风险水平一定，评价样本时可能高估抽样风险的影响；（4）注册会计师通常需要逐个累计总体金额；（5）当预计总体错报金额增加时，概率比例规模抽样所需样本规模也会增加。

（二）概率比例规模抽样样本的选取

概率比例规模抽样是以货币单位作为抽样单元进行选样的一种方法。在这种方法下，总体中的每个货币单位被选中的机会相同，所以总体中某一项目被选中的概率等于该项目的金额与总体金额的比率。项目金额越大，被选中的概率越大。

概率比例规模抽样中可以使用随机抽样法、系统抽样法选取样本。相关公式如下。

样本规模=总体账面金额÷选样间距

选样间距=总体账面金额÷样本规模

注册会计师使用概率比例规模抽样抽取样本时，将总体分成统一的货币单位组，成为选样间距。由于总体的账面金额是固定的，样本规模就取决于注册会计师确定的选样间距。

在采用概率比例规模抽样时，可以按实物单位的顺序号或与金额无关的方法排序，不能按金额大小顺序排列，然后确定一个起始金额，并选出第一个样本项目。

例如，注册会计师对某公司的销售发票进行审计，采用概率比例规模抽样，从 1 000 张销售发票中抽取 60 张，总体金额为 140 万元，销售发票资料如表 5-9 所示。确定的随机起点为 13 500 元，抽样间隔为 23 333 元（1 400 000÷60）。

表 5-9　　　　　　　　　　　　　　销售发票资料

发票编号	项目金额（元）	累计金额（元）
A0001	5 500	5 500
A0002	14 000	19 500
A0003	28 000	47 500
A0004	1 200	48 700
A0005	11 500	60 200
A0006	20 000	80 200
A0007	8 000	88 200
A0008	11 000	99 200
A0009	6 500	105 700
A0010	4 000	109 700
A0011	17 300	127 000
A0012	22 400	149 400
……	…	…
合计	—	1 400 000

根据上述资料，抽取的第一个样本是 A0002（对应的范围是 19 500，因为起点为 13 500），第二个样本是 A0003 （13 500+23 333=36 833，对应的范围是 47 500），第三个样本是 A0005（36 833+23 333=60 166，对应的范围是 60 200），以此类推选出余下的 57 个样本。

本章关键词汇

审计抽样 audit sampling　　　　　　　统计抽样 statistical sampling

属性抽样和变量抽样 attribute sampling & variable sampling

抽样风险和非抽样风险 sampling risk & non-sampling risk

可信赖程度 confidence level　　　　　抽样单位 sampling unit

信赖不足风险和信赖过度风险 the risk of under reliance & the risk of over reliance

误受风险与误拒风险 the risk of incorrect acceptance & the risk of incorrect rejection

可容忍误差 tolerable error　　　　　　均值估计抽样 average estimation sampling

比率估计抽样 ratio estimation sampling　　差异估计抽样 difference estimation sampling

概率比例规模抽样 probability proportional to size sampling

思考与练习题

（一）思考题

1. 统计抽样和非统计抽样的区别有哪些？

2. 抽样风险与非抽样风险有什么区别？非抽样风险能消除吗？

3. 当注册会计师认为总体实际误差超过可容忍误差时，样本规模发生什么变化？

4. 某公司应收账款的编号为 0001～5000，注册会计师拟利用随机数表选择其中的 175 个样本进行函证。要求：以第四行、第二列数字为起点，从左至右，自上而下，以各数的前四位数为准，注册会计师选择的最初 5 个样本的号码分别是多少？

5. 使用随机数表从 121～953 号支票中抽取 15 张支票有几种可能？请将各种可能抽取的支票号码分组排列。

（二）分析题

对购货和付款业务的控制程序进行控制测试时，注册会计师确定了 6% 的可容忍误差率及 95% 的可信赖程度，并参考以前年度审计工作底稿，将预期总体误差率确定为 1.5%。

要求如下。

（1）对于该项测试，注册会计师应当采用哪种抽样方法？

（2）利用适当方法，确定该测试所需的样本量。

（3）假定样本测试结果显示有 3 个误差，注册会计师是否可以推断在 95% 的可信赖程度下，总体误差没有超过 6% 的可容忍程度？

相关资料链接

1.《中国注册会计师审计准则第 1314 号——审计抽样》（2010）

2.《中国注册会计师审计准则第 1314 号——审计抽样》应用指南（2010）

风险识别与评估

第六章

本章学习目标

1. 知识目标

（1）了解审计风险及其组成。

（2）了解内部控制的含义及其与审计的关系。

（3）了解和评价内部控制的内容。

（4）了解风险识别程序。

2. 能力目标

（1）能够根据具体环境设计内部控制措施。

（2）能够初步设计审计程序，评估重大错报风险。

第一节

风险识别和评估概述

一、风险识别和评估的概念

在风险导向审计模式下，注册会计师以重大错报风险的识别、评估和应对为审计工作的主线，最终将审计风险控制在可接受的低水平。风险的识别和评估是审计风险控制流程的起点。风险识别和评估，是指注册会计师通过实施风险评估程序，识别和评估财务报表层次和认定层次的重大错报风险。其中，风险识别是指找出财务报表层次和认定层次的重大错报风险；风险评估是指对重大错报发生的可能性和后果的严重程度进行评估。

风险识别与评估

二、风险评估的目的

了解被审计单位及其环境是风险评估的基础和前提，是审计的必要程序。风险评估为注册会计师在下列关键环节做出职业判断提供重要基础。

（1）确定重要性水平，并随着审计工作的进程评估对重要性水平的判断是否仍然适当。

（2）考虑会计政策的选择和运用是否恰当，以及财务报表的列报是否适当。

（3）识别需要特别考虑的领域，包括关联方交易、管理层运用持续经营假设的合理性，或交易是否具有合理的商业目的等。

（4）确定在实施分析程序时所使用的预期值。

（5）设计和实施进一步审计程序，以将审计风险降至可接受的低水平。

（6）评价所获取审计证据的充分性和适当性。

三、风险评估程序

通常，我们将为了解被审计单位及其环境而实施的程序称为"风险评估程序"。注册会计师应当实施询问、分析、观察和检查等程序，以了解被审计单位及其环境。

（一）询问

询问管理层和被审计单位内部其他人员是注册会计师了解被审计单位及其环境的一个重要信息来源。注册会计师可以考虑向管理层和财务负责人询问下列事项。

（1）管理层所关注的主要问题。例如，新的竞争对手、主要客户和供应商的流失、新的税收法规的实施以及经营目标或战略的变化等。

（2）被审计单位最近的财务状况、经营成果和现金流量。

（3）可能影响财务报告的交易和事项，或者目前发生的重大会计处理问题。如重大的购并事宜等。

（4）被审计单位发生的其他重要变化。如所有权结构的变化、组织结构的变化，以及内部控制的变化等。

注册会计师通过询问获取的大部分信息来自管理层和负责财务报告的人员。注册会计师也可以通过询问被审计单位内部的其他不同层级的人员来获取信息，为识别重大错报风险提供不同的视角。

询问的不同视角举例

（二）分析程序

分析程序是指注册会计师通过研究不同财务数据之间以及财务数据与非财务数据之间的内在关系，对财务信息做出评价。分析程序还包括调查识别的、与其他相关信息不一致或与预期数据严重偏离的波动和关系。

分析程序既可用于风险评估程序和实质性程序，也可用于对财务报表的总体复核。注册会计师实施分析程序有助于识别异常的交易或事项以及对财务报表和审计产生影响的金额、比率和趋势。在实施分析程序时，注册会计师应当预期可能存在的合理关系，并与被审计单位记录的金额、依据记录金额计算的比率或趋势相比较；如果发现异常或未预期到的关系，注册会计师应当在识别重大错报风险时考虑这些比较结果。

如果使用了高度汇总的数据，实施分析程序的结果可能仅初步显示财务报表存在重大错报。将分析程序的结果与识别重大错报风险时获取的其他信息一并考虑，可以帮助注册会计师了解并评价分析程序的结果。例如，被审计单位存在很多产品系列，各个产品系列的毛利率存在一定差异。对总体毛利率实施分析程序的结果可能仅初步显示销售成本存在重大错报，注册会计师需要实施更为详细的分析程序。例如，对每一产品系列进行毛利率分析，或者将总体毛利率分析的结果连同其他信息一并考虑。

（三）观察和检查程序

观察和检查程序可以支持注册会计师对管理层和其他相关人员的询问结果，并可以提供被审计单位及其环境的有关信息，注册会计师应当实施下列观察和检查程序。

（1）观察被审计单位的经营活动。例如，观察被审计单位人员正在从事的生产活动和内部控制活动，以增加注册会计师对被审计单位人员如何进行生产经营活动及实施内部控制的了解。

（2）检查文件、记录和内部控制手册。例如，检查被审计单位的经营计划，策略，章程，与其他单位签订的合同、协议，各业务流程操作指引和内部控制手册等；了解被审计单位组织结构和内部控制制度的建立健全情况。

（3）阅读由管理层和治理层编制的报告。例如，阅读被审计单位年度和中期财务报告，股东大会、董事会会议、高级管理层会议的会议记录或纪要，管理层的讨论和分析资料，对重要经营环节和外部因素的评价，被审计单位内部管理报告以及其他特殊目的的报告（如新投资项目的可行性分析报告）等；了解自上一期审计结束至本期审计期间被审计单位发生的重大事项。

（4）实地察看被审计单位的生产经营场所和厂房设备。现场访问和实地察看被审计单位的生产经营场所和厂房设备，可以帮助注册会计师了解被审计单位的性质及其经营活动。在实地察看被审计单位的厂房和办公场所的过程中，注册会计师有机会与被审计单位管理层和担任不同职责的员工进行交流，这样可以增加注册会计师对被审计单位的经营活动及其重大影响因素的了解。

（5）追踪交易在财务报告信息系统中的处理过程，即穿行测试。这是注册会计师了解被审计单位业务流程及其相关控制时经常使用的审计程序。通过追踪某笔或某几笔交易在业务流程中如何生成、记录、处理和报告，以及相关控制如何执行，注册会计师可以确定被审计单位的交易流程和相关控制是否与之前通过其他程序所获得的了解一致，并确定相关控制是否得到执行。

四、其他审计程序

除了采用上述程序从被审计单位内部获得信息以外，注册会计师如果根据职业判断认为，从被审计单位外部获取的信息有助于了解被审计单位及其环境并识别重大错报风险，则应当实施其他审计程序以获取这些信息。例如，询问被审计单位聘请的外部法律顾问、专业评估师、投资顾问和财务顾问等。

阅读外部信息也可能有助于注册会计师了解被审计单位及其环境。外部信息包括证券分析师、银行、评级机构出具的有关被审计单位及其所处行业的经济或市场环境等状况的报告，贸易与经济方面的期刊，法规或金融出版物，以及政府部门或民间组织发布的行业报告和统计数据等。

五、项目组内部的讨论

项目组内部的讨论在所有业务阶段都非常必要，可以保证所有事项得到恰当的考虑。通过安排具有较多经验的成员（如项目合伙人）参与项目组内部的讨论，其他成员可以分享其见解和以往获取的关于被审计单位的信息。《中国注册会计师审计准则第1211号——通过了解被审计单位及其环境识别和评估重大错报风险》要求项目合伙人和项目组其他关键成员应当讨论被审计单位财务报表存在重大错报的可能性，以及如何根据被审计单位的具体情况运用适用的财务报告编制基础。

讨论的内容主要包括：被审计单位面临的经营风险、财务报表容易发生错报的领域以及发生错报的方式，特别是由舞弊导致重大错报的可能性。表6-1列示了讨论的主要领域和可能涉及的内容。

表6-1　　　　　　　　　　　项目组讨论内容列示

讨论的领域	讨论内容
分享了解的信息	（1）被审计单位的性质、管理层对内部控制的态度、从以往审计业务中获得的经验、重大经营风险因素
	（2）已了解的影响被审计单位的外部和内部舞弊因素，可能给管理层或其他人员实施下列行为提供动机或压力

续表

讨论的领域	讨论内容
分享了解的信息	① 实施舞弊 ② 为实施构成犯罪的舞弊提供机会 ③ 利用企业文化或环境，寻找使舞弊行为合理化的理由 ④ 侵占资产（考虑管理层对接触现金或其他易被侵占资产的员工实施监督的情况） （3）确定财务报表哪些项目易发生重大错报，表明管理层倾向于高估或低估收入的迹象
分享审计思路和方法	（1）管理层可能如何编报和隐藏虚假财务报告，如管理层凌驾于内部控制之上。根据对识别的舞弊风险因素的评估，设想可能的舞弊场景对审计很有帮助。例如，销售经理可能通过高估收入实现达到奖励水平的目的，这可能通过修改收入确认政策或进行不恰当的收入截止来实现 （2）出于个人目的侵占或挪用被审计单位的资产行为如何发生 （3）考虑以下两点 ① 管理层进行高估或低估账目的方法，包括对准备和估计进行操纵以及变更会计政策等 ② 用于应对评估风险可能的审计程序或方法
为项目组指明审计方向	（1）强调在审计过程中保持职业怀疑态度的重要性。不应认为管理层完全诚实，也不应将其作为罪犯 （2）列示表明可能存在舞弊的迹象如下 ① 识别警示信号（红旗），并予以追踪 ② 一个不重要的金额（如增长的费用）可能表明存在很大的问题，如管理层诚信 （3）讨论如何增加拟实施审计程序的性质、时间安排和范围的不可预见性 （4）总体考虑：每个项目组成员拟执行的审计工作部分，需要的审计方法，特殊考虑，时间、记录要求，如果出现问题应联系的人员，审计工作底稿复核，以及其他预期事项 （5）强调对表明管理层不诚实的迹象保持警觉的重要性

第二节　了解被审计单位及其环境

一、总体要求

注册会计师应当从下列几个方面了解被审计单位及其环境：（1）相关行业状况、法律环境和监管环境及其他外部因素；（2）被审计单位的性质；（3）被审计单位对会计政策的选择和运用；（4）被审计单位的目标、战略以及可能导致重大错报风险的相关经营风险；（5）对被审计单位财务业绩的衡量和评价；（6）被审计单位的内部控制。

上述第 1 项是被审计单位的外部环境，第 2 项、第 3 项、第 4 项以及第 6 项是被审计单位的内部因素，第 5 项则既有外部因素也有内部因素。值得注意的是，被审计单位及其环境的各个方面可能会互相影响。例如，被审计单位的行业状况、法律环境与监管环境及其他外部因素可能影响被审计单位的目标、战略以及相关经营风险，而被审计单位的性质、目标、战略以及相关经营风险可能影响被审计单位对会计政策的选择和运用，以及内部控制的设计和执行。因此，注册会计师在对被审计单位及其环境的各个方面进行了解和评估时，应当考虑各因素之间的相互关系。

二、行业状况、法律环境与监管环境以及其他外部因素

（一）行业状况

了解行业状况有助于注册会计师识别与被审计单位所处行业有关的重大错报风险。通常，注册

会计师应当了解被审计单位的行业状况，主要包括了解以下几个方面。

（1）被审计单位所处行业的总体发展趋势是什么。

（2）处于哪一发展阶段，如起步、快速成长、成熟或衰退阶段。

（3）所处行业的市场需求、市场容量和价格竞争如何。

（4）该行业是否受经济周期波动的影响，以及采取了什么行动使波动产生的影响最小化。

（5）该行业受技术发展影响的程度如何。

（6）是否开发了新的技术。

（7）能源消耗在成本中所占的比重，能源价格的变化对成本的影响。

（8）谁是被审计单位重要的竞争者，它们各自所占的市场份额是多少。

（9）被审计单位与其竞争者相比主要的竞争优势是什么。

（10）被审计单位业务的增长率和财务业绩与行业的平均水平及主要竞争者相比如何。存在重大差异的原因是什么。

（11）竞争者是否采取了某些行动，如购并活动、降低销售价格、开发新技术等，从而对被审计单位的经营活动产生影响。

（二）法律环境与监管环境

了解法律环境与监管环境的主要原因在于：（1）某些法规或监管要求可能对被审计单位经营活动有重大影响，如不遵守将导致停业等严重后果；（2）某些法规或监管要求（如环保法规等）规定了被审计单位某些方面的责任和义务；（3）某些法规或监管要求决定了被审计单位需要遵循的行业惯例和核算要求。

通常，注册会计师应当了解被审计单位所处的法律环境及监管环境，主要包括以下几点。

（1）国家对某一行业的企业是否有特殊的监管要求（如对银行、保险等行业的特殊监管要求）。

（2）是否存在新出台的法律法规（如新出台的有关产品责任、劳动安全或环境保护的法律法规等），对被审计单位有何影响。

（3）国家货币、财政、税收和贸易等方面政策的变化是否会对被审计单位的经营活动产生影响。

（4）与被审计单位相关的税务法规是否发生变化。

（三）其他外部因素

注册会计师应当了解影响被审计单位经营活动的其他外部因素，主要包括：（1）宏观经济的景气程度；（2）利率和资金供求状况；（3）通货膨胀水平及币值变动；（4）国际经济环境和汇率变动。

三、被审计单位的性质

了解被审计单位的性质有助于注册会计师理解预期在财务报表中反映的各类交易、账户余额和列报。注册会计师应当主要从下列几个方面了解被审计单位的性质。

（一）所有权结构

对被审计单位所有权结构的了解有助于注册会计师识别关联方关系并了解被审计单位的决策过程。了解的内容主要包括：所有权结构以及所有者与其他人员或单位之间的关系，关联方关系是否已经得到识别，以及关联方交易是否得到恰当核算。例如，注册会计师应当了解被审计单位是属于国有企业、外商投资企业、民营企业，还是属于其他类型的企业，注册会计师还应当了解被审计单位直接控股母公司、间接控股母公司、最终控股母公司和其他股东的构成，以及所有者与其他人员或单位，如与控股母公司控制的其他企业之间的关系。

（二）治理结构

良好的治理结构可以对被审计单位的经营和财务运作实施有效的监督，从而降低财务报表发生重大错报的风险。注册会计师了解的内容主要包括：董事会的构成情况、董事会内部是否有独立董事、治理结构中是否设有审计委员会或监事会及其运作情况。注册会计师应当考虑治理层是否能够在独立于管理层的情况下对被审计单位事务（包括财务报告）做出客观判断。

（三）组织结构

复杂的组织结构可能导致某些特定的重大错报风险。注册会计师应当了解被审计单位的组织结构，考虑复杂组织结构可能导致的重大错报风险，了解的内容主要包括：财务报表合并、商誉摊销和减值、长期股权投资核算以及特殊目的实体核算等问题。例如，对于在多个地区拥有子公司、合营企业、联营企业或其他成员机构，或者存在多个业务分部和地区分部的被审计单位，不仅编制合并财务报表的难度增加，还存在其他可能导致重大错报风险的复杂事项，包括：对于子公司、合营企业、联营企业和其他股权投资类别的判断及其会计处理，商誉在不同业务分部间的摊销及减值测试，对特殊目的实体是否进行了适当的会计处理。

（四）经营活动

了解被审计单位经营活动有助于注册会计师识别预期将在财务报表中反映的主要交易类别、重要账户余额和列报。了解的内容主要包括以下要点。

（1）主营业务的性质。例如，是否属于生产商、批发商、银行、保险或其他金融服务、进出口贸易、公用事业、交通运输或者提供技术产品和服务等。

（2）与生产产品或提供劳务相关的市场信息。例如，主要客户和合同、付款条件、利润率、市场份额、竞争者、出口、定价政策、产品声誉、质量保证、营销策略和目标、生产流程等。

（3）业务的开展情况。例如，生产过程、业务分部的设立情况、产品和服务的交付、衰退或扩展的经营活动的详情等。

（4）联盟、合营与外包情况。

（5）从事电子商务的情况。例如，是否存在通过互联网销售和营销活动。

（6）地区与行业分布。例如，是否涉及多种经营和跨地区经营，各个地区和各行业分布的相对规模以及相互之间是否存在依赖关系。

（7）生产设施、仓库的地理位置及办公地点。

（8）关键客户。例如，销售对象是少量的大客户还是众多的小客户，是否有被审计单位高度依赖的特定客户（如销售额超过销售总额的10%的顾客），是否有造成高回收性风险的若干客户或客户类别（如正处于一个衰退市场的客户），是否与某些客户订立了不寻常的销售条款或条件。

（9）重要供应商。例如，是否签订长期供应合同，原材料供应的可靠性和稳定性、付款条件，以及原材料是否受重大价格变动的影响。

（10）劳动用工情况。例如，分地区用工情况、劳动力供应情况、工资水平、退休金和其他福利、股权激励或其他奖金安排以及与劳动用工事项相关的政府法规。

（11）研究与开发活动及其支出。

（12）关联方交易。例如，有些客户或供应商是否为关联方，对关联方和非关联方是否采用不同的销售和采购条款；此外，还存在哪些关联方交易，这些交易采用怎样的定价政策。

（五）投资活动

了解被审计单位投资活动有助于注册会计师关注被审计单位在经营策略和方向上的重大变化。了解的内容主要包括以下几个方面。

（1）近期拟实施或已实施的并购活动与资产处置情况，包括业务重组或某些业务的终止。注册会计师应当了解并购活动如何与被审计单位目前的经营业务相协调，并考虑并购活动是否会引发进一步的经营风险。例如，被审计单位并购了一个新的业务部门，注册会计师需要了解管理层如何管理这一新业务；新业务又如何与现有业务相结合，发挥协同优势；如何解决原有经营业务与新业务在信息系统、企业文化等各方面的不一致。

（2）证券投资、委托贷款的发生与处置。

（3）资本性投资活动，包括固定资产和无形资产投资，近期发生或计划发生的变动，以及重大的资本承诺等。

（4）不纳入合并范围的投资。例如，联营、合营或其他投资，包括近期计划的投资项目。

（六）筹资活动

了解被审计单位筹资活动有助于注册会计师评估被审计单位在融资方面的压力，并进一步考虑被审计单位在可预见未来的持续经营能力。了解的内容主要包括以下几个方面。

（1）债务结构和相关条款，包括担保情况及表外融资。

（2）固定资产的融资租赁。

（3）关联方融资。例如，关联方融资的特殊条款。

（4）实际受益股东。例如，被审计单位的实际受益股东是国内的，还是国外的，其商业声誉和经验可能对被审计单位产生的影响。

（5）衍生金融工具的运用。例如，衍生金融工具是用于交易目的还是套期目的，以及运用的种类、范围和交易对手等。

（七）财务报告

了解影响财务报告的重要政策、交易或事项，主要包括以下几个方面。

（1）会计政策和行业特定惯例，包括特定行业的重要活动（如银行业的贷款和投资、医药行业的研究与开发活动）。

（2）收入确认惯例。

（3）公允价值会计核算。

（4）外币资产、负债与交易。

（5）异常或复杂交易（包括有争议的或新兴领域的交易）的会计处理（如对股份支付的会计处理）。

四、被审计单位对会计政策的选择和运用

（一）重要项目的会计政策和行业惯例

重要项目的会计政策主要包括：收入确认、存货的计价方法、投资的核算、固定资产的折旧方法、坏账准备、存货跌价准备和其他资产减值准备的确定、借款费用资本化方法、合并财务报表的

编制方法等。除会计政策以外，某些行业可能还存在一些行业惯例，注册会计师应当熟悉这些行业惯例。当被审计单位采用与行业惯例不同的会计处理方法时，注册会计师应当对此予以重点关注。

（二）重大和异常交易的会计处理方法

注册会计师应当考虑被审计单位对重大的和异常交易的会计处理方法是否适当，如本期发生的企业合并的会计处理方法。某些企业可能存在与其所处行业相关的重大交易。例如，银行向客户发放贷款、证券公司对外投资、医药企业的研究与开发活动等。

（三）在缺乏权威性标准或共识、有争议的或新领域采用重要会计政策产生的影响

在有关会计处理缺乏权威性的标准或共识时，注册会计师应当关注被审计单位选用了哪些会计政策，为什么选用这些会计政策以及选用这些会计政策产生的影响。例如，对于互联网上的收入确认问题。

（四）会计政策的变更

如果被审计单位变更了重要的会计政策，注册会计师应当考虑会计政策变更的原因及其适当性。

（1）会计政策的变更是否符合法律、行政法规或者适用的会计准则和相关会计制度的规定。

（2）会计政策的变更能否提供更可靠、更相关的会计信息。

（3）除此之外，注册会计师还应当关注会计政策的变更是否得到恰当披露。

（五）新颁布的财务报告准则、法律法规，以及被审计单位何时采用、如何采用这些规定

例如，当新的企业会计准则颁布施行时，注册会计师应考虑被审计的单位是否应采用新颁布的会计准则；如果采用，是否已按照新会计准则的要求做好衔接调整工作，并收集执行新会计准则需要的信息资料。

除上述与会计政策的选择和运用相关的事项外，注册会计师还应对被审计单位下列与会计政策运用相关的情况予以关注。

（1）是否采用激进的会计政策、方法、估计和判断。

（2）财会人员是否拥有足够的运用会计准则的知识、经验和能力。

（3）是否拥有足够的资源支持会计政策的运用，如人力资源及培训、内部系统、信息技术的采用、数据和信息的采集等。

注册会计师应当考虑被审计单位是否按照适用的会计准则和相关会计制度的规定恰当地进行了列报，并披露了重要事项。财务报表及其附注的格式、结构安排、内容、财务报表项目使用的术语、披露信息的明细程度、项目在财务报表中的分类以及列报信息的来源等，构成了列报和披露的主要内容。注册会计师应当考虑被审计单位是否已对特定事项做了适当的列报和披露。

五、被审计单位的目标、战略以及相关经营风险

（一）目标、战略与经营风险

目标是企业经营活动的指针。企业管理层或治理层一般会根据企业经营面临的外部环境和内部各种因素，制订合理可行的经营目标。战略是企业管理层为实现经营目标采用的总体层面的策略和方法。为了实现某一既定的经营目标，企业可能有多个可行战略。例如，如果目标是在某一特定期间内进入一个新的市场，那么可行的战略可能包括收购该市场内的现有企业、与该市场内的其他企业合资经营或自行开发进入该市场。随着外部环境的变化，企业的目标和战略应做出适应性的调整

和变化。

经营风险源于对被审计单位实现目标和战略产生不利影响的重大情况、事项、环境和行动，或源于不恰当的目标和战略。不能因环境的变化而做出适应性调整固然可能产生经营风险。但是，在变化的过程中经营风险也可能出现。例如，为应对消费者需求的变化，企业开发了新产品。但是，开发的新产品可能会产生开发失败的风险；即使开发成功，市场需求可能没有充分开发，而导致产品营销风险；产品的缺陷还可能导致企业遭受声誉风险和承担产品赔偿责任的风险。

注册会计师应当了解被审计单位是否存在与下列方面有关的目标和战略，并考虑相应的经营风险。

（1）行业发展，及其可能导致的被审计单位不具备足以应对行业变化的人力资源和业务专长等风险。

（2）开发新产品或提供新服务，及其可能导致的被审计单位产品责任增加等风险。

（3）业务扩张，及其可能导致的被审计单位对市场需求的估计不准确等风险。

（4）新颁布的会计法规，及其可能导致的被审计单位执行法规不当或不完整，或会计处理成本增加等风险。

（5）监管要求，及其可能导致的被审计单位法律责任增加等风险。

（6）本期及未来的融资条件，及其可能导致的被审计单位由于无法满足融资条件而失去融资机会等风险。

（7）信息技术的运用，及其可能导致的被审计单位信息系统与业务流程难以融合等风险。

（8）实施战略的影响，特别是由此产生的需要运用新的会计要求的影响。

（二）经营风险对重大错报风险的影响

经营风险与重大错报风险是既有联系又相互区别的两个概念。前者比后者范围更广。注册会计师了解被审计单位的经营风险有助于其识别重大错报风险。然而注册会计师没有责任识别或评估所有经营风险。

多数经营风险最终都会产生财务后果，从而影响财务报表。但并非所有经营风险都会导致重大错报风险。经营风险可能对各类交易、账户余额以及列报认定层次或财务报表层次带来直接影响。例如，企业合并导致客户群的减少，可能使信贷风险集中，由此产生的经营风险可能增加与应收账款计价认定有关的重大错报风险。同样的风险，尤其是在经济紧缩时，可能具有更长期的后果。注册会计师在评估持续经营假设的适当性时需要考虑这一问题。注册会计师应当根据被审计单位的具体情况，考虑经营风险是否可能导致财务报表发生重大错报。

（三）被审计单位的风险评估过程

管理层通常制订识别和应对经营风险的策略。注册会计师应当了解被审计单位的风险评估过程。此类风险评估过程是被审计单位内部控制的组成部分。

六、被审计单位财务业绩的衡量和评价

被审计单位主要管理人员经常会衡量和评价关键业绩指标（包括财务的和非财务的）、预算及差异分析、分部信息和分支机构、部门或其他层次的业绩报告以及与竞争对手的业绩比较。此外，外部机构也会衡量和评价被审计单位的财务业绩，如分析师的报告和信用评级机构的报告。

（一）了解的主要方面

在了解被审计单位财务业绩衡量和评价情况时，注册会计师应当关注下列信息。

（1）关键业绩指标（财务的或非财务的）、关键比率、趋势和经营统计数据。

（2）同期财务业绩比较分析。

（3）预算、预测、差异分析，分部信息与分部、部门或其他不同层次的业绩报告。

（4）员工业绩考核与激励性报酬政策。

（5）被审计单位与竞争对手的业绩比较。

（二）关注内部财务业绩衡量的结果

内部财务业绩衡量可能显示未预期到的结果或趋势。在这种情况下，管理层通常会进行调查并采取纠正措施。与内部财务业绩衡量相关的信息可能显示财务报表存在错报风险。例如，内部财务业绩衡量显示被审计单位与同行业其他单位相比具有异常高的增长率或盈利水平，此类信息如果与业绩奖金或激励性报酬等因素结合起来考虑，可能显示管理层在编制财务报表时存在某种倾向的错报风险。因此，注册会计师应当关注被审计单位内部财务业绩衡量显示的未预期到的结果或趋势、管理层的调查结果和纠正措施，以及相关信息是否显示财务报表可能存在重大错报。

（三）考虑财务业绩衡量指标的可靠性

如果拟利用被审计单位内部信息系统生成的财务业绩衡量指标，注册会计师应当考虑相关信息是否可靠，以及利用这些信息是否足以实现审计目标。许多财务业绩衡量中使用的信息可能由被审计单位的信息系统生成。如果被审计单位管理层在没有合理基础的情况下，认为内部生成的衡量财务业绩的信息是准确的，而实际上信息有误，那么管理层根据有误的信息得出的结论也可能是错误的。如果注册会计师计划在审计中（如在实施分析程序时）利用财务业绩指标，应当考虑相关信息是否可靠，以及在实施审计程序时利用这些信息是否足以发现重大错报。

需要强调的是，注册会计师了解被审计单位财务业绩的衡量与评价，是为了考虑管理层是否面临实现某些关键财务业绩指标的压力。此外，了解管理层认为重要的关键业绩指标，有助于注册会计师深入了解被审计单位的目标和战略。这些压力既可能源于需要达到市场分析师或股东的预期，也可能产生于达到获得股票期权或管理层和员工奖金的目标。受压力影响的人员可能是高级管理人员（包括董事会）；也可能是可以操纵财务报表的其他经理人员，如子公司或分支机构管理人员可能为达到奖金目标而操纵财务报表。

第三节 了解内部控制

了解内部控制是识别和评估重大错报风险、设计和实施进一步审计程序的基础。注册会计师应当了解与审计相关的内部控制以识别潜在错报的类型，考虑导致重大错报风险的因素，以及设计和实施进一步审计程序的性质、时间和范围。

一、内部控制的含义和要素

（一）内部控制的含义

内部控制是被审计单位为了合理保证财务报告的可靠性、经营的效率和效果以及对法律法规的遵守，由治理层、管理层和其他人员设计和执行的政策和程序。

（二）内部控制的要素

内部控制包括下列要素：（1）控制环境；（2）风险评估过程；（3）信息系统与沟通；（4）控制活动。（5）对控制的监督。上述各要素的具体内涵以及注册会计师对内部控制要素了解的重点，将在本节后面阐述。

（三）与审计相关的内部控制

内部控制的目标是合理保证财务报告的可靠性、经营的效率和效果以及对法律法规的遵守。注册会计师审计的目标是对财务报表是否不存在重大错报发表审计意见，因此注册会计师要考虑与财务报表编制相关的内部控制，但目的并非对被审计单位内部控制的有效性发表意见。注册会计师需要了解和评价的内部控制只是与财务报表审计相关的内部控制，并非被审计单位所有的内部控制。与审计相关的内部控制，主要包括被审计单位为实现财务报告可靠性目标设计和实施的控制及其他相关控制。本书后面所称的内部控制都是指与注册会计师审计相关的内部控制。

1. 为实现财务报告可靠性目标设计和实施的内部控制

注册会计师应当运用职业判断，考虑一项控制单独或连同其他控制是否与评估重大错报风险以及针对评估的风险设计和实施进一步审计程序有关。在运用职业判断时，注册会计师应当考虑下列因素。

（1）注册会计师确定的重要性水平。

（2）被审计单位的性质，包括组织结构和所有制性质。

（3）被审计单位的规模。

（4）被审计单位经营的多样性和复杂性。

（5）相关的法律法规和监管要求。

（6）作为内部控制组成部分的系统（包括利用的服务机构）的性质和复杂性。

2. 其他与审计相关的内部控制

（1）如果在设计和实施进一步审计程序时拟利用被审计单位内部生成的信息，注册会计师应当考虑用以保证该信息完整性和准确性的内部控制可能与审计相关。注册会计师的经验以及在了解被审计单位及其环境过程中获得的信息，可以帮助注册会计师识别与审计相关的内部控制。

（2）如果用以保证经营效率、效果的内部控制以及对法律法规遵守的内部控制与实施审计程序时评价或使用的数据相关，注册会计师应当考虑这些内部控制可能与审计相关。例如，对于某些非财务数据（如生产统计数据）的控制，如果注册会计师在实施分析程序时使用这些数据，则这些控制就可能与审计相关。又如，某些法规（如税法）对财务报表存在直接和重大的影响（决定应交税金和所得税费用），为了遵守这些法规，被审计单位可能设计和执行相应的控制，这些控制也与注册会计师的审计相关。被审计单位通常有一些与审计无关的控制，注册会计师无须对其加以考虑。例如，被审计单位可能依靠某一复杂的自动控制系统（如航空公司用于维护航班时间表的自动控制系统）提高和增加经营活动的效率和效果，但这些控制通常与审计无关。

（3）用以保护资产的内部控制可能包括与实现财务报告可靠性和经营效率、效果目标相关的控制。注册会计师在了解保护资产的内部控制各项要素时，可仅考虑其中与财务报告可靠性目标相关的控制。例如，保护存货安全的控制可能与审计相关，但在生产中防止材料浪费的控制通常与审计不相关。材料是否经济有效地使用与审计目标并不直接相关，只有所用材料的成本没有在财务报表中如实反映，才会影响财务报表的可靠性。

二、对内部控制了解的深度

对内部控制了解的深度，是指在了解被审计单位及其环境时对内部控制了解的程度。包括评价控制的设计，并确定其是否得到执行，但不包括对控制是否得到一贯执行的测试。

（一）评价控制的设计

评价控制的设计是指考虑一项控制单独或连同其他控制是否能够有效防止或发现并纠正重大错报。注册会计师在了解内部控制时，应当评价控制的设计，并确定其是否得到执行。控制得到执行是指某项控制存在且被审计单位正在使用。设计不当的控制可能表明内部控制存在重大缺陷，注册会计师在确定是否考虑控制得到执行时，应当首先考虑控制的设计。如果控制设计不当，则不需要再考虑控制是否得到执行。

（二）获取控制设计和执行的审计证据

注册会计师通常实施下列风险评估程序，以获取有关控制设计和执行的审计证据。

（1）询问被审计单位的人员。

（2）观察特定控制的运用。

（3）检查文件和报告。

（4）追踪交易在财务报告信息系统中的处理过程，即穿行测试。

这些程序是风险评估程序在了解被审计单位内部控制方面的具体运用。需要说明的是，询问本身并不足以评价控制的设计以及确定其是否得到执行，注册会计师应当将询问与其他风险评估程序结合使用。

（三）了解内部控制与测试控制运行有效性的关系

除非存在某些可以使控制得到一贯运行的自动化控制，注册会计师对控制的了解并不能够代替对控制运行有效性的测试。

例如，获取某一人工控制在某一时点得到执行的审计证据，并不能证明该控制在审计期间内的其他时点也有效运行。但是，信息技术可以使被审计单位持续一贯地对大量数据进行处理，这提高了被审计单位监督控制活动运行情况的能力；信息技术还可以通过对应用软件、数据库、操作系统设置安全控制来实现有效的职责划分。由于信息技术处理流程的内在一贯性，实施审计程序确定某项自动控制是否得到执行，也可能实现对控制运行有效性测试的目标。对控制运行有效性的测试称为控制测试，将在后面阐述。

三、内部控制的局限性

（一）内部控制的固有局限性

内部控制无论如何设计和执行，只能对财务报告的可靠性提供合理的保证，因为内部控制存在固有局限性。内部控制存在的固有局限性包括以下几点。

（1）在决策时人为判断可能出现错误和因人为失误而导致内部控制失效。例如，被审计单位信息技术工作人员没有完全理解系统如何处理销售交易，为使系统能够处理新型产品的销售，可能错误地对系统进行更改；或者对系统的更改是正确的，但是程序员没能把更改转化为正确的程序代码。

（2）可能由于两个或更多的人员进行串通或管理层凌驾于内部控制之上而使内部控制被规避。例如，管理层可能与客户签订背后协议，对标准的销售合同做出变动，从而导致确认收入发生错误。再如，软件中的编辑控制旨在发现和报告超过赊销信用额度的交易，但这一控制可能被逾越或规避。

（3）如果被审计单位内部控制行使控制职能的人员的素质不适应岗位要求，也会影响内部控制功能的正常发挥。

（4）被审计单位实施内部控制的成本效益问题也会影响其效能。当实施某项控制的成本大于控制效果而发生损失时，就没有必要设置控制环节或控制措施。

（5）内部控制一般都是针对经常且重复发生的业务而设置的，如果出现不经常发生或未预计到的业务，原有的控制就可能不适用。

（二）对小型被审计单位的考虑

小型被审计单位拥有的员工通常较少，这限制了小型被审计单位职责分离的程度。但是，在业主管理的小型被审计单位，业主兼经理可以实施比大型被审计单位更有效的监督。这种监督可以弥补职责分离有限的局限性。另外，由于内部控制系统较为简单，业主兼经理更有可能凌驾于内部控制之上。注册会计师在识别舞弊导致的重大错报风险时需要考虑这一问题。

四、了解和评估控制环境

（一）控制环境的含义

控制环境包括治理职能和管理职能，以及治理层和管理层对内部控制及其重要性的态度、认识和措施。控制环境设定了被审计单位的内部控制基调，影响员工对内部控制的认识。良好的控制环境是实施有效内部控制的基础。防止或发现并纠正舞弊和错误是被审计单位治理层和管理层的责任。在评价控制环境的设计和实施情况时，注册会计师应当了解管理层在治理层的监督下，是否营造并保持了诚实守信和合乎道德的文化，以及是否建立了防止或发现并纠正舞弊和错误的恰当控制。实际上，在审计业务承接阶段，注册会计师就需要对控制环境做出初步了解和评价。

（二）对诚信和道德价值观念的沟通与落实

诚信和道德价值观念是控制环境的重要组成部分，影响重要业务流程的设计和运行。内部控制的有效性直接依赖于负责创建、管理和监控内部控制的人员的诚信和道德价值观念。被审计单位是否存在道德行为准则，以及这些准则如何在被审计单位内部沟通中得到落实，决定了被审计单位是否能产生诚信和道德的行为。对诚信和道德价值观念的沟通与落实既包括管理层如何处理不诚实、非法和不道德行为，也包括在被审计单位内部，通过行为规范以及高层管理人员的身体力行，对诚信和道德价值观念的营造和保持。

例如，管理层在行为规范中指出，员工不允许从供货商那里获得超过一定金额的礼品，超过部分都须报告和退回。尽管该行为规范本身并不能绝对保证员工都照此执行，但至少意味着管理层已对此进行明示。它连同其他程序，可能构成一个有效的预防机制。

对管理层的意图和动机行为需要警觉

注册会计师在了解和评估被审计单位诚信和道德价值观念的沟通与落实时，考虑的主要因素可能包括以下几个。

（1）被审计单位是否有书面的行为规范并向所有员工传达。

（2）被审计单位的企业文化是否强调诚信和道德价值观念的重要性。如果违反诚信和道德价值观念，违反人员是否会受到惩罚。

（3）管理层是否身体力行，高级管理人员是否起表率作用。

（4）对违反有关政策和行为规范的情况，管理层是否采取适当的行动。

（三）对胜任能力的重视

胜任能力是指具备完成某一职位的工作所应有的知识和能力。管理层对胜任能力的重视包括对特定工作所需的胜任能力水平的设定，以及对达到该水平所必需的知识和能力的要求。注册会计师应当考虑主要管理人员和其他相关人员是否能够胜任承担的工作和职责，例如，财会人员是否对编报财务报表所适用的会计准则和相关会计制度有足够的了解并能正确运用。

注册会计师在对被审计单位对胜任能力的重视情况进行了解和评估时，考虑的主要因素可能包括以下几个。

（1）财会人员以及信息管理人员是否具备与被审计单位业务性质和复杂程度相称的和足够的胜任能力和培训；在发生错误时，被审计单位是否通过调整人员或系统来加以处理。

（2）管理层是否配备足够的财会人员以适应业务发展和有关方面的需要。

（3）财会人员是否具备理解和运用会计准则所需的技能。

（四）治理层的参与程度

被审计单位的控制环境在很大程度上受治理层的影响。治理层的职责应在被审计单位的章程和政策中予以规定。董事会通常通过其自身的活动，并在审计委员会或类似机构的支持下，监督被审计单位的财务报告政策和程序。因此，董事会、审计委员会或类似机构应关注被审计单位的财务报告，并监督被审计单位的会计政策以及内部、外部的审计工作和结果。治理层的职责还包括监督复核内部控制有效性的政策和程序设计是否合理，执行是否有效。

治理层对控制环境影响的要素有：治理层相对于管理层的独立性、成员的经验和品德、对被审计单位业务活动的参与程度、治理层行为的适当性、治理层所获得的信息、管理层对治理层所提出问题的追踪程度，以及治理层与内部注册会计师和注册会计师的联系程度。例如，如果注册会计师与审计委员会有定期的联系，则管理层会更愿意定期向审计委员会和董事会汇报情况，因此，审计委员会和董事会对被审计单位重大情况有更多的知情权。

注册会计师在对被审计单位治理层的参与程度进行了解和评估时，考虑的主要因素可能包括以下几个。

（1）被审计单位是否建立了审计委员会或类似机构。

（2）董事会、审计委员会或类似机构是否与内部注册会计师以及注册会计师有联系和沟通，联系和沟通的性质以及频率是否与被审计单位的规模和业务复杂程度相匹配。

（3）董事会、审计委员会或类似机构的成员是否具备适当的经验和资历。

（4）董事会、审计委员会或类似机构是否独立于管理层。

（5）审计委员会或类似机构召开会议的数量和时间是否与被审计单位的规模和业务复杂程度相匹配。

（6）董事会、审计委员会或类似机构是否充分地参与了财务报告的过程。

（7）董事会、审计委员会或类似机构是否对经营风险的监控有足够的关注，进而影响被审计单位和管理层的风险评估过程。

（8）董事会成员是否保持相对稳定性。

（五）管理层的理念和经营风格

管理层负责企业的运作以及经营策略和程序的制订、执行与监督。控制环境的每个方面在很大程度上都受管理层采取的措施和做出决策的影响，或在某些情况下受管理层不采取某些措施或不做出某种决策的影响。在有效的控制环境中，管理层的理念和经营风格可以创造一个积极的氛围，促进业务流程和内部控制的有效运行，同时可以创造一个减少错报发生可能性的环境。在管理层以一个或少数几个人为主时，管理层的理念和经营风格对内部控制的影响尤为突出。

管理层的理念包括管理层对内部控制的理念，管理层对内部控制的理念是指管理层对内部控制以及对具体控制实施环境的重视程度。管理层越重视内部控制，将越有助于控制的有效执行，并减少特定控制被忽视或规避的可能性。控制理念反映在管理层制订的政策、程序及所采取的措施中，而不是反映在形式上。因此，要使控制理念成为控制环境的一个重要特质，管理层必须告知员工内部控制的重要性。同时，只有建立适当的管理层控制机制，控制理念才能产生预期的效果。

衡量管理层对内部控制重视程度的重要标准，是管理层收到有关内部控制弱点及违规事件的报告时做出的反应。管理层及时地下达纠弊措施，表明他们对内部控制的重视，也有利于加强企业内部的控制理念。

此外，了解管理层的经营风格也很有必要。这有助于注册会计师判断哪些因素影响管理层对待内部控制的态度，哪些因素影响管理层在编制财务报表时所做的判断，特别是在做出会计估计以及选用会计政策时。这种了解也有助于注册会计师进一步认识管理层的能力和经营动机。注册会计师对管理层的能力和诚信越有信心，就越有理由依赖管理层提供的信息和做出的解释及声明。相反，如果对管理层经营风格的了解加重了注册会计师对管理层的怀疑，注册会计师就会加深职业怀疑的程度，从而导致对管理层各种声明产生怀疑。因此，了解管理层的经营风格对注册会计师评估重大错报风险有着重要的意义。

注册会计师在了解和评估被审计单位管理层的理念和经营风格时，考虑的主要因素可能包括以下几个。

（1）管理层是否对内部控制，包括信息技术的控制，给予了适当的关注。

（2）管理层是否由一个或几个人控制，而董事会、审计委员会或类似机构对其是否实施有效监督。

（3）管理层在承担和监控经营风险方面是风险偏好者还是风险规避者。

（4）管理层在选择会计政策和做出会计估计时倾向于激进还是保守。

（5）管理层对于信息流程以及会计职能部门和人员是否给予了适当关注。

（6）对于重大的内部控制和会计事项，管理层是否征询注册会计师的意见，或者经常在这些方面与注册会计师存在不同意见。

（六）组织结构及职权与责任的分配

被审计单位的组织结构为计划、运作、控制及监督经营活动提供了一个整体框架。通过集权或分权决策，被审计单位可在不同部门间进行适当的职责划分、建立适当层次的报告体系。组织结构将影响权利、责任和工作任务在组织成员中的分配。被审计单位组织结构的合理性在一定程度上取决于被审计单位的规模和经营活动的性质。

注册会计师应当考虑被审计单位组织结构中是否采用了向个人或小组分配控制职责的适当方法，是否建立了执行特定职能（包括交易授权）的授权机制，是否确保每个人都清楚地了解报告关系和责任。注册会计师还需审查被审计单位对分散经营活动的监督是否充分。有效的权责分配制度有助于形成整体的控制意识。

注册会计师应当关注组织结构及权责分配方法的实质而不是仅关注其形式。相应地，注册会计师应当考虑相关人员对政策与程序的整体认识水平和遵守程度，以及管理层对其实施监督的程度。

注册会计师对组织结构的审查，有助于其确定被审计单位的职责划分达到了何种程度，也有助于其评价被审计单位在这方面的不足会对整体审计策略产生的影响。

信息系统处理环境是注册会计师对组织结构及权责分配方法进行审查的一个重要方面。注册会计师应当考虑信息系统职能部门的结构安排是否明确了责任分配、授权和批准系统变化的职责分配，以及是否明确了程序开发、运行及使用者之间的职责划分。

注册会计师在对被审计单位组织结构和职权与责任的分配进行了解和评估时，考虑的主要因素可能包括以下几个。

（1）被审计单位内部是否有明确的职责划分，是否将业务授权、业务记录、资产保管和维护，以及业务执行的职责尽可能地分离。

（2）数据的所有权划分是否合理。

（3）被审计单位是否已针对授权交易建立适当的政策和程序。

（七）人力资源政策与实务

人力资源政策与实务涉及招聘、培训、考核、晋升和薪酬等方面。政策与程序（包括内部控制）的有效性，通常取决于执行人。因此，被审计单位员工的能力与诚信是控制环境中的重要因素。然而，被审计单位是否能够招聘并保留一定数量既有能力又有责任心的员工，在很大程度上也取决于其人事政策与实务。例如，如果招聘录用标准要求录用合适的员工，包括强调员工的学历、经验、诚信和道德，这表明被审计单位希望录用有能力并值得信赖的人员。有关培训方面的政策显示员工应达到的工作状态和业绩水准。定期考核的晋升政策表明被审计单位希望具备相应资格的人员承担更多的职责。

注册会计师在对被审计单位人力资源政策与实务进行了解和评估时，考虑的主要因素可能包括以下几个。

（1）被审计单位是否在招聘、培训、考核、晋升、薪酬、调动和辞退员工方面（特别是在会计、财务和信息系统方面）都有适当的政策和程序。

（2）被审计单位是否有书面的员工岗位职责手册，或者在没有书面文件的情况下，对工作职责和期望是否做了适当的沟通和交流。

（3）人力资源政策与程序是否清晰，并且是否定期发布和更新。

（4）是否设定适当的程序对分散在各地区和海外的经营人员建立和沟通人力资源政策与程序。

注册会计师应当对控制环境的上述要素获取足够的了解，并考虑内部控制的实质及其综合效果，以了解管理层和治理层对内部控制的整体态度、认识以及所采取的措施。

五、了解被审计单位的风险评估过程

被审计单位的风险评估过程包括识别与财务报告相关的经营风险，以及针对这些风险所采取的措施。注册会计师应当了解被审计单位的风险评估过程。

（一）被审计单位风险评估过程的含义

任何经济组织在经营活动中都会面临各种各样的风险，并对其生存和竞争能力产生影响。很多风险的产生并不为经济组织所控制，但管理层应当确定可以承受的风险水平，识别这些风险并采取一定的应对措施。可能产生风险的事项和情形包括以下几个。

（1）监管及经营环境的变化。监管和经营环境的变化会导致竞争压力的变化以及重大的相关风险。

（2）新员工的加入。新员工可能对内部控制有不同的认识和关注点。

（3）对新信息系统的使用或对原系统进行升级。信息系统的重大变化会改变与内部控制相关的风险。

（4）业务快速发展。快速的业务扩张可能会使内部控制难以应对，从而增加内部控制失效的可能性。

（5）新技术。将新技术运用于生产过程和信息系统可能改变与内部控制相关的风险。

（6）新生产型号、产品和业务活动。进入新的业务领域和发生新的交易可能带来新的与内部控制相关的风险。

（7）企业重组。企业重组可能带来裁员以及管理职责的重新划分，将影响与内部控制相关的风险。

（8）发展海外经营。海外扩张或收购会带来新的并且往往是特别的风险，进而可能影响内部控制，如外币交易的风险。

（9）采用新的会计准则。采用新的或变化了的会计准则可能会增大财务报告发生重大错报的风险。

风险评估过程的作用是识别、评估和管理影响被审计单位经营目标实现能力的各种风险。而针对财务报告目标的风险评估过程则包括识别与财务报告相关的经营风险，估计风险的重大性和发生的可能性，以及如何采取措施管理这些风险。例如，风险评估可能会涉及被审计单位如何考虑对某些交易未予记录的可能性，或者识别和分析财务报告中的重大会计估计发生错报的可能性。与财务报告相关的风险也可能与特定事项和交易有关。

（二）对风险评估过程的了解

在评价被审计单位风险评估过程的设计和执行时，注册会计师应当确定管理层如何识别与财务报告相关的经营风险，如何估计该风险的重要性，如何评估风险发生的可能性，以及如何采取措施管理这些风险。如果被审计单位的风险评估过程符合其具体情况，了解被审计单位的风险评估过程有助于注册会计师识别财务报表的重大错报风险。

注册会计师在对被审计单位整体层面的风险评估过程进行了解和评估时，考虑的主要因素可能包括以下几个。

（1）被审计单位是否已建立并沟通其整体目标，并辅以具体策略和业务流程层面的计划。

（2）被审计单位是否已建立风险评估过程，包括识别风险、估计风险的重大性、评估风险发生的可能性以及确定需要采取的应对措施。

（3）被审计单位是否已建立某种机制，以识别和应对可能对被审计单位产生重大且普遍影响的变化，如金融机构建立资产负债管理委员会。

（4）会计部门是否建立了某种流程，以识别会计准则的重大变化。

（5）当业务操作发生变化并影响交易记录的流程时，被审计单位是否存在沟通渠道以通知会计部门。

（6）注册风险管理部门是否建立了某种流程，以识别经营环境，包括监管环境，发生的重大变化。

注册会计师可以通过了解被审计单位及其环境的其他方面信息，评价被审计单位风险评估过程的有效性。例如，在了解被审计单位的业务情况时，发现了某些经营风险，注册会计师应当了解管理层是否也意识到这些风险以及如何应对该风险。在对业务流程的了解中，注册会计师还可能进一步获得被审计单位有关业务流程的风险评估过程的信息。例如，在销售循环中，如果发现了销售的截止性错报的风险，注册会计师应当考虑管理层是否也识别了该错报风险以及如何应对该风险。

注册会计师应当询问管理层识别的经营风险，并考虑这些风险是否可能导致重大错报。

在审计过程中，如果发现与财务报表有关的风险因素，注册会计师可通过向管理层询问和检查有关文件确定被审计单位的风险评估过程是否也发现了该风险；如果识别出管理层未能识别的重大错报风险，注册会计师应当考虑被审计单位的风险评估过程为何没有识别出这些风险，以及该风险评估过程是否适合于具体环境。

六、了解被审计单位的信息系统与沟通

信息系统与沟通是收集与交换被审计单位执行、管理和控制业务活动所需信息的过程，包括收集和提供信息（特别是为履行内部控制岗位职责所需的信息）给适当人员，使之能够履行职责。信息系统与沟通的质量直接影响管理层对经营活动做出正确决策和编制可靠的财务报告的能力。

（一）与财务报告相关的信息系统的含义

与财务报告相关的信息系统，包括用以生成、记录、处理和报告交易、事项和情况，对相关资产、负债和所有者权益履行经营管理责任的程序和记录。

交易可能通过人工或自动化程序生成。记录包括识别和收集与交易、事项有关的信息。处理包括编辑、核对、计量、估价、汇总和调节活动，可能由人工或自动化程序来执行。报告是指用电子或书面形式编制财务报告和其他信息，以供被审计单位衡量和考核财务及其他方面的业绩。

与财务报告相关的信息系统应当与业务流程相适应。业务流程是指被审计单位开发、采购、生产、销售、发送产品和提供服务、保证遵守法律法规、记录信息等一系列活动。与财务报告相关的信息系统生成信息的质量，对管理层能否做出恰当的经营管理决策以及编制可靠的财务报告具有重大影响。

与财务报告相关的信息系统通常包括下列职能。

（1）识别与记录所有的有效交易。

（2）及时、详细地描述交易，以便在财务报告中对交易做出恰当分类。

（3）恰当计量交易，以便在财务报告中对交易的金额做出准确记录。

（4）恰当确定交易生成的会计期间。

（5）在财务报表中恰当列报交易。

（二）对与财务报告相关的信息系统的了解

注册会计师应当从下列方面了解与财务报告相关的信息系统。

（1）在被审计单位经营过程中，对财务报表具有重大影响的各类交易。

（2）在信息技术和人工系统中，交易生成、记录、处理和报告的程序。在获取了解时，注册会计师应当同时考虑被审计单位用以将交易处理系统中的数据过入总分类账和财务报告的程序。

（3）与交易生成、记录、处理和报告有关的会计记录、支持性信息和财务报表中的特定项目。一个典型的企业信息系统包括使用标准的会计分录，以记录销售、购货和现金付款等重复发生的交易，或记录管理层定期做出的会计估计，如应收账款可回收金额的变化。企业信息系统同时包括使用非标准的分录，以记录不重复发生的、异常的交易或调整事项，如企业合并、资产减值等。

（4）信息系统如何获取除各类交易之外的对财务报表具有重大影响的事项和情况，如固定资产和长期资产的计提折旧或摊销、应收账款计提坏账准备等。

（5）被审计单位编制财务报告的过程，包括做出的重大会计估计和披露。编制财务报告的程序应当同时确保适用的会计准则和相关会计制度要求披露的信息得以收集、记录、处理和汇总，并在财务报告中适当披露。

（三）与财务报告相关的沟通的含义

与财务报告相关的沟通包括使员工了解各自在与财务报告有关的内部控制方面的角色和职责，员工之间的工作联系，以及向适当级别的管理层报告例外事项的方式。

公开的沟通渠道有助于确保例外情况得到报告和处理。沟通可以采用政策手册、会计和财务报告手册及备忘录等形式进行，也可以通过发送电子邮件、口头沟通和管理层的行动进行。

（四）对与财务报告相关的沟通的了解

注册会计师应当了解被审计单位内部如何对财务报告的岗位职责以及与财务报告相关的重大事项进行沟通。注册会计师还应当了解管理层与治理层（特别是审计委员会）之间的沟通，以及被审计单位与外部（包括监管部门）的沟通。具体包括以下几个方面。

（1）管理层就员工的职责是否进行了有效沟通。

（2）被审计单位针对可疑的不恰当事项和行为是否建立了沟通渠道。

（3）组织内部沟通的充分性是否能够使人员有效地履行职责。

（4）对于与客户、供应商、监管者和其他外部人士的沟通，管理层是否及时采取适当的进一步行动。

（5）被审计单位是否受到某些监管机构发布的监管要求的约束。

（6）外部人士（如客户和供应商）在多大程度上获知被审计单位的行为守则。

七、了解被审计单位的控制活动

（一）与审计相关的控制活动的含义

控制活动是指有助于确保管理层的指令得以执行的政策和程序。注册会计师应当了解被审计单位的控制活动，以能够评估认定层次的重大错报风险和针对评估的风险设计进一步审计程序。控制活动主要包括与授权、业绩评价、信息处理、实物控制和职责分离等相关的活动。

1. 授权

授权的目的在于保证交易在管理层授权范围内进行。授权包括一般授权和特别授权。一般授权是指管理层制订的要求组织内部遵守的普遍适用于某类交易或活动的政策。特别授权是指管理层针对特定类别的交易或活动逐一设置的授权，如针对重大资本支出和股票发行等设置的授权。特别授权也可能用于超过一般授权限制的常规交易。例如，同意因某些特别原因，对某个不符合一般信用条件的客户赊购商品。

2. 业绩评价

与业绩评价有关的控制活动，主要包括被审计单位分析评价实际业绩与预算（或预测、前期业绩）的差异，综合分析财务数据与经营数据的内在关系，将内部数据与外部信息相比较，评价职能部门、分支机构或项目活动的业绩（如银行客户信贷经理复核各分行、地区和各种贷款类型的审批和收回），以及对发现的异常差异或关系采取必要的调查与纠正措施。

通过调查非预期的结果和非正常的趋势，管理层可以识别可能影响经营目标实现的情形。管理层对业绩信息的使用（如是将这些信息用于经营决策，还是同时用于对财务报告系统报告的非预期结果进行追踪），决定了业绩指标的分析是只用于经营目的，还是同时用于财务报告目的。

3. 信息处理

被审计单位通常执行各种措施，检查各种类型信息处理环境下的交易的准确性、完整性和授权。信息处理控制可以是人工的、自动化的，也可以是基于自动流程的人工控制。信息处理控制分为两类，即信息技术的一般控制和应用控制。

信息技术一般控制是指与多个应用系统有关的政策和程序，有助于保证信息系统持续恰当地运行（包括信息的完整性和数据的安全性），支持应用控制作用的有效发挥。信息技术一般控制通常包括数据中心和网络运行控制，系统软件的购置、修改及维护控制，接触或访问权限控制，应用系统的购置、开发及维护控制。例如，程序改变的控制、限制接触程序和数据的控制、与新版应用软件包实施的有关控制等都属于信息技术一般控制。

信息技术应用控制是指主要在业务流程层次运行的人工或自动化程序，与用于生成、记录、处理、报告交易或其他财务数据的程序相关。信息技术应用控制通常包括检查数据计算的准确性，审核账户和试算平衡表，设置对输入数据和数字序号的自动检查，以及对例外报告进行人工干预。

4. 实物控制

实物控制主要包括对资产和记录采取适当的安全保护措施，对访问计算机程序和数据文件设置授权，以及定期盘点并将盘点记录与会计记录相核对。例如，现金、有价证券和存货的定期盘点控制。实物控制的效果影响资产的安全，从而对财务报表的可靠性及审计产生影响。

5. 职责分离

了解职责分离的内容，主要包括了解被审计单位如何将交易授权、交易记录以及资产保管等职责分配给不同员工，以防范同一员工在履行多项职责时可能发生的舞弊或错误。当信息技术在信息系统中运用时，职责分离可以通过设置安全控制来实现。

（二）对控制活动的了解

在了解控制活动时，注册会计师应当重点考虑一项控制活动单独或连同其他控制活动，是否能够以及如何防止或发现并纠正各类交易、账户余额和披露存在的重大错报。注册会计师的工作重点是识别和了解针对重大错报可能发生领域的控制活动。如果多项控制活动能够实现同一目标，注册会计师不必了解与该目标相关的每项控制活动。

注册会计师对被审计单位整体层面的控制活动进行的了解和评估，主要是针对被审计单位的一般控制活动，特别是信息技术一般控制。在了解和评估一般控制活动时考虑的主要因素可能包括以下几个。

（1）被审计单位的主要经营活动是否都有必要的控制政策和程序。

（2）管理层在预算、利润和其他财务及经营业绩方面是否都有清晰的目标，被审计单位内部是否对这些目标都加以清晰地记录和沟通，并且积极地对其进行监控。

（3）是否存在计划和报告系统，以识别与目标业绩的差异，并向适当层次的管理层报告该差异。

（4）是否由适当层次的管理层对差异进行调查，并及时采取适当的纠正措施。

（5）不同人员的职责应在何种程度上相分离，以降低舞弊和不当行为发生的风险。

（6）会计系统中的数据是否与实物资产定期核对。

（7）是否建立了适当的保护措施，以避免未经授权接触文件、记录和资产。

（8）是否存在信息安全职能部门，以负责监控信息安全政策和程序。

控制活动（对小型审计单位的考虑）

八、了解对控制的监督

（一）对控制的监督的含义

管理层的重要职责之一就是建立和维护控制并保证其持续有效运行，对控制的监督可以实现这一目标。对控制的监督是指被审计单位评价内部控制在一段时间内运行有效性的过程。该过程包括及时评价控制的设计和运行，以及根据情况的变化采取必要的纠正措施。例如，管理层对是否定期编制银行存款余额调节表进行复核，内部注册会计师评价销售人员是否遵守公司关于销售合同条款的政策，法律部门定期监控公司的道德规范和商务行为准则是否得以遵循等。监督对控制的持续有效运行十分重要。例如，如果没有对银行存款余额调节表是否得到及时和准确的编制进行监督，该项控制可能无法得到持续的执行。

（二）了解对控制的持续监督和专门评价

注册会计师应当了解被审计单位对控制的持续监督活动和专门的评价活动。通常，被审计单位通过持续的监督活动、专门的评价活动或两者相结合的活动来实现对控制的监督。

持续的监督活动通常贯穿被审计单位的日常经营活动与常规管理工作。例如，销售经理、采购经理和车间主任对经营活动十分了解，会对有重大差异的报告提出疑问，并做必要的追踪调查和处理。

被审计单位可能让内部注册会计师或具有类似职能的人员对内部控制的设计和执行进行专门的评价，以找出内部控制的优点和不足，并提出改进建议。注册会计师在了解对控制的持续监督和专门评价时，可以考虑内部审计工作。

被审计单位也可能利用与外部有关各方沟通或交流所获取的信息监督相关的控制活动。在某些情况下，外部信息可能显示内部控制存在的问题和需要改进之处。例如，客户通过付款来表示其同意发票金额，或者认为发票金额有误而不付款；监管机构（如银行监管机构）可能会对影响内部控制运行的问题与被审计单位沟通；管理层可能也会考虑与注册会计师就内部控制问题进行沟通。被审计单位通过外部信息来发现内部控制的问题，以便采取纠正措施。

很多用于监督活动的信息都产生于被审计单位的信息系统，这些信息一旦存在错报，就可能导致管理层从监督活动中得出错误的结论。因此，注册会计师应当了解与被审计单位监督活动相关的信息来源，以及管理层认为信息具有可靠性的依据。如果拟利用被审计单位监督活动使用的信息（包括内部审计报告），注册会计师应当考虑该信息是否具有可靠的基础，是否足以实现审计目标。

注册会计师在对被审计单位整体层面的监督进行了解和评估时，考虑的主要因素可能包括以下几个。

（1）被审计单位是否定期评价内部控制。

（2）被审计单位人员在履行正常职责时，能够在多大程度上获得内部控制有效运行的证据。

（3）与外部的沟通能够在多大程度上证实内部产生的信息或者指出存在的问题。

（4）管理层是否采纳内部审计人员和注册会计师有关内部控制的建议。

（5）管理层是否及时纠正控制运行中的偏差。

（6）管理层根据监管机构的报告及建议是否及时采取纠正措施。

（7）是否存在协助管理层监督内部控制的职能部门，如内部审计部门。如存在，注册会计师对内部审计职能需进一步考虑的因素包括：①独立性和权威性；②向谁报告。例如，若直接向董事会、审计委员会或类似机构报告，当接触董事会、审计委员会或类似机构时是否有限制；③是否有相适应的人员和针对人员的培训，如对于复杂的高度自动化的环境应使用有经验的信息系统审计人员；④是否坚持适用的专业准则；⑤活动的范围，如财务审计和经营审计工作的平衡；⑥在分散经营情况下，内部审计的覆盖程度和轮换程度；⑦计划、风险评估和执行工作的记录及形成结论的适当性；⑧是否不承担经营管理责任。

监督活动（对小型审计单位的考虑）

第四节 评估重大错报风险

评估重大错报风险是风险评估阶段的最后一个步骤。通过实施风险评估程序获取的关于风险因素和控制对相关风险的抵消信息，通常将全部用于对财务报表层次以及各类交易、账户余额和披露认定层次评估重大错报风险。评估将作为确定进一步审计程序的性质、范围和时间安排的基础，以应对识别的风险。

一、评估重大错报风险时考虑的因素

表 6-2 列示了风险评估时考虑的部分风险因素。

表 6-2　　　　风险评估时考虑的部分风险因素

（1）已识别的风险是什么？	
财务报表层次	（1）源于薄弱的被审计单位整体层面内部控制或信息技术一般控制。 （2）与财务报表整体广泛相关的特别风险。 （3）与管理层凌驾和舞弊相关的风险因素。 （4）管理层愿意接受的风险，例如小企业因缺乏职责分离导致的风险
认定层次	（1）与完整性、准确性、存在或计价相关的特定风险。 ① 收入、费用和其他交易。 ② 账户余额。 ③ 财务报表披露。 （2）可能产生多重错报的风险

续表

相关内部控制程序	（1）特别风险。 （2）用于预防、发现或减轻已识别风险的恰当设计并执行的内部控制程序。 （3）仅通过执行控制测试应对的风险
（2）错报（金额影响）可能发生的规模有多大？	
财务报表层次	什么事项可能导致财务报表重大错报？考虑管理层凌驾、舞弊、未预期事件和以往经验
认定层次	考虑以下几点。 （1）交易、账户余额或披露的固有性质。 （2）日常和异常事件。 （3）以往经验
（3）事件（风险）发生的可能性有多大？	
财务报表层次	考虑以下几点。 （1）来自高层的基调。 （2）管理层风险管理的方法。 （3）采用的政策和程序。 （4）以往经验
认定层次	考虑以下几点。 （1）相关的内部控制活动。 （2）以往经验
相关内部控制程序	识别对于降低事件发生可能性非常关键的管理层风险应对要素

二、评估重大错报风险的审计程序

在评估重大错报风险时，注册会计师应当实施下列审计程序。

（1）在了解被审计单位及其环境（包括与风险相关的控制）的整个过程中，结合对财务报表中各类交易、账户余额和披露的考虑，识别相应的风险。例如，被审计单位因相关环境法规的实施需要更新设备，可能面临原有设备闲置或贬值的风险；宏观经济的低迷可能预示被审计单位的应收账款的回收存在问题；竞争者开发的新产品上市，可能导致被审计单位的主要产品在短期内过时，预示将出现存货跌价和长期资产（如固定资产等）的减值。

（2）结合对拟测试的相关控制的考虑，将识别的风险与认定层次可能发生错报的领域相联系。例如，销售困难使产品的市场价格下降，可能导致年末存货成本高于其可变现净值而需要计提存货跌价准备，这显示存货的计价认定可能发生错报。

（3）评估识别的风险，并评价其是否更广泛地与财务报表整体相关，进而潜在地影响多项认定。

（4）考虑发生错报的可能性（包括发生多项错报的可能性），以及潜在错报的重大程度是否足以导致重大错报。

注册会计师应当利用实施风险评估程序获取的信息，包括在评价控制设计和确定其是否得到执行时获取的审计证据，作为支持风险评估结果的审计证据。注册会计师应当根据风险评估结果，确定实施进一步审计程序的性质、时间安排和范围。

三、识别重大错报风险

在对重大错报风险进行识别和评估后，注册会计师应当确定，识别的重大错报风险是与特定的某类交易、账户余额和披露的认定相关，还是与财务报表整体广泛相关，进而影响多项认定。

某些重大错报风险可能与特定的某类交易、账户余额和披露的认定相关。例如，被审计单位存在复杂的联营或合资，这一事项表明长期股权投资账户的认定可能存在重大错报风险。又如，被审计单位存在重大的关联方交易，该事项表明关联方及关联方交易的披露认定可能存在重大错报风险。

某些重大错报风险可能与财务报表整体广泛相关，进而影响多项认定。例如，在经济不稳定的国家和地区开展业务、资产的流动性出现问题、重要客户流失、融资能力受到限制等，可能导致注册会计师对被审计单位的持续经营能力产生重大疑虑。又如，管理层缺乏诚信或因承受异常的压力可能引发舞弊风险，这些风险与财务报表整体相关。

（一）控制环境对评估财务报表层次重大错报风险的影响

财务报表层次的重大错报风险很可能源于薄弱的控制环境。薄弱的控制环境带来的风险可能对财务报表产生广泛影响，该影响不局限于某类交易、账户余额和披露，注册会计师应当采取总体应对措施。

例如，被审计单位治理层、管理层对内部控制的重要性缺乏认识，没有建立必要的制度和程序；或管理层经营理念偏于激进，又缺乏实现激进目标的人力资源等。这些缺陷源于薄弱的控制环境，可能对财务报表产生广泛影响，注册会计师需要采取总体应对措施。

（二）控制对评估认定层次重大错报风险的影响

在评估重大错报风险时，注册会计师应当将所了解的控制与特定认定相联系。

控制可能与某一认定直接相关，也可能与某一认定间接相关。关系越间接，控制在防止或发现并纠正认定中错报的作用越小。例如，销售经理对分地区的销售网点的销售情况进行复核，与销售收入完整性的认定只是间接相关。相应地，该项控制在降低销售收入完整性认定中的错报风险方面的效果，要比与该认定直接相关的控制（如将发货单与开具的销售发票相核对）的效果差。

注册会计师可能识别出有助于防止或发现并纠正特定认定发生重大错报的控制。在确定这些控制是否能够实现上述目标时，注册会计师应将控制活动和其他要素综合考虑。例如，将销售和收款的控制置于其所在的流程和系统中考虑，以确定其能否实现控制目标。因为单个的控制活动（如将发货单与销售发票相核对）本身并不足以控制重大错报风险，只有将多种控制活动和内部控制的其他要素综合才足以控制重大错报风险。

当然，也有某些控制活动可能专门针对某类交易或账户余额的个别认定。例如，被审计单位建立的、以确保盘点工作人员能够正确地盘点和记录存货的控制活动，直接与存货账户余额的存在和完整性认定相关。注册会计师只需要对盘点过程和程序进行了解，就可以确定控制是否能够实现目标。

注册会计师应当考虑对识别的各类交易、账户余额和披露认定层次的重大错报风险予以汇总和评估，以确定进一步审计程序的性质、时间安排和范围。表 6-3 给出了评估认定层次重大错报风险汇总示例。

表 6-3　　　　　　　　　评估认定层次重大错报风险汇总情况

重大账户	认定	识别的重大错报风险	风险评估结果
填表说明：列示重大账户。例如：应收账款	填表说明：列示相关的认定。例如：存在、完整性、计价或分摊等	填表说明：汇总实施审计程序识别出的与该重大账户的某项认定相关的重大错报风险	填表说明：评估该项认定的重大错报风险水平（应考虑控制设计是否合理、是否得到执行）

注：注册会计师也可以在该表中记录针对评估的认定层次重大错报风险而相应制订的审计方案。

四、考虑财务报表的可审计性

注册会计师在了解被审计单位内部控制后，可能对被审计单位财务报表的可审计性产生怀疑。例如，对被审计单位会计记录的可靠性和状况的担心可能会使注册会计师认为可能很难获取充分、适当的审计证据，以支持对财务报表发表意见。再如，管理层严重缺乏诚信，注册会计师认为管理层在财务报表中做出虚假陈述的风险高到无法进行审计的程度。因此，如果通过对内部控制的了解发现下列情况，并对财务报表局部或整体的可审计性产生疑问，注册会计师应当考虑出具保留意见或无法表示意见的审计报告：（1）被审计单位会计记录的状况和可靠性存在重大问题，不能获取充分、适当的审计证据以发表无保留意见；（2）对管理层的诚信存在严重疑虑。必要时，注册会计师应当考虑解除业务约定。

五、需要特别考虑的重大错报风险

特别风险，是指注册会计师识别和评估的、根据判断认为需要特别考虑的重大错报风险。

在确定哪些风险是特别风险时，注册会计师应当在考虑识别的控制对相关风险的抵消效果前，根据风险的性质、潜在错报的重要程度（该风险是否可能导致多项错报）和发生的可能性，判断风险是否属于特别风险。

六、对仅通过实质性程序无法应对的重大错报风险的考虑

作为风险评估的一部分，如果认为仅通过实质性程序获取的审计证据无法将认定层次的重大错报风险降至可接受的低水平，注册会计师应当评价被审计单位针对这些风险设计的控制，并确定其执行情况。

在被审计单位对日常交易采用高度自动化处理的情况下，审计证据可能仅以电子形式存在，其充分性和适当性通常取决于自动化信息系统相关控制的有效性。注册会计师应当考虑仅通过实施实质性程序不能获取充分、适当审计证据的可能性。例如，某企业通过高度自动化的系统确定采购品种和数量，生成采购订单，并通过系统中设定的收货确认和付款条件进行付款。除了系统中的相关信息以外，该企业没有其他有关订单和收货的记录。在这种情况下，如果认为仅通过实施实质性程序不能获取充分、适当的审计证据，注册会计师应当考虑依赖相关控制的有效性，并对其进行了了解、评估和测试。

在实务中，注册会计师可以利用表 6-4 汇总识别的重大错报风险。

表 6-4   识别的重大错报风险汇总

识别的重大错报风险	对财务报表的影响	相关的各类交易、账户余额和披露及其认定	是否与财务整体广泛相关	是否属于特别风险	是否属于仅通过实施实质性程序无法应对的重大错报风险
填表说明：记录识别的重大错报风险	填表说明：描述对财务报表的影响和导致财务报表发生重大错报的可能性	填表说明：列示相关的各类交易、账户余额和披露及其认定	填表说明：考虑是否属于财务报表层次的重大错报风险	填表说明：考虑是否属于特别风险	填表说明：考虑是否属于仅通过实质性程序无法应对的重大错报风险

七、对风险评估的修正

评估重大错报风险与了解被审计单位及其环境一样，也是一个连续和动态地收集、更新与分析信息的过程，贯穿整个审计过程的始终。注册会计师对认定层次重大错报风险的评估应以获取的审计证据为基础，并随着不断获取审计证据而做出相应的变化。

例如，注册会计师对重大错报风险的评估可能基于预期控制运行有效这一判断，即相关控制可以防止或发现并纠正认定层次的重大错报。但在测试控制运行的有效性时，注册会计师获取的证据可能表明相关控制在被审计期间并未有效运行。同样，在实施实质性程序后，注册会计师可能发现错报的金额和频率比在风险评估时预计的错报金额和频率要高。因此，如果通过实施进一步审计程序获取的审计证据与初始评估重大错报风险时获取的审计证据相矛盾，注册会计师应当修正风险评估结果，并相应修改原计划实施的进一步审计程序。

本章关键词汇

风险评估程序 risk assessment procedure

内部控制 internal control

控制环境 control environment

信息系统与沟通 information and communication

控制活动 control activity

对控制的监督 monitoring

COSO 委员会 COSO Committee

信息技术一般控制 information technology general control

信息技术应用控制 information technology applied control

思考与练习题

（一）思考题

1. 了解审计被审计单位及其环境是不是审计的必要程序？注册会计师应从哪些方面了解被审计单位及其环境？

2. 被审计单位的环境包括哪些？试利用网络或报刊报道，说明被审计单位的环境对舞弊的影响。

3. 注册会计师应如何对被审计单位的内部控制进行风险评估？

4. 内部控制与现代审计的关系如何？

5. 如何识别与评估重大错报风险？

6. 需要注册会计师特别考虑的重大错报风险有哪些？

（二）分析题

B 股份有限公司（以下简称"B 公司"）主要经营中小型机电类产品的生产和销售，产品销售以 B 公司仓库为交货地点。B 公司目前主要采用手工会计系统。ABC 会计师事务所接受委托审计 B 公司 2020 年度财务报告，甲和乙注册会计师负责于 2019 年 10 月 25 日至 11 月 10 日对 B 公司的购货与付款循环、生产循环、销售与收款循环的内部控制进行了解、测试与评价。

通过对 B 公司内部控制的了解，甲注册会计师和乙注册会计师在审计工作底稿中记录了所了解的和购货与付款循环、生产循环、销售与收款循环相关的内部控制程序，部分内容摘录如下。

（1）对需要购买的已经列入存货清单的基础上由仓库负责填写请购单，对未列入存货清单的基础上由相关需求部门填写请购单。每张请购单须由对该类采购支出预算负责的主管人员签字批准。

（2）采购部收到经批准的请购单后，由其职员 E 进行询价并确定供应商，再由其职员 F 负责编制和发出预先连续编号的订购单。订购单一式四联，经被授权的采购人员签字后，分别送交供应商、负责验收的部门、提交请购单的部门和负责采购业务结算的应付凭单部门。

（3）验收部门根据订购单上的要求对所采购的材料进行验收，完成验收后，将原材料交由仓库人员存入库房，并编制预先连续编号的验收单交仓库人员签字确认。验收单一式三联，其中两联分送应付凭单部门和仓库，一联留存验收部门。

（4）应付凭单部门核对供应商发票、验收单和订购单，并编制预先连续编号的付款凭单。在付款凭单经被授权人员批准后，应付凭单部门将付款凭单连同供应商发票及时送交会计部门，并将未付款凭单副联保存在未付款凭单档案中。会计部门收到附供应商发票的付款凭单后，应及时编制有关的记账凭证，并登记原材料和应付账款账簿。

（5）应付凭单部门负责确定尚未付款凭单在到期日付款，并将留存的未付款凭单及其附件根据授权审批权限送交审批人审批。审批人审批后，将未付款凭单连同附件交复核人复核，然后交财务出纳人员 J。出纳人员 J 据此办理支付手续，登记现金存款日记账和银行存款日记账，并在每月末编制银行存款余额调节表，交会计主管审核。

（6）生产部门收到生产计划部门签发的预先连续编号的生产通知单后，向仓库提交经批准的预先连续编号的一式三联领料单。仓库发出原材料后，将其中两联领料单分送领料部门和会计部门，一联留存仓库。生产部门完工的产成品经过检验员验收后交仓库查点入库。仓库人员编制预先连续编号的一式三联产成品入库单，其中两联及时分送生产部门和会计部门，一联留存仓库。

（7）会计部门的成本会计 K 根据收到的生产通知单、领料单、工时记录和产成品入库单等资料，在月末编制材料费用、人工费用和制造费用分配表，以及完工产品与在产品成本分配表，经本部门的复核人员复核后，据以核算成本和登记相关账簿。

（8）根据批准的顾客订单，销售部编制预先连续编号的一式三联现销或赊销销售单。经销售部被授权人员批准后，所有销售单的第一联直接送仓库，作为按销售单供货和发货给装运部门的授权依据，第二联交开具账单部门，第三联由销售部留存。装运部门将从仓库提取的商品与销售单核对无误后装运，并编制一式四联预先连续编号的发运单，其中三联及时分送开具账单部门、仓库和顾客，一联留存装运部门。

（9）开具账单部门在收到发运单并与销售单核对无误后，编制预先连续编号的销售发票，并将其连同发运单和销售单及时送交会计部门。会计部门在核对无误后确认销售收入并登记应收账款账簿。会计部门定期向顾客寄送对账单，并对顾客提出的异议进行专门追查。

（10）公司的应收账款账龄分析由专门的"应收账款账龄分析计算机系统"完成，该系统由独立的信息部门负责维护管理。会计部门相关人员负责在系统中及时录入所有与应收账款交易相关的基础数据。为了便于及时更正录入的基础数据可能存在的差错，信息部门拥有修改基础数据的权限。

（11）公司每半年对全部存货盘点一次，编制盘点表。会计部门与仓库在核对结存数量后，向管理层报告差异情况及形成原因，并在经批准后进行相应处理。

（12）内部审计部门直接向公司专职负责纪检、监察的副总经理报告工作。内部注册会计师定期和不定期地对公司日常业务的处理和记录进行审计。

要求：假定不考虑其他条件，请逐项判断B公司上述内部控制程序在设计上是否存在缺陷。如果存在缺陷，请分别予以指出，并简要说明理由，提出改进建议。

相关资料链接

1. 我国《企业内部控制基本规范》及《企业内部控制配套指引》。
2. 中国航油（新加坡）股份有限公司内部控制失效案例（学生上网搜索查找）。

1. 知识目标

（1）了解针对财务报表层次重大错报风险的总体应对措施。

（2）了解控制测试的含义与测试的时间、范围。

（3）了解实质性程序的含义与方法。

2. 能力目标

（1）能够根据具体的情形设计审计程序的不可预见性。

（2）掌握控制测试的方法。

（3）掌握分析性程序与细节测试的方法。

第一节 针对财务报表层次重大错报风险的总体应对措施

一、财务报表层次重大错报风险与总体应对措施

在财务报表层次重大错报风险的评估过程中，注册会计师应当确定识别的重大错报风险是与特定的某类交易、账户余额、列报的认定相关，还是与财务报表整体广泛相关，进而影响多项认定。如果是后者，则属于财务报表层次的重大错报风险。

注册会计师应当针对评估的财务报表层次的重大错报风险确定下列总体应对措施。

风险应对

（1）向审计项目组强调在收集和评价审计证据过程中保持职业怀疑态度的必要性。

（2）分派更有经验或具有特殊技能的注册会计师，或利用专家的工作。由于各行业在经营业务、经营风险、财务报告、法规要求等方面具有特殊性，审计人员的专业分工细化成为一种趋势。审计项目组成员中应有一定比例的人员曾经参与被审计单位以前年度的审计，或具有被审计单位所处特定行业的相关审计经验。必要时，要考虑利用信息技术、税务、评估、精算等方面的专家的工作。

（3）提供更多的督导。

（4）在选择拟实施的进一步审计程序时融入更多的不可预见的因素。被审计单位人员，尤其是管理层，如果熟悉注册会计师的审计程序，就可能采取种种规避手段，掩盖财务报告中的舞弊行为。因此，在设计拟实施审计程序的性质、时间安排和范围时，为了避免既定思维对审计方案的限制，避免对审计效果的人为干涉，从而使得针对重大错报风险的进一步审计程序更加有效，注册会计师要考虑使某些程序不被被审计单位管理层预见或事先了解。

（5）对拟实施审计程序的性质、时间和范围做出总体修改。有效控制环境可以使注册会计师增

加对内部控制和被审计单位内部产生的证据的信赖程度。如果控制环境存在缺陷，注册会计师在对拟实施审计程序的性质、时间和范围做出总体修改时应当考虑以下几点。

① 在期末而非期中实施更多的审计程序。控制环境的缺陷通常会削弱期中获得的审计证据的可信赖程度。

② 通过实施实质性程序获取更广泛的审计证据。良好的控制环境是其他控制要素发挥作用的基础。控制环境存在缺陷通常会削弱其他控制要素的作用，导致注册会计师可能无法信赖内部控制，而主要依赖实施实质性程序获取审计证据。

③ 增加拟纳入审计范围的经营地点的数量。

二、增加审计程序的不可预见性的方法

（一）增加审计程序不可预见性的思路

在实务中，注册会计师可以通过以下方式增加审计程序的不可预见性。

（1）对某些以前未测试的低于设定的重要性水平或风险较小的账户余额和认定实施实质性程序。注册会计师可以关注以前未曾关注过的审计领域，尽管这些领域的重要程度可能比较低。如果这些领域有可能被用于掩盖舞弊行为，注册会计师就要针对这些领域实施一些具有不可预见性的测试。

（2）调整实施审计程序的时间，使其超出被审计单位的预期。例如，如果注册会计师在以前年度的大多数审计工作都围绕着 12 月或在年底前后进行，那么被审计单位就会了解注册会计师这一审计习惯，因此可能会把一些不适当的会计调整放在该年度的 9 月、10 月或 11 月等，以避免引起注册会计师的注意。因此，注册会计师可以考虑调整实施审计程序时测试项目的时间，从测试 12 月的项目调整到测试 9 月、10 月或 11 月的项目。

（3）采取不同的审计抽样方法，使当年抽取的测试样本与以前抽取的样本有所不同。

（4）选取不同的地点实施审计程序，或预先不告知被审计单位所选定的测试地点。例如，在存货监盘程序中，注册会计师可以到未事先通知被审计单位的盘点现场进行监盘，使被审计单位没有机会事先安排，没有机会隐藏一些不想让注册会计师知道的情况。

（二）增加审计程序不可预见性的实施要点

（1）注册会计师需要与被审计单位的高层管理人员事先沟通，要求实施具有不可预见性的审计程序，但不能告知其具体内容。注册会计师可以在签订审计业务约定书时明确提出这一要求。

（2）虽然对于不可预见性程度没有量化的规定，但审计项目组可根据对舞弊风险的评估等确定具有不可预见性的审计程序。审计项目组可以汇总那些具有不可预见性的审计程序，并记录在审计工作底稿中。

（3）项目负责人需要安排项目组成员有效地实施具有不可预见性的审计程序，但同时要避免使项目组成员处于困难境地。

增加审计程序不可预见性的示例如表 7-1 所示。

表 7-1 　　　　　　　　　　　　增加审计程序不可预见性的示例

审计领域	一些可能适用的具有不可预见性的审计程序
存货	向以前审计过程中接触不多的被审计单位员工询问，如采购、销售、生产人员等
	在不事先通知被审计单位的情况下，选择一些以前未曾到过的盘点地点进行存货监盘

续表

审计领域	一些可能适用的具有不可预见性的审计程序
销售和应收账款	向以前审计过程中接触不多或未曾接触过的被审计单位员工询问，如负责处理大客户账户的销售人员
	改变实施实质性分析程序的对象，如对收入按细类进行分析
	针对销售和销售退回延长截止测试期间
	实施以前未曾考虑过的审计程序，如以下几项。 ① 函证确认销售条款或者选定销售额较不重要的、以前未曾关注的销售交易，如对出口销售实施实质性程序。 ② 实施更细致的分析程序，如使用计算机辅助审计技术复核销售及客户账户。 ③ 测试以前未曾函证过的账户余额，如金额为负或为零的账户，或者余额低于以前设定的重要性水平的账户。 ④ 改变函证日期，即把所函证账户的截止日期提前或者推迟。 ⑤ 对关联公司销售和相关账户余额，除了进行函证外，实施其他审计程序进行验证
采购和应付账款	如果以前未曾对应付账款余额普遍进行函证，可考虑直接向供应商函证以确认余额。如果经常采用函证方式，可考虑改变函证的范围或者时间
	对以前由于低于设定的重要性水平而未测试的采购项目进行细节测试
	使用计算机辅助审计技术审阅采购和付款账户，以发现一些特殊项目，如是否有不同的供应商使用相同的银行账户
现金和银行存款	多选几个月的银行存款余额调节表进行测试
	对有大量银行账户的被审计单位，考虑改变抽样方法
固定资产	对以前由于低于设定的重要性水平而未曾测试的固定资产进行测试，如考虑实地盘查一些价值较低的固定资产，如汽车和其他设备等
集团审计项目	修改分支机构审计工作的范围或者区域（如增加某些较次要分支机构的审计工作量，或实地去分支机构开展审计工作）

三、总体应对措施对拟实施进一步审计程序的总体方案的影响

财务报表层次重大错报风险难以限于某类交易、账户余额、列报的特点，意味着此类风险可能对财务报表的多项认定产生广泛影响，意味着增加注册会计师对认定层次重大错报风险的评估难度。因此，注册会计师评估的财务报表层次重大错报风险以及采取的总体应对措施，对拟实施进一步审计程序的总体方案具有重大影响。

拟实施的进一步审计程序的总体方案包括实质性方案和综合性方案。其中，实质性方案是指注册会计师实施的进一步审计程序以实质性程序为主的方案；综合性方案是指注册会计师在实施进一步审计程序时，将控制测试与实质性程序结合使用的方案。当评估的财务报表层次重大错报风险属于高风险水平时，拟实施进一步审计程序的总体方案往往更倾向于实质性方案，并相应采取更强调审计程序不可预见性、重视调整审计程序的性质、时间和范围等总体应对措施。

第二节　针对认定层次重大错报风险的进一步审计程序

一、进一步审计程序的含义和设计时考虑的因素

（一）进一步审计程序的含义

相对于风险评估程序而言，进一步审计程序是指注册会计师针对评估的各类交易、账户余额和

披露认定层次重大错报风险实施的审计程序，包括控制测试和实质性程序。

注册会计师应当针对评估的认定层次重大错报风险设计和实施进一步审计程序，包括审计程序的性质、时间安排和范围。注册会计师设计和实施的进一步审计程序的性质、时间安排和范围，应当与评估的认定层次重大错报风险具备明确的对应关系。注册会计师实施的审计程序应具有目的性和针对性，能有的放矢地配置审计资源，这有利于提高审计效率和效果。

（二）设计进一步审计程序时考虑的因素

在设计进一步审计程序时，注册会计师应当考虑下列因素。

（1）风险的重要性。

（2）重大错报发生的可能性。

（3）涉及的各类交易、账户余额和披露的特征。

（4）被审计单位采用的特定控制的性质。

（5）注册会计师是否拟获取审计证据，以确定内部控制在防止或发现并纠正重大错报方面的有效性。

需要特别说明的是，注册会计师对重大错报风险的评估毕竟是一种主观判断，可能无法充分识别所有的重大错报风险，同时内部控制存在固有局限性（特别是存在管理层凌驾于内部控制之上的可能性）。因此，无论选择何种方案，注册会计师都应当对所有重大类别的交易、账户余额和披露设计和实施实质性程序。

二、进一步审计程序的性质

（一）进一步审计程序的性质的含义

进一步审计程序的性质是指进一步审计程序的目的和类型。其中，进一步审计程序的目的包括通过实施控制测试以确定内部控制运行的有效性，通过实施实质性程序以发现认定层次的重大错报；进一步审计程序的类型包括检查、观察、询问、函证、重新计算、重新执行和分析程序。

（二）进一步审计程序的性质的选择

在确定进一步审计程序的性质时，注册会计师首先需要考虑的是认定层次重大错报风险的评估结果。因此，注册会计师应当根据认定层次重大错报风险的评估结果选择审计程序。评估的认定层次重大错报风险越高，对通过实质性程序获取的审计证据的相关性和可靠性的要求越高，从而可能影响进一步审计程序的类型及其综合运用。例如，当注册会计师判断某类交易协议的完整性存在更高的重大错报风险时，除了检查文件以外，注册会计师还可能决定向第三方询问或函证协议条款的完整性。

除了从总体上把握认定层次重大错报风险的评估结果对选择进一步审计程序的影响外，在确定拟实施的审计程序时，注册会计师应当考虑评估的认定层次重大错报风险产生的原因，包括考虑各类交易、账户余额和披露的具体特征以及内部控制。例如，注册会计师可能判断某特定类别的交易即使在不存在相关控制的情况下发生重大错报的风险仍较低，此时注册会计师可能认为仅实施实质性程序就可以获取充分、适当的审计证据。再如，对于经由被审计单位信息系统日常处理和控制的某类交易，如果注册会计师预期此类交易在内部控制运行有效的情况下发生重大错报的风险较低，且拟在控制运行有效的基础上设计实质性程序，注册会计师就会决定先实施控制测试。

三、进一步审计程序的时间

进一步审计程序的时间包括两个层面的问题：第一个层面问题是注册会计师选择在何时实施进一步审计程序；第二个层面问题是选择获取什么期间或时点的审计证据。

第一个层面的选择问题主要集中在如何权衡期中与期末实施审计程序的关系上。一项基本的考虑因素应当是注册会计师评估的重大错报风险。当重大错报风险较高时，注册会计师应当考虑在期末或接近期末实施实质性程序，或采用不通知的方式，或在管理层不能预见的时间实施审计程序。

第二个层面的选择问题分别集中在如何权衡期中审计证据与期末审计证据的关系、如何权衡以前审计获取的审计证据与本期审计获取的审计证据的关系上。

这两个层面的最终落脚点都是如何确保获取审计证据的效率和效果。

四、进一步审计程序的范围

进一步审计程序的范围是指实施进一步审计程序的数量，包括抽取的样本量、对某项控制活动的观察次数等。

在确定进一步审计程序的范围时，注册会计师应当考虑下列因素。

（1）确定的重要性水平。确定的重要性水平越低，注册会计师实施进一步审计程序的范围越广。

（2）评估的重大错报风险。评估的重大错报风险越高，对拟获取审计证据的相关性、可靠性的要求越高，因此，注册会计师实施的进一步审计程序的范围也越广。

（3）计划获取的保证程度。计划获取的保证程度，是指注册会计师计划通过实施的审计程序对测试结果可靠性所获取的信心。计划获取的保证程度越高，对测试结果可靠性要求越高，注册会计师实施的进一步审计程序的范围越广。例如，注册会计师对财务报表是否不存在重大错报的信心可能来自控制测试和实质性程序。如果注册会计师计划从控制测试中获取更高的保证程度，则控制测试的范围就更广。

可容忍错报、评估的重大错报风险及计划获取的保证程度与样本规模的关系，详见本书第五章审计抽样方法。

第三节 | 控制测试

注册会计师针对评估的各类交易、账户余额、列报认定层次重大错报风险实施的进一步审计程序，包括控制测试和实质性程序。

一、控制测试的含义和要求

（一）控制测试的含义

控制测试指的是测试内部控制运行的有效性，这一概念需要与"了解内部控制"进行区分。"了解内部控制"包含两层含义：一是评价内部控制的设计；二是确定内部控制是否得到执行。因此，在概念上容易引起混淆的是"测试控制运行的有效性"与"确定控制是否得到执行"。

（二）控制测试的要求

作为进一步审计程序的类型之一，控制测试并非在任何情况下都需要实施。当存在下列情形之一时，注册会计师应当实施控制测试。

（1）在评估认定层次重大错报风险时，预期控制的运行是有效的。

（2）仅实施实质性程序不足以提供认定层次充分、适当的审计证据。

二、控制测试的性质

控制测试的性质是指控制测试所使用的审计程序的类型及其组合。注册会计师应当选择适当类型的审计程序以获取有关控制运行有效性的保证。计划从控制测试中获取的保证水平是决定控制测试性质的主要因素之一，计划的保证水平越高，对有关控制运行有效性的审计证据的可靠性要求越高。当拟实施的进一步审计程序主要以控制测试为主，尤其是仅实施实质性程序获取的审计证据无法将认定层次重大错报风险降至可接受的低水平时，注册会计师应当获取有关控制运行有效性的更高的保证水平。

（一）控制测试的类型

虽然控制测试的目的与了解内部控制的目的不同，但两者采用审计程序的类型基本相同，都包括询问、观察、检查和重新执行。此外，控制测试的程序还包括穿行测试。

穿行测试是通过追踪交易在财务报告信息系统中的处理过程，来证实注册会计师对控制的了解、评价控制设计的有效性以及确定控制是否得到执行。穿行测试并不是单独的一种程序，而是将多种程序按特定审计需要进行结合运用的方法。可见，穿行测试更多地在了解内部控制时运用。但在执行穿行测试时，注册会计师可能获取部分控制运行有效性的审计证据。

（二）确定控制测试性质时的要求

1. 考虑特定控制的性质

注册会计师应当根据特定控制的性质选择所需实施审计程序的类型。例如，某些控制可能存在反映控制运行有效性的文件记录，在这种情况下，注册会计师可以通过检查这些文件记录以获取控制运行有效的审计证据；某些控制可能不存在文件记录（如一项自动化的控制活动）或文件记录与能否证实控制运行有效性不相关，在这种情况下，注册会计师应当考虑实施检查以外的其他审计程序（如询问和观察）或借助计算机辅助审计技术获取有关控制运行有效性的审计证据。

2. 考虑与认定直接相关和间接相关的控制

在设计控制测试时，注册会计师不仅应当考虑与认定直接相关的控制，还应当考虑与认定间接相关的控制，以获取支持控制运行有效性的审计证据。例如，被审计单位可能针对超出信用额度的例外赊销交易设置报告和审核制度（与认定直接相关的控制）。在测试该项制度的运行有效性时，注册会计师不仅应当考虑审核的有效性，还应当考虑与例外赊销报告中信息准确性有关的控制（与认定间接相关的控制）是否有效运行。

（三）实施控制测试时对双重目的的实现

控制测试的目的是评价控制是否有效运行；细节测试的目的是发现认定层次的重大错报。尽管两者目的不同，但注册会计师可以考虑针对同一交易同时实施控制测试和细节测试，以实现双重目的。例如，注册会计师通过检查某笔交易的发票可以确定其是否经过适当的授权，也可以获取关于该交易的金额、发生时间等细节证据。当然，如果拟实施双重目的测试，注册会计师应当仔细设计和评价测试程序。

（四）实施实质性程序的结果对控制测试结果的影响

如果通过实施实质性程序未发现某项认定存在错报，这本身并不能说明与该认定有关的控制是有效运行的；但如果通过实施实质性程序发现某项认定存在错报，注册会计师应当在评价相关控制的运行有效性时予以考虑。因此，注册会计师应当考虑实施实质性程序发现的错报对评价相关控制运行有效性的影响（如降低对相关控制的信赖程度、调整实质性程序的性质、扩大实质性程序的范围等）。如果实施实质性程序发现被审计单位存在没有识别的重大错报，通常表明内部控制存在重大缺陷，注册会计师应当就这些缺陷与管理层和治理层进行沟通。

三、控制测试的时间

控制测试的时间包含两层含义：一是何时实施控制测试；二是测试所针对的控制适用的时点或期间。

（一）确定控制测试时间的基本原理

确定控制测试时间的基本原理是：如果测试特定时点的控制，注册会计师仅得到该时点控制运行有效性的审计证据；如果测试某一期间的控制，注册会计师可获取控制在该期间有效运行的审计证据。

也就是说，如果仅需要测试控制在特定时点的运行有效性，如对被审计单位期末存货盘点进行控制测试，注册会计师只需要获取该时点的审计证据。如果需要获取控制在某一期间有效运行的审计证据，仅获取与时点相关的审计证据是不充分的，注册会计师应当辅以其他控制测试，包括能够测试被审计单位对控制的监督。

（二）对期中审计证据的考虑

注册会计师可能在期中实施进一步审计程序。对于控制测试，注册会计师在期中实施此类程序具有更积极的作用。但需要说明的是，注册会计师即使已获取有关控制在期中运行有效性的审计证据，仍然需要考虑如何能够将控制在期中运行有效性的审计证据合理延伸至期末。一个基本的考虑是针对期中至期末这段剩余期间获取充分、适当的审计证据。因此，如果已获取有关控制在期中运行有效性的审计证据，并拟利用该证据，那么注册会计师应当实施下列审计程序。

（1）获取这些控制在剩余期间变化情况的审计证据。

（2）确定针对剩余期间还需获取的补充审计证据。

除了上述的测试剩余期间控制的运行有效性，测试被审计单位对控制的监督也能够作为一项有益的补充证据，以便注册会计师更有把握地将控制在期中运行有效性的审计证据延伸至期末。

（三）对前期获取的审计证据的考虑

由于内部控制中的诸多要素对被审计单位往往是相对稳定的，注册会计师在本期审计时可以适当考虑利用以前审计获取的有关控制运行有效性的审计证据。尽管如此，内部控制在不同期间还是可能发生重大变化，注册会计师在利用以前审计获取的有关控制运行有效性的审计证据时需要格外慎重，充分考虑各种因素。

关于如何考虑以前审计获取的有关控制运行有效性的审计证据，基本思路是考虑拟信赖的以前审计中测试的控制在本期是否发生变化，因为考虑与控制变化有关的审计证据有助于注册会计师决定合理调整拟在本期获取的有关控制运行有效性的审计证据。注册会计师应当通过实施询问并结合观察或检查程序来获取这些控制是否已经发生变化的审计证据。例如，在以前的审计中，注册会计师可能确定被审计单位某项自动控制能够发挥预期作用。那么在本期审计中，注册会计师需要获取审计证据以确定是否发生了影响该自动控制持续有效发挥作用的变化。例如，注册会计师可以通过询问管理层或检查日志来确定哪些控制已经发生变化。

图 7-1 概括了注册会计师是否需要在本审计期间测试某项控制的决策过程。

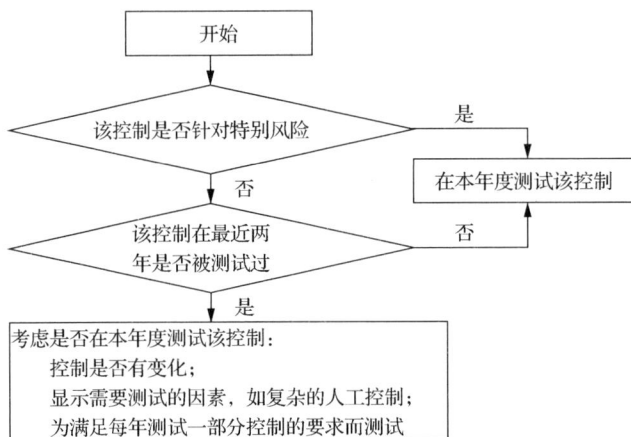

图 7-1　本审计期间测试某项控制的决策图

四、控制测试的范围

控制测试的范围，主要是指某项控制活动的测试次数。注册会计师应当设计控制测试，以获取控制在整个拟信赖的期间有效运行的充分、适当的审计证据。

通常情况下，注册会计师在确定某项控制的测试范围时应考虑下列因素。

（1）整个拟信赖的期间，被审计单位执行控制的频率。控制执行的频率越高，控制测试的范围越大。

（2）在审计期间，注册会计师拟信赖控制运行有效性的时间长度。拟信赖控制运行有效性的时间长度不同，在该时间长度内发生的控制活动次数也不同。注册会计师需要根据拟信赖控制的时间长度确定控制测试的范围。拟信赖时间越长，控制测试的范围越大。

（3）为证实控制能够防止或发现并纠正认定层次重大错报，需要获取审计证据的相关性和可靠性。对审计证据的相关性和可靠性要求越高，控制测试的范围越大。

（4）通过测试与认定相关的其他控制来获取审计证据的范围。针对同一认定，可能存在不同的控制。当针对其他控制获取审计证据的充分性和适当性较高时，测试该控制的范围可适当缩小。

（5）在风险评估时拟信赖控制运行有效性的程度。注册会计师在风险评估时对控制运行有效性的拟信赖程度越高，需要实施控制测试的范围越大。

（6）控制的预期偏差。预期偏差（也可称作预期偏差率）可以用控制未得到执行的预期次数占控制应当得到执行次数的比例加以衡量。考虑该因素，是因为在考虑测试结果是否可以得出控制运行有效性的结论时，不可能只要出现任何控制执行偏差就认定控制运行无效，所以需要确定一个合理水平的预期偏差率。通常，控制的预期偏差率越高，需要实施控制测试的范围越大。如果控制的预期偏差率过高，注册会计师应当考虑控制可能不足以将认定层次的重大错报风险降至可接受的低水平，从而导致针对某一认定实施的控制测试可能是无效的。

第四节 | 实质性程序

一、实质性程序的含义、要求与程序

（一）实质性程序的含义

实质性程序是指注册会计师针对评估的重大错报风险实施的直接用以发现认定层次重大错报的审计程序，包括对各类交易、账户余额、列报的细节测试以及实质性分析程序。

（二）实施实质性程序的总体要求

依据审计准则的规定，注册会计师实施的实质性程序应当包括下列与财务报表编制完成阶段相关的审计程序。

（1）将财务报表与其所依据的会计记录相核对。

（2）检查财务报表编制过程中做出的重大会计分录和其他会计调整。注册会计师对重大会计分录和其他会计调整检查的性质和范围，取决于被审计单位财务报告过程的性质和复杂程度以及由此产生的重大错报风险。

（三）针对特别风险实施的实质性程序

如果认为评估的认定层次重大错报风险是特别风险，则注册会计师应当专门针对该风险实施实质性程序。例如，如果认为管理层面临实现盈利指标的压力而可能提前确认收入，注册会计师在设计询证函时不仅应当考虑函证应收账款的账户余额，还应当考虑询证销售协议的细节条款（如交货、结算及退货条款），还应当考虑在实施函证的基础上针对销售协议及其变动情况询问被审计单位的非财务人员。如果针对特别风险实施的程序仅为实质性程序，则这些程序应当包括细节测试，或注册会计师将细节测试和实质性分析程序结合使用，以获取充分、适当的审计证据。为应对特别风险，注册会计师需要获取具有高度相关性和可靠性的审计证据，仅实施实质性分析程序不足以获取有关特别风险的充分、适当的审计证据。

二、实质性程序的性质

实质性程序的性质，是指实质性程序的类型及其组合。实质性程序包括细节测试和实质性分析程序两种基本类型。细节测试和实质性分析程序的目的和技术手段存在一定差异，因此各自有不同的适用领域。注册会计师应当根据各类交易、账户余额、列报的性质选择实质性程序的类型。

（一）细节测试

细节测试是对各类交易、账户余额、列报的具体细节进行测试，目的在于直接识别财务报表认定是否存在错报。

通常，细节测试适用于对各类交易、账户余额、列报认定的测试，尤其是对存在或发生、计价认定的测试。

注册会计师应当针对评估的风险设计细节测试，获取充分、适当的审计证据，以达到认定层次所计划的保证水平。该规定的含义是，注册会计师需要根据不同的认定层次的重大错报风险设计有针对性的细节测试。例如，在针对存在或发生认定设计细节测试时，注册会计师应当选择包含在财务报表金额中的项目，并获取相关审计证据；在针对完整性认定设计细节测试时，注册会计师应当选择有证据表明应包含在财务报表金额中的项目，并调查这些项目是否确实包括在内，具体来说，为应对被审计单位漏记本期应付账款的风险，注册会计师可以检查期后付款记录。

（二）实质性分析程序

实质性分析程序从技术特征上仍然是分析程序，主要是通过研究数据间关系来评价信息，只是将该技术方法用作实质性程序，即用以识别各类交易、账户余额、列报及相关认定是否存在错报。

通常，对在一段时期内存在可预期关系的大量交易，注册会计师可以考虑实施实质性分析程序。注册会计师在设计实质性分析程序时应当考虑下列因素。

（1）对特定认定使用实质性分析程序的适当性。

（2）对已记录的金额或比率做出预期时，所依据的内部或外部数据的可靠性。

（3）做出预期的准确程度是否足以在计划的保证水平上识别重大错报。

（4）已记录金额与预期值之间可接受的差异额。

考虑到数据及分析的可靠性，当实施实质性分析程序时，如果使用被审计单位编制的信息，注册会计师应当考虑测试与信息编制相关的控制，以及这些信息是否在本期或前期经过审计。

三、实质性程序的时间

实质性程序的时间选择与控制测试的时间选择有共同点，也有很大差异。共同点在于，两类程序都面临着对期中审计证据和对以前审计获取的审计证据的考虑。两者的差异如下。第一，在控制测试中，期中实施控制测试并获取期中关于控制运行有效性审计证据的做法更"常态"；而由于实质性程序的目的在于更直接地发现重大错报，在期中实施实质性程序时更需要考虑其成本效益的权衡。第二，在本期控制测试中拟信赖以前审计获取的有关控制运行有效性的审计证据，已经受到了很大的限制；而对于以前审计中通过实质性程序获取的审计证据，则采取了更加慎重的态度和更严格的限制。

四、实质性程序的范围

评估的认定层次重大错报风险和实施控制测试的结果是注册会计师在确定实质性程序范围时的重要考虑因素。因此，注册会计师在确定实质性程序的范围时，应当考虑评估的认定层次重大错报风险和实施控制测试的结果。注册会计师评估的认定层次的重大错报风险越高，需要实施实质性程序的范围越广。如果对控制测试结果不满意，注册会计师应当考虑扩大实质性程序的范围。

在设计细节测试时，注册会计师除了从样本量的角度考虑测试范围外，还要考虑选样方法的有效性等因素。例如，从总体中选取大额或异常项目，而不是进行代表性抽样或分层抽样。

实质性分析程序的范围有两层含义。第一层含义是对什么层次上的数据进行分析。注册会计师可以选择在高度汇总的财务数据层次进行分析，也可以根据重大错报风险的性质和水平调整分析层次。例如，按照不同产品线、不同季节或月份、不同经营地点或存货存放地点等实施实质性分析程序。第二层含义是需要对什么幅度或性质的偏差展开进一步调查。实施分析程序可能发现偏差，但并非所有的偏差都值得展开进一步调查。如果可容忍或可接受的偏差（即预期偏差）越大，作为实质性分析程序一部分的进一步调查的范围就越小。于是确定适当的预期偏差幅度同样属于实质性分析程序的范畴。因此，在设计实质性分析程序时，注册会计师应当确定已记录金额与预期值之间可接受的差异额。在确定该差异额时，注册会计师应当主要考虑各类交易、账户余额、列报及相关认定的重要性和计划的保证水平。

本章关键词汇

总体应对措施 overall reactions to risk   控制测试 test of control

进一步审计程序 further audit procedure   实质性程序 substantive procedure

思考与练习题

（一）思考题

1. 财务报表层次重大错报风险的总体应对措施有哪些？

2. 什么是控制测试？实施控制测试时有哪些要求？

3. 什么是穿行测试？其目的是什么？

4. 对内部控制的初步评价结果是如何影响注册会计师之后的审计工作的？

5. 如何根据控制测试的结果计划实质性程序的程序？

6. 什么是实质性程序？实施实质性程序时有哪些总体要求？

7. 什么是交易测试？什么是余额测试？二者的关系如何？

8. 如何确定实质性程序的范围？如何安排实质性程序的时间？如何评价实质性程序的结果？

（二）分析题

甲公司主要从事小型电子消费品的生产和销售。A 注册会计师负责审计甲公司 20×8 年度财务报表。

资料一：A 注册会计师在审计工作底稿中记录了所了解的甲公司情况及其环境，部分内容摘录如下。

（1）20×8 年年初，甲公司董事会决定将每月薪酬发放日由当月最后 1 日推迟到次月 5 日，同时将员工薪酬水平平均上调 10%。甲公司 20×8 年员工队伍基本稳定。

（2）20×8 年下半年，受金融衍生品投资失败的影响，甲公司主要竞争对手之一的乙公司（非甲公司的关联公司）及乙公司下属全资子公司——丙公司均陷入财务困境。为取得丙公司的机器设备，甲公司于 20×8 年 8 月 31 日与乙公司签订协议，以 1 亿元购入其所持丙公司的全部股权。按照协议约定，丙公司于 20×8 年 9 月 30 日遣散了全部员工，并向甲公司移交了全部资产和负债。甲公司于20×8年10月将丙公司的全部机器设备和存货转移到甲公司下属生产基地，并对设备进行了重新组合安装，同时向丙公司派出新的管理团队和员工。丙公司转而负责甲公司部分产品的销售。

（3）20×8年9月1日，甲公司与丁公司签订协议，自当月起，由丁公司为甲公司于20×8年第4季度投放市场的一款新产品——A产品提供为期12个月的广告服务。甲公司于20×8年9月1日向丁公司预付6个月基本广告服务费，每月10万元。另外，按照协议约定，甲公司于每月末按当月A产品销售收入的5%向丁公司另行支付追加广告服务费。

（4）自20×8年11月起，甲公司将主要产品交货方式由在甲公司仓库交货，改为运至客户指定交货地点交客户签收，但客户需承担甲公司因此而发生的80%运费。

（5）20×8年年末，有网民称甲公司B产品含有较高的有害化学成分，会对消费者健康造成不良影响，甲公司随即发表声明，表示B产品有害化学成分含量没有超出现行安全标准，并公布了国家有关部门的检测报告。但大部分网络调查显示，仍有超过半数的网民对B产品的安全性表示忧虑。

资料二：A注册会计师在审计工作底稿中记录了所获取的甲公司合并财务数据，部分内容摘录如表7-2所示。

表7-2 部分内容摘录 金额单位：万元

项目	未审数			已审数		
	20×8年			20×7年		
	A产品	B产品	其他产品	A产品	B产品	其他产品
营业收入	3 000	6 000	14 000	0	5 000	118 000
营业成本	2 000	5 700	111 000	0	4 600	90 000
存货	A产品	B产品	其他产品	A产品	B产品	其他产品
账面余额	180	600	30 000	0	500	23 000
减：存货跌价准备	0	0	0	0	0	0
账面价值	180	600	30 000	0	500	23 000
固定资产						
成本	298 000			265 500		
减：累计折旧	177 200			154 700		
减：减值准备	120 400			110 400		
商誉——购入丙公司形成	600			0		
预付款项						
基本广告服务费	20			0		
追加广告服务费	100			0		
年末余额	120			0		
应付职工薪酬	6			5		
预计负债——产品质量保证	100			90		
销售费用——运输费	120			0		

资料三：A注册会计师在审计工作底稿中记录了实施的相关实质性程序，部分内容摘录如下。

（1）根据不同类别员工的薪酬标准和平均人数，估算20×8年度应计提的员工薪酬，并与20×8年度实际计提的金额进行比较。

（2）检查丙公司向甲公司移交实物资产的交接手续是否完备。

（3）计算年末存货的可变现净值（包括参考资产负债表日后销售情况），与存货账面价值比较，检查存货跌价准备的计提是否充分。

（4）根据A产品的实际销售收入，估算20×8年度应向丁公司支付的追加广告服务费，并与20×8年度向丁公司实际支付的追加广告服务费进行比较。

（5）从20×8年度营业收入明细账中抽取一定数量的销售记录，检查入账日期、品名、数量、金额等是否与销售发票、产成品出库单、客户签收记录和记账凭证一致。

（6）根据20×8年销货运费记录，估算20×8年应由甲公司承担的运费，并与20×8年实际承担的运费进行比较。

（7）将甲公司在20×8年度实际发生的产品质量保证费用与上年年末计提的"预计负债——产品质量保证"进行比较，并评估其差异的合理性。

要求如下。

（1）针对资料一的（1）～（5）项，结合资料二，假定不考虑其他条件，逐项指出资料一所列事项是否可能表明存在重大错报风险。如果认为存在，简要说明理由，并说明该风险主要与哪些账务报表项目（仅限于营业收入、营业成本、存货、固定资产、商誉、预付款项、应付职工薪酬、预计负债和销售费用）的哪些认定相关。

（2）针对资料三的（1）～（7）项实质性程序，假定不考虑其他条件，逐项指出上述实质性程序与根据资料一（结合资料二）识别的重大错报风险是否直接相关。如果直接相关，指出与哪一项根据资料一（结合资料二）识别的重大错报风险直接相关，并简要说明理由。

相关资料链接

1. 我国《企业内部控制基本规范》及《企业内部控制配套指引》。
2. 1992年COSO发布的《内部控制——整体框架》。
3. 2017年COSO发布的《企业风险管理框架》。

第八章 业务循环审计

本章学习目标

1. 知识目标

（1）了解审计循环的分类以及审计工作中按业务循环组织实施审计的意义。

（2）了解各业务循环的重大错报风险及审计应对策略。

2. 能力目标

（1）理解与掌握各业务循环审计的控制测试与实质性测试的方法与内容。

（2）掌握对应收账款的函证程序、对营业收入的截止测试。

（3）掌握如何查找未入账的负债。

（4）掌握存货监盘和计价测试。

（5）掌握现金监盘、银行存款函证、银行存款余额调节表的审计方法。

第一节 业务循环审计概述

一、业务循环的划分

在本章，我们将以执行企业会计准则的企业财务报表审计为例，介绍主要各业务循环审计的具体内容，以及对这些业务循环中重要的财务报表项目如何进行审计测试。财务报表审计的组织方式大致有两种：一是对财务报表的每个账户余额单独进行审计，此法称为账户法（account approach）；二是将财务报表分成几个循环进行审计，即把紧密联系的交易种类和账户余额归入同一循环中，按业务循环组织实施审计，此法称为循环法（cycle approach）。

一般而言，账户法与多数被审计单位账户设置体系及财务报表格式相吻合，具有操作方便的优点，但它将紧密联系的相关账户（如存货和营业成本）人为地予以分割，容易造成整个审计工作的脱节和重复，不利于审计效率的提高；而循环法则更符合被审计单位的业务流程和内部控制设计的实际情况，不仅可加深审计人员对被审计单位经济业务的理解，而且由于将特定业务循环所涉及的财务报表项目分配给一个或一组审计人员，增强了审计人员分工的合理性，有助于提高审计工作的效率与效果。此外，控制测试是在了解被审计单位内部控制、实施风险评估程序基础上进行的，与被审计单位的业务流程关系密切，因此，对控制测试通常应采用循环法实施。

在财务报表审计中可将被审计单位的所有交易和账户余额划分为多个业务循环。由于各被审计单位的业务性质和规模不同，其业务循环的划分也有所不同。即使是同一被审计单位，不同注册会计师也可能有不同的循环划分方法。在本书中，我们将交易和账户余额划分为四大循环，即：销售与收款循环、采购与付款循环、生产循环、投资与筹资循环，并举例阐述各业务循环的审计。由于货币资金与上述多个业务循环均密切相关，并且货币资金的业务和内部控制又有着不同于其他业务循环和其他财务报表项目的鲜明特征，因此，将货币资金审计单独安排在一节中阐述。

需要说明的是，本章所述各业务循环以一般制造业企业为背景，其中列举的风险和控制是为了举例说明注册会计师在评估风险和应对风险的过程中，如何将风险评估结果、控制测试和实质性程序联系起来，以实现审计目标，并非对可能存在的风险和控制的完整描述。对交易和账户余额的实质性程序，既可以采用账户法实施，也以可采用循环法实施。但由于控制测试通常按循环法实施，为有利于实质性程序与控制测试的衔接，提倡采用循环法。

二、各业务循环之间的关系

在财务报表审计中将被审计单位的所有交易和账户余额划分为多个业务循环，并不意味着各业务循环之间互不关联。事实上，各业务循环之间存在一定联系，如投资与筹资循环同采购与付款循环紧密联系，生产与存货循环则同其他所有业务循环均紧密联系。各业务循环之间的流转关系如图 8-1 所示。

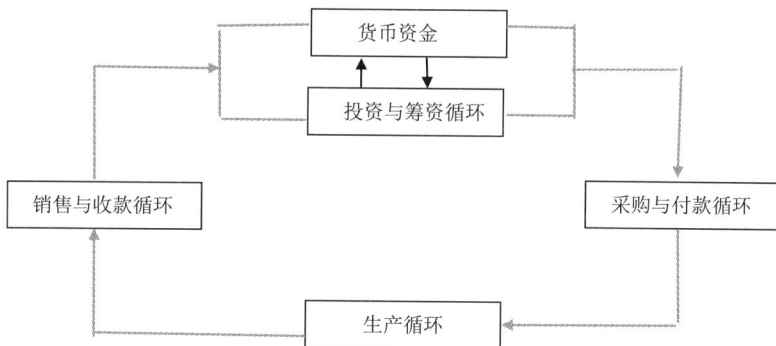

图 8-1　各个业务循环之间的关系

第二节　销售与收款循环审计

一、销售与收款循环的特点

销售与收款循环主要是指企业从接受销售订单开始，向顾客销售商品或提供劳务，并取得货款或劳务收入的过程。企业的收入主要来自出售商品、提供服务等，由于所处行业不同，企业具体的收入来源也有所不同。注册会计师只有对被审计单位的相关行业活动和经营性质有比较全面的了解，才能因地制宜地执行被审计单位收入、支出的审计工作。

销售与收款循环的
特征及主要风险

（一）本循环涉及的主要凭证与会计记录

凭证及会计记录数量的多少，取决于被审计单位经营规模的大小和内部控制的强弱。但最典型的销售与收款循环所涉及的主要凭证与会计记录有以下几种。

（1）客户订购单。

（2）销售单。

（3）发运凭证。

（4）销售发票。

（5）商品价目表。

（6）贷项通知单。

（7）应收账款账龄分析表。

（8）应收账款明细账。

（9）主营业务收入明细账。

（10）折扣与折让明细账。

（11）客户汇款通知书。

（12）库存现金日记账和银行存款日记账。

（13）坏账审批表。

（14）客户期末对账单。

（15）相关转账凭证。

（16）收款凭证。

（二）本循环涉及的主要业务活动或流程

本循环涉及的主要业务活动是编制上述 16 种主要凭证和会计记录的过程，既发生频繁，又有代表性。主要内容如下。

（1）接受客户订购单。

（2）批准赊销信用。

（3）按销售单供货。

（4）按销售单装运货物。

（5）向客户开具账单。

（6）记录销售。

（7）办理和记录现金、银行存款收入。

（8）办理和记录销售退回、销售折扣与折让。

（9）注销坏账。

（10）提取坏账准备。

二、相关内部控制

在审计工作的计划阶段，注册会计师应当对销售与收款循环中的业务活动进行充分了解和记录，通过分析业务流程中可能发生重大错报的环节，进而识别和了解被审计单位为应对这些可能的错报而设计的相关控制，并通过穿行测试等方法对这些业务流程和相关控制加以证实。

（一）销售交易的内部控制

通常，一个内部控制良好的企业，常见的销售交易的内部控制如下。

销售环节重要的
内部控制与控制
测试

1. 适当的职责分离

适当的职责分离有助于防止各种有意或无意的错误。

为确保办理销售与收款业务的不相容岗位相互分离、制约和监督，一个企业销售与收款业务相关职责适当分离的基本要求通常包括以下几个。

（1）企业应当分别设立办理销售、发货、收款三项业务的部门（或岗位）。

（2）企业在销售合同订立前，应当指定专门人员就销售价格、信用政策、发货及收款方式等具体事项与客户进行谈判。谈判人员至少应有两人，并与订立合同的人员相分离。

（3）编制销售发票通知单的人员与开具销售发票的人员应相互分离。

（4）销售人员应当避免接触销货现款。

（5）企业应收票据的取得和贴现必须经保管票据以外的主管人员的书面批准。

2. 正确的授权审批

对于授权审批问题，注册会计师应当关注以下四个关键点的审批程序。

（1）在销售发生之前，赊销已经正确审批。

（2）未经过适当的审批，不得发出货物。

（3）销售价格、销售条件、运输费用、折扣等必须经过审批。

（4）审批人员应当根据销售与收款的授权批准制度的相关规定，在授权范围内执行权限，不得超越审批权限。对于超过企业既定销售政策和信用政策的特殊销售，审批人员需要经过适当的授权。正确的授权审批程序如表 8-1 所示。

表 8-1　　　　　　　　　　　　　　授权审批程序

审批类型	授权审批内容	内部控制目标
赊销审批	在销售发生之前，赊销已经正确审批	防止企业因向虚构或无力偿债的客户发货从而导致销售损失
发货审批	未经正当审批，不得发出货物	防止企业因向虚构或无力偿债的客户发货从而导致销售损失
价格审批	销售价格、销售条件、运费、折扣等必须经过审批	保证销售交易按照企业定价政策的规定执行开票、收款程序
审批权限限制	审批人应当在授权范围内进行审批，不得超越审批权限	防止审批人决策失误从而导致坏账损失，防止各种职务犯罪

3. 充分的凭证和记录

"充分的凭证和记录"控制不仅为其他控制活动奠定了基础，也为法律诉讼提供了原始依据。例如，企业在收到客户订购单后，立即编制一份预先连续编号的一式多联的销售单，该销售单分别用于批准赊销、审批发货、记录发货数量以及向客户开具对账单等，那么，只要定期清点销售发票就能降低漏开账单情况发生的可能性。又如，财务人员在记录销售交易之前，对相关的销售单、发运凭证和销售发票上的信息进行核对，以确保入账的营业收入是真实发生的、准确的。

4. 凭证的预先连续编号

"凭证预先编号"可视为"充分的凭证和记录"控制的递进程序。对凭证进行事先连续编号既可预防漏开账单或漏记账簿，也可预防重复开具账单或重复记账。当然，如果对凭证的编号不做清点，预先编号就会失去其控制意义。定期检查全部凭证的编号，并调查凭证缺号或重号的原因，是实施这项控制的关键点。

5. 定期寄出对账单

企业内外之间的定期对账可保证交易的真实性。一般而言，由不负责现金出纳、销售及应收账款记账的人员按期向客户寄送对账单并由其他人调整双方之间的未达账项。寄送对账单、调整双方账务处理差异的人员，应与收入记账人员和往来款项记账人员或岗位相互分离。

6. 内部核查程序

企业内部核查工作的重点如下。

（1）销售与收款交易的相关岗位与人员的设置状况。重点核查是否存在本循环程序中不相容职务未分离（或混岗）的现象。

（2）销售与收款交易的授权审批制度的执行情况。重点核查授权审批手续是否健全，是否存在越权审批行为。

（3）销售的管理情况。重点核查信用政策、销售政策的执行是否符合规定。

（4）收款的管理情况。重点核查销售收入是否及时入账，应收账款的催收是否有效，坏账核销和应收票据的管理是否符合规定。

（5）销售退回的管理情况。重点核查销售退回手续是否完备，退回货物是否及时入库。

（二）收款交易的内部控制

由于企业性质、所处行业水平、规模以及内部控制健全程度上的差异，收款交易的内部控制也有所不同。但是，下列内部控制却存在共性，通常也是各行各业所共同遵守的。

（1）企业应按照《现金管理暂行条例》《支付结算办法》等规定，及时办理销售收款业务。

（2）企业应将销售收入及时入账，不得账外设账，不得擅自坐支现金。销售人员应避免接触销售现款。

（3）企业应建立应收账款账龄分析制度和逾期货款催收制度。销售部门应负责应收账款的催收，财会部门应督促销售部门。对催收无效的逾期欠款，企业可通过法律程序加以解决。

（4）企业应按照客户设置应收账款台账，及时登记每一位客户应收账款余额增减变动情况和信用额度使用情况。企业对长期往来客户应建立完备的客户档案资料，并实施动态管理。

（5）企业对于可能成为坏账的应收账款应报告决策机构，由其审查，确定是否确认为坏账。企业如果发生各项坏账，应查明原因，明确责任，履行坏账处理的审批程序。

（6）企业注销的坏账应进行备查登记，做到账销案存。已注销的坏账又收回时应及时调账，防止形成账外资金。

（7）企业应收票据的取得和贴现必须经保管票据之外的主管人员书面审批。应由专人保管票据，并对即将到期的应收票据及时向付款人提醒；应在备查账簿中登记已贴现票据，以便日后追踪检查；应制订逾期票据的冲销管理程序和追踪监控制度。

（8）企业应定期与往来客户通过函证等方式核对应收账款、应收票据、预收款项等往来款项。若发现不符，应查明原因，及时处理。

三、评估重大错报风险

（一）销售与收款循环存在的重大错报风险

销售交易的重大错报风险可能来自于各种各样的收入、不同的控制环境、复杂的合同设置以及各个行业会计制度的差异。因此，注册会计师要有效评估这些风险，保持职业谨慎性与职业怀疑态度。以制造业的赊销业务为例，相关交易和余额存在的重大错报风险有以下几种。

（1）收入确认的舞弊风险。收入是利润的来源，直接关系到企业的财务状况和经营成果。有些企业往往为了达到粉饰财务报表的目的而采用虚增（发生认定）或隐瞒收入（完整性认定）等方式实施舞弊。在财务报表舞弊案件中，收入确认的舞弊占很大比例，收入确认已成为注册会计师审计的高风险领域。中国注册会计师审计准则要求注册会计师基于收入确认存在舞弊风险的假定，评价哪些类型的收入、收入交易或认定可以导致舞弊风险。

（2）收入的复杂性可能导致的错报。例如，被审计单位已开始采用网络销售方式，但管理层却对网络销售方式会出现的问题缺乏经验，此时在收入确认上就容易发生错误。

（3）管理层凌驾内部控制之上的风险。被审计单位在年末编造虚假销售记录，然后在次年转回，这就会导致当年收入与当年的应收账款的虚增，以及货币资金与应交税费余额的虚增。

（4）采用不正确的收入截止。将属于下一个会计期间的收入有意或无意地计入本期，或者将属于本期的收入转入下一个会计期间，这可能导致本期收入及应收账款、货币资金及应交税费账户余额的虚增或虚减。

（5）应收账款坏账准备的计提不准确。

（6）款项无法收回的风险。这可能产生于客户用无效支票或盗取的信用卡进行货款结算。其结果是企业货币资金或应收账款的高估。

总之，与收入有关的重大错报风险主要存在于销售交易、现金收款交易的发生、完整性、准确性、截止和分类认定，以及会计期末应收账款和货币资金、应交税费的存在、权利和义务、完整性、计价和分摊认定。

（二）识别与评估重大错报风险

1. 实施风险评估程序识别重大错报风险

注册会计师应当评价通过实施风险评估程序和执行其他相关活动获取的信息是否能表明存在舞弊风险因素。例如，如果注册会计师通过实施风险评估程序了解到，被审计单位所处行业竞争激烈并伴随着利润率的下降，而管理层过于强调提高被审计单位利润水平的目标，则注册会计师需要警惕管理层通过实施舞弊高估收入，从而高估利润的风险。

2. 实施分析程序识别重大错报风险

分析程序是识别收入确认舞弊风险的较为有效的方法，注册会计师需要重视并充分利用分析程序，发挥其在识别收入确认舞弊中的作用。

在收入确认领域，注册会计师可以实施的分析程序包括以下几个。

（1）将本期销售收入金额与以前可比期间的对应数据或预算数进行比较。

（2）分析月度或季度销售量变动趋势。

（3）将销售收入变动幅度与销售商品及提供劳务收到的现金、应收账款、存货、税金等项目的变动幅度进行比较。

（4）将销售毛利率、应收账款周转率、存货周转率等关键财务指标与可比期间数据、预算数或同行业其他企业数据进行比较。

（5）分析销售收入等财务信息与投入产出率、劳动生产率、产能、水电能耗、运输数量等非财务信息之间的关系。

（6）分析销售收入与销售费用之间的关系，包括销售人员的人均业绩指标、销售人员薪酬、差旅费用、运费，以及销售机构的设置、规模、数量、分布等。

识别与评估重大错报风险之后，注册会计师应充分关注可能存在重大错报风险的具体事项，考虑这些事项形成的风险是否重大，以及该风险导致财务报表发生重大错报风险的可能性。注册会计师还要确定上述重大错报风险是与某些交易、账户余额和列报的认定相关；还是与报表整体广泛相关，进而更多地影响多项认定。

影响多项认定的重大错报风险大多来自管理层舞弊。例如，管理层凌驾内部控制之上或承受考核的压力，将会导致舞弊风险。

（三）根据重大错报风险评估结果设计进一步审计程序

注册会计师基于销售与收款循环的重大错报风险评估结果，制订实施进一步审计程序的总体方案（包括综合性方案和实质性方案），继而实施控制测试和实质性程序，以应对识别出的认定层次的重大错报风险。注册会计师通过控制测试和实质性程序获取的审计证据综合起来应足以应对识别出的认定层次的重大错报风险。

四、销售与收款循环的控制测试

（一）销售与收款循环控制测试概述

注册会计师如果在评估重大错报风险时预期控制运行有效，则应实施控制测试，针对控制在相关期间或时点的运行有效性获取充分、适当的审计证据。

（1）注册会计师应把测试重点放在被审计单位是否设计了由人工执行或计算机系统运行的更高水平的调节和比对控制，是否生成例外报告，管理层是否及时调查并采取管理措施，而不是只测试员工执行数据输入的预防性控制。

（2）注册会计师应询问管理层用于监控销售和收款交易的关键业绩指标，如销售额和毛利率的预算、应收账款平均收款期等。

（3）注册会计师应考虑通过执行分析程序和截止测试，可以对应收账款的存在、准确性和计价等认定获取多大程度的保证。如果能够获取充分保证，则意味着不需要执行大量的控制测试。

（4）如果情况允许并且希望将固有风险和控制风险的组合，即重大错报风险，评估为低，则注册会计师需要对被审计单位重要的控制，尤其是对容易出现高舞弊风险的现金收款和存储的控制的有效运行进行测试，因为这些控制大多采用人工控制。注册会计师主要的审计程序可能包括观察控制的执行、检查每日现金汇总表上是否有执行比对控制的标记、询问针对不一致的情况所采取的措施。

（5）如果注册会计师计划信赖的内部控制由计算机执行，那么注册会计师需要就下列事项获取审计证据：①相关一般控制的设计和运行的有效性；②认定层次控制的特定应用，如收款折扣的计算；③采用人工控制的后续措施，如将打印输出的现金日记账与对应的由银行盖章的存款记录进行比对，以及根据银行存款对账单按月调节现金日记账。

（6）在控制风险被评估为低时，注册会计师需要考虑评估控制要素的所有方面和控制测试的结果，以便能够得出关于"控制能够实施有效的管理，并发现和纠正重大错报和舞弊"的结论。相反，如果将固有风险和控制风险组合评估为中或高，注册会计师可能仅需要对控制活动的处理情况进行询问并记录对控制活动的了解，检查已实施控制的相关证据。

（7）如果在期中实施了控制，注册会计师应当在年末审计时选择某些项目控制测试在剩余期间的运行情况，以保证控制在整个会计期间持续运行有效。

（8）控制测试所使用的审计程序主要包括询问、观察、检查、重新执行和穿行测试等，注册会计师应根据特定控制的性质选择所需实施审计程序的类型。

（二）以风险为起点的控制测试

风险评估和风险应对是整个审计过程的核心，因此，注册会计师通常以识别的重大错报风险为起点，选取拟测试的控制并实施控制测试。表 8-2 列示了通常情况下，销售与收款交易的风险、控制和控制测试（部分）。

表 8-2　　　　　　　　　　销售与收款交易的风险、控制和控制测试（部分列示）

可能发生错报的风险	存在的控制（自动）	存在的控制（人工）	控制测试
可能向没有获得赊销授权或超出其信用额度的客户赊销	订购单上的客户代码与应收账款主文档记录的代码一致（授权）；目前未偿付余额加上本次销售额在信用限额范围内（是否超额度）。只有上述两项均满足才能按顺序生成发运凭证	信用控制程序包括复核信用申请、收入及信用状况的支持性信息，批准信用限额，授权增设新的账户，以及适当授权超出信用限额的人工控制	通过询问员工、检查相关文件证实上述控制的实施
（1）订购的商品可能没有发出。（2）可能在没有批准发运凭证的情况下发出了商品。（3）已发出商品的种类和数量可能与发运凭证上的商品种类和数量不符。（4）客户可能拒绝承认已收到商品	（1）只要商品订购单得到批准，系统自动生成一份订购单、发运凭证和销售发票，发票内容单独保存在一个临时文件里，直到商品发出后才打印。（2）计算机把所有准备发出的商品与销售单上的商品种类和数量进行核对。打印种类和数量不符的例外报告，并暂缓发货	（1）商品打包发运前，对商品和发运凭证内容进行独立核对。（2）在发运凭证上签字以示商品已与发运凭证核对且种类和数量相符。（3）销售人员关注快到期的发运凭证和未完成的订购单，督促尽快向客户发货（4）……	（1）执行观察、检查程序。（2）检查发运凭证上相关员工和客户的签字，以作为发货的证据。（3）检查例外报告和暂缓发货的清单
开具发票			
（略）	（略）	（略）	（略）
（略）	（略）	（略）	（略）
记录赊销			
（略）	（略）	（略）	（略）
（略）	（略）	（略）	（略）
记录现金销售			
（略）	（略）	（略）	（略）
（略）	（略）	（略）	（略）
应收账款催收			
（略）	（略）	（略）	（略）
（略）	（略）	（略）	（略）
记录收款			
（略）	（略）	（略）	（略）
（略）	（略）	（略）	（略）

需要说明的是，表 8-2 列示了销售与收款循环中一些较为常见的内部控制和相应的控制测试程序，目的在于帮助注册会计师根据具体情况设计能够应对已识别风险、实现审计目标的控制测试。该表未包含销售和收款循环所有的内部控制和控制测试，也并不意味着审计实务应当按此执行。一

方面，被审计单位所处行业不同、规模不一、内部控制制度的设计和执行方式不同，以前期间接受审计的情况也各不相同；另一方面，受审计时间、审计成本的限制，注册会计师除了确保审计质量、审计效果外，还需要提高审计效率，尽可能地消除重复的测试程序，保证检查某一凭证时能够一次性完成对该凭证的全部审计测试程序，并按最有效的顺序实施审计测试。因此，在审计实务工作中，注册会计师需要从实际出发，设计适合被审计单位具体情况的实用高效的控制测试计划。

五、销售与收款循环的实质性程序

（一）营业收入的实质性程序

营业收入的实质性程序主要有两种：一是实质性分析程序，二是细节测试。为了符合成本效益原则，注册会计师往往先实施实质性分析程序，后实施细节测试，因为前者为后者提供了支持和依据。通常，注册会计师对营业收入实施的实质性分析程序如下。

销售收入的实质性
程序

（1）获取营业收入明细表，并执行以下工作。

① 复核加计是否正确，并与总账数和明细账合计数核对是否相符。

② 检查以非记账本位币结算的主营业务收入使用的折算汇率及折算是否正确。

（2）实施实质性分析程序。

① 针对已识别需要运用分析程序的有关项目，并基于对被审计单位及其环境的了解，通过进行以下比较，同时考虑有关数据间关系的影响，建立有关数据的期望值。

第一，将本期的主营业务收入与上期的主营业务收入、销售预算或预测数等进行比较，分析本期主营业务收入及其构成的变动是否异常，并分析异常变动的原因；

第二，计算本期重要产品的毛利率，并与上期预算或预测数据比较，检查是否存在异常、各期之间是否存在重大波动，查明原因；

第三，比较本期各月各类主营业务收入的波动情况，分析其变动趋势是否正常，是否符合被审计单位季节性、周期性的经营规律，查明异常现象和重大波动的原因；

第四，将本期重要产品的毛利率与同行业企业的毛利率进行对比分析，检查是否存在异常。

② 确定可接受的差异额。

③ 将实际金额与期望值相比较，计算差异。

④ 如果差异额超过确定的可接受差异额，调查并获取充分的解释和恰当的、佐证性质的审计证据，如通过检查相关的凭证等。需要注意的是，如果差异超过可接受差异额，注册会计师需要对差异额的全额进行调查证实，而非仅对超出可接受差异额的部分进行调查证实。

⑤ 评估实质性分析程序的结果。

（3）检查主营业务收入确认方法是否符合企业会计准则的规定。

（4）核对收入交易的原始凭证与会计分录。以主营业务收入明细账中的会计分录为起点，检查相关原始凭证，如客户订购单、销售单、发运凭证、销售发票等，以评价已入账的营业收入是否真实发生。检查客户订购单和销售单，以确认是否存在真实的客户购买要求，销售交易已经过适当的授权批准。销售发票存根上所列的单价，通常还要与经过批准的商品价目表进行比较核对，对销售发票的金额小计和合计数也要进行复算。销售发票中列出的商品的规格、数量和客户代码等，则应与发运凭证进行比较核对，尤其是由客户签收商品的一联，若确定已按合同约定完成交易，可以确认收入。同时，还要检查原始凭证中的交易日期，以确认收入是否计入了正确的会计期间。

（5）从发运凭证中选取样本，追查至销售发票存根和主营业务收入明细账，以确定是否存在遗漏事项（完整性认定）。也就是说，如果注册会计师测试收入的"完整"这一目标，起点应是发货凭证。为使这一程序成为一项有意义的测试，注册会计师必须能够确信全部发运凭证均已归档，这一点一般可以通过检查发运凭证的顺序编号来查明。

（6）结合对应收账款实施的函证程序，选择主要客户函证本期销售额。

（7）实施销售截止测试。对销售实施截止测试，其目的主要在于确定被审计单位营业收入的会计记录归属期是否正确，应记入本期或下期的营业收入是否被推延至下期或提前至本期。注册会计师对销售实施的截止测试可能包括以下程序。

① 选取资产负债日前后若干天的发运凭证，与应收账款和收入明细账进行核对；同时，从应收账款和收入明细账中选取资产负债表日前后十天的凭证，与发运凭证核对，以确定销售是否存在跨期现象。

② 复核资产负债表日前后销售和发货水平，以确定业务活动水平是否异常，并考虑是否有必要追加实施截止测试程序。

③ 取得资产负债表日后所有的销售退回记录，检查是否存在提前确认收入的情况。

④ 结合对资产负债表日应收账款的函证程序，检查有无未取得对方认可的销售。

实施截止测试的前提是注册会计师充分了解被审计单位收入确认的会计实务，并能识别能够证明某笔销售符合收入确认条件的关键单据。

（8）存在销货退回的，检查相关手续是否符合规定，结合原始销售凭证检查其会计处理是否正确，结合存货项目审计关注其真实性。

（9）检查销售折扣与折让。企业在销售交易中，往往会因产品品种不符、质量不符合要求以及结算方面的原因发生销售折扣与折让。销售折扣与折让均是对收入的抵减，直接影响收入的确认和计量。注册会计师针对销售折扣与折让的实质性程序可能包括以下几个部分。

① 获取折扣与折让明细表，复核加计正确，并与明细账合计数核对相符。

② 了解被审计单位有关折扣与折让的政策和程序，抽查折扣与折让的授权批准情况，与实际执行情况进行核对。

③ 检查折扣与折让的会计处理是否正确。

（10）检查主营业务收入在财务报表中的列报和披露是否符合企业会计准则的规定。

（二）应收账款的实质性程序

企业的应收账款是在销售交易或提供劳务过程中产生的。因此，应收账款的审计应结合销售交易来进行。一方面，收入的"发生"认定直接影响应收账款的"存在"认定；另一方面，由于应收账款代表了尚未收回货款的收入，通过审计应收账款获取的审计证据也能够为收入提供审计证据。通常，应收账款的实质性程序如下。

应收账款的审计

1. 获取或编制应收账款明细表

（1）复核加计正确，并与总账和明细账合计数核对是否相符；结合坏账准备账户与报表数核对是否相符。应收账款的报表数应为应收账款净值，即应收账款总账数减去相应的坏账准备总账数后的余额。

（2）检查非记账本位币应收账款的折算汇率及折算是否正确。对于以外币结算的应收账款，注册会计师应检查被审计单位外币应收账款的增减变动是否采用交易发生日的即期汇率将金额折算为本位币金额，或者采用系统合理的方法确定的、与交易发生日即期汇率近似的汇率折算，选择采用汇率的方法前后各期是否一致；期末外币应收账款金额是否采用期末即期汇率折合为记账本位币金额；折算差额的会计处理是否正确。

（3）分析有贷方余额的项目，查明原因。必要时，建议做重分类调整。

（4）结合其他应收款、预收账款当往来项目的明细余额，调查有无同一客户多处挂账、异常余额或与销售无关的其他款项，如代销客户、关联方账户及员工账户。如果有，应做记录，必要时提出调整建议。

（5）标识重要的欠款客户，计算其欠款合计数占应收账款余额的比例。

2. 检查涉及应收账款的相关财务指标

（1）复核应收账款借方累计发生额与主营业务收入是否匹配，并将当期应收账款借方发生额占销售收入净额的百分比与管理层考核指标比较，如果存在差异，应进一步查明原因。

（2）计算应收账款周转率、应收账款周转天数等指标，并与被审计单位以前年度指标、同行业的相关指标对比分析，检查是否存在重大异常。

3. 检查应收账款账龄分析是否正确

（1）取得或编制账龄分析表。应收账款账龄是指资产负债表中的应收账款从销售实现、产生之日起，至资产负债表日止所经历的时间。注册会计师可通过编制或索取应收账款账龄分析表来分析账龄，以便了解应收账款的可收回性。编制账龄分析表时，可以选择重要的客户及其余额列示，不重要或余额较小的，可以汇总列示。应收账款账龄分析表的合计数减去已计提的相应坏账准备后的净额，应当等于资产负债表的应收账款净额。

（2）如果应收账款账龄分析表由被审计单位编制，应测试其准确性。

（3）将应收账款账龄分析表中的合计数与应收账款总账余额相互比较，并调查重大调节项目。

（4）检查原始凭证，如销售发票、发运凭证等，测试账龄的准确性。

4. 向债务人函证应收账款

应收账款函证是指注册会计师直接发函给被审计单位的债务人，要求核实被审计单位的应收账款的记录是否正确的一种审计程序。函证的目的在于证实应收账款账户余额的真实性、正确性，预防或发现被审计单位及其人员在销售业务中发生差错或弄虚作假、营私舞弊的行为。函证可以较为有效地证明债务人的存在和被审计单位记录的可靠性。询证函一般由注册会计师利用被审计单位提供的有关明细账账户名称及客户地址等资料据以编制，但寄发询证函一定要由注册会计师亲自进行。

（1）函证范围和对象。注册会计师执行函证程序大多是强制或法定（准则规定）的要求。除非有充分证据表明应收账款对报表不重要，或者函证很可能无效，否则，都要对其函证。如果不进行函证，注册会计师还应在审计工作底稿中说明原因；如果认为函证无效，注册会计师也应实施替代审计程序。实际上，注册会计师并不需要对所有的应收账款进行函证。

注册会计师应选择以下函证对象：金额较大的项目，账龄较长的项目，交易频繁但期末余额较小的项目，重大关联方交易，重大或异常的交易，可能导致争议以及产生严重舞弊或错误的交易。

（2）函证方式的选择。函证方式有两种：积极式函证和消极式函证（或称为肯定式函证和否定式函证）。注册会计师可采用其中一种，或者将两种方式结合使用。

① 积极式函证。它是指向债务人发出询证函，要求债务人直接向注册会计师证实所函证的欠款是否正确，无论结果的对错都要求回函的一种方式。

② 消极式函证。它是指注册会计师只要求债务人仅在不同意函证列示信息的情况下才予以回函。

一般而言，积极式函证提供的审计证据比消极式函证提供的审计证据更可靠。采用消极式函证时，注册会计师还需要辅助以其他审计程序，这样才能保证审计证据更可靠。

注册会计师应在同时出现下列情况时，采用消极函证方式：重大错报风险评估为低水平，涉及大量余额较小的账户，预期不存在大量的错误，没有理由相信被询证者不认真对待回函。

在循环审计中，注册会计师也可同时使用两种函证方式。当应收账款的余额是由少量大额应收账款和大量的小额应收账款构成时，注册会计师可以对所有的或抽取的大额样本采用积极式函证，而对抽取的小额样本采取消极式函证。

以下列示了积极式函证和消极式函证的基本格式。

（1）积极式函证。

企业询证函

×××（公司）：   编号：

本公司聘请的×××会计师事务所正在对本公司年度财务报表进行审计，按照中国注册会计师审计准则的要求，应当询证本公司与贵公司的往来款项。下列数据出自本公司账簿记录，如与贵公司记录相符，请在本函下端"数据证明无误"处签章证明；如有不符，请在"信息不符，请列明不符的详细情况"处详细指正。回函请直接寄至×××会计师事务所。

回函地址：

邮编：   电话：   传真：   联系人：

1．本公司与贵公司的往来账项列示如下。

单位：万元

截止日期	贵公司欠	欠贵公司	备注

2．其他事项。

本函仅为复核项目之用，并非催款结算。如款项在上述日期之后已经付清，仍请及时函复。

（被审计单位盖章）
××年××月××日

结论

1．数据证明无误。

（×××公司盖章）
××年××月××日
经办人：×××

2．信息不符，请列明不符的详细情况。

（×××公司盖章）
××年××月××日
经办人：×××

（2）消极式函证。

企业询证函

×××（公司）：　　　　　　　　　　　　　　　　　　　　　　　　编号：

　　本公司聘请的×××会计师事务所正在对本公司年度财务报表进行审计，按照中国注册会计师审计准则的要求，应当询证本公司与贵公司的往来款项。下列数据出自本公司账簿记录，如与贵公司记录相符，则无须回复；如有不符，请直接通知×××会计师事务所，并请在空白处列明贵公司认为是正确的信息。回函请直接寄至×××会计师事务所。

　　回函地址：

　　邮编：　　　　电话：　　　　　传真：　　　　　　联系人：

1．本公司与贵公司的往来账项列示如下。

单位：万元

截止日期	贵公司欠	欠贵公司	备注

2．其他事项。

　　本函仅为复核项目之用，并非催款结算。如款项在上述日期之后已经付清，仍请及时函复。

（被审计单位盖章）
××年××月××日
经办人：×××

上述信息不正确，具体差异如下。

（×××公司盖章）
××年××月××日
经办人：×××

　　（3）函证时间的选择。为了充分发挥函证的作用，函证的时间应恰当选择。注册会计师通常以资产负债表日为截止日，在资产负债表日后适当时间内实施函证。如果重大错报风险评估为低水平，可选择报表日前适当日期为截止日实施函证，并对所函证项目自该截止日起至资产负债表日止发生的变动实施实质性程序。

　　（4）函证的控制。注册会计师通常利用被审计单位提供的应收账款明细账账户名称及客户地址等资料编制询证函，但注册会计师应当对选择被询证者、设计询证函，以及询证函的发出和收回保持警惕或实施控制。出于掩盖舞弊的目的，被审计单位会想方设法地拦截或涂改询证函。如果注册会计师疏忽，就会给被审计单位可乘之机，导致函证结果出现偏差或失效。

　　注册会计师应采用下列措施对函证过程实施控制。

　　① 将被询证者的名称、地址与被审计单位有关记录进行核对。

　　② 将询证函中列示的账户余额或其他信息与被审计单位有关资料核对。

　　③ 在询证函中指明直接向接受委托的会计师事务所回函。

　　④ 询证函经被审计单位盖章后，由注册会计师亲自寄出。

　　⑤ 将发出询证函的情况形成工作记录。

　　⑥ 将收到的回函形成审计工作记录，并汇总统计函证结果。

注册会计师经常遇到第一次发出积极式函证而被询证者未回函的情况。对此，注册会计师应与被询证者联系，要求对方做出回应并再次发函。如果第二次仍然无结果，注册会计师就应实施替代审计程序，如检查销售合同、销售订单、发票副本和发运凭证等，以验证这些应收账款的真实性。

（5）对不符事项的处理。就应收账款而言，因登记入账的时间不同而产生的不符事项表现在以下方面。

① 询证函发出时债务人已经付款，而被审计单位尚未收到货款。

② 询证函发出时，被审计单位的货物已经发出并已经形成销售记录，但货物仍在途中，债务人尚未收到货物。

③ 债务人由于某种原因将货物退回，但被审计单位尚未收到。

④ 债务人对收到的货物的数量、质量及价格等方面存在争议，从而导致全部或部分拒付货款等。

如果因不符事项构成错误，注册会计师应重新考虑所实施审计程序的性质、时间和范围。

（6）对函证结果的总结及评价。

注册会计师对函证结果可以进行如下评价。

① 重新考虑对内部控制的原有评价是否恰当、控制测试的结果是否恰当、分析程序的结果是否恰当、相关的风险评估是否恰当等。

② 如果函证结果表明没有审计差异，则可以推断全部应收账款总体是正确的。

③ 如果函证结果表明存在审计差异，则应当估算应收账款总额中可能出现的累计差错是多少，估算未被选中进行函证的应收账款的累计差错是多少。为取得对应收账款累计差错更加准确的估计，也可以进一步扩大函证的范围。

5. 确定已收回的应收账款金额

在被审计单位协助下，注册会计师应在应收账款账龄分析表中标出审计时已经收回的应手账款金额。对已经收回的金额较大的款项进行常规检查，如核对收款凭证、银行对账单、销售发票等。并关注凭证发生日期的合理性，分析收款时间是否与合同相关要素一致。

6. 对未函证应收账款实施替代审计程序

注册会计师不可能对所有应收账款进行函证，因此对于未函证的，注册会计师应抽查有关原始凭证，如销售合同、销售订单、销售发票副本和发运凭证等，以验证与其相关的应收账款的真实性。

7. 检查坏账的确认和处理

注册会计师一方面应检查有无债务人破产、死亡，以及相关财产或遗产清偿后仍无法收回的、债务人长期未履行清偿义务的应收账款。另一方面，应检查被审计单位坏账的处理是否经过授权批准、有关会计处理是否正确。

8. 抽查有无不属于结算业务的债权

不属于结算业务的债权，不应在应收账款中进行核算。因此，注册会计师应抽查应收账款明细账，并追查有关原始凭证，查证被审计单位有无不属于结算业务的债权。如有，应做记录或建议被审计单位进行适当调整。

9. 检查应收账款的贴现、质押或出售

检查应收账款是否用于贴现，判断应收账款贴现业务是属于质押还是出售，其会计处理是否准确。

10. 对应收账款实施关联方及其交易的审计程序

标明应收关联方（包括 5%以上持股的股东）的款项，实施关联方及其交易的审计程序，并注明合并财务报表时应予以抵销的金额。对关联企业、有密切关系的主要客户的交易事项做以下专门核查。

（1）了解交易事项目的、价格和条件，做分析比较。

（2）检查合同、发票、发运凭证等相关文件资料。

（3）检查收款凭证等货款结算单据。

（4）向关联方、有密切关系的主要客户和其他注册会计师函证，以确认交易的真实性、合理性。

11. 确定应收账款的列报是否恰当

如果被审计单位是上市公司，则其财务报表附注通常应披露期初、期末余额的账龄分析，以及期末欠款金额较大的单位账款。

第三节 采购与付款循环审计

一、采购与付款循环的特征

采购与付款循环包括购买商品、固定资产和接受劳务，以及为获取收入在经营活动中发生的直接与间接支出。该循环所涉及的报表项目主要有资产负债表项目，如预付账款、固定资产、固定资产减值准备、在建工程、工程物资、无形资产、开发支出、商誉、应付票据、应付账款和长期应付款等。此外，涉及的利润表项目有管理费用等。

采购与付款循环的特性及主要风险

（一）采购与付款循环中的主要凭证及记录

（1）请购单。

（2）订购单。

（3）验收单。

（4）买方发票。

（5）付款凭单。

（6）转账凭证。

（7）现金付款凭证和银行存款付款凭证。

（8）应付账款明细账。

（9）库存现金、银行存款日记账。

（10）供应商对账单。

（二）本循环涉及的主要业务活动

1. 请购商品和劳务

一般而言，仓储部门负责编制所需购买存货项目的请购单，其他部门也可编制未列入上述存货清单项目的请购单。对常用材料或大宗商品采购活动，企业通过一般授权批准程序，指定仓库部门实施。其他部门只是完成零星项目采购。但是，对资本支出和租赁合同，企业通常要执行特别授权，只允许指定的人员或机构提出请购要求。

2. 编制订购单

采购部门收到请购单，只能对经过批准的请购单发出订购单。对每张订购单，采购部门应当确定最佳的供应来源。对一些大额、重要的采购项目，采购部门应采取竞价方式来确定供应商，以保证供货的质量、及时性和成本低廉。

订购单应正确填写所需要的商品品名、数量、价格、厂商名称和地址等，订购单应预先连续编号并经过被授权的采购人员签名。订购单的正联应送交供应商，副联则送交企业内部的验收部门、应付凭单部门和编制请购单的部门。随后，会计部门应独立检查订购单的处理，以确定是否确实收到商品并正确记账。这项检查与采购交易的"完整性"认定相关。

3. 验收商品

有效的订购单代表企业已授权验收部门接受供应商发运来的商品。验收部门首先应比较所收到的商品与订购单上的要求是否相符，如商品的品名、摘要、数量、到货时间等，然后再盘点商品并检查商品有无损坏。

验收后，验收部门应对已收货的每张订购单编制一式多联、预先按顺序编号的验收单，将其作为验收和检验商品的依据。验收人员将商品送交仓库或其他请购部门时，应取得经过签字的收据，或要求仓库或其他请购部门在验收单的副联上签收，以确定他们对所采购的商品应负的保管责任。验收人员还应将其中的一联验收单送交应付凭单部门。

验收单是支持资产或费用以及与采购有关的负债的"存在或发生"认定的重要凭证。定期独立检查验收单的顺序以确定每笔采购交易都已编制验收单，则与采购交易的"完整性"认定相关。

4. 储存已验收的商品

将已验收商品的保管与采购的其他职责相互分离，可减少未经过授权的采购和盗用商品的风险。存放商品的仓库区应当相对独立，限制无关人员接近。这些控制与商品的"存在"认定相关。

5. 编制付款凭单

记录采购交易之前，应付凭单部门应编制付款凭单。这项功能的控制包括以下几个方面。

（1）确定供应商发票的内容与相关的验收单、订购单的一致性。

（2）确定供应商发票计算的准确性。

（3）编制有预先连续编号的付款凭单，并附上支持性凭证（如订购单、验收单和供应商发票）等。这些支持性凭证的种类，因交易对象的不同而有所差异。

（4）独立检查付款凭单计算的准确性。

6. 由被授权人员在付款凭单上签字，以示其批准按照此付款凭单要求进行付款

所有未付凭单的副联应保存在未付凭单档案中，以待日后付款。经过适当批准和有预先连续编号的凭单为记录采购交易提供了依据，因此，这些控制与存在、发生、完整性、权利和义务、计价和分摊等认定相关。

7. 确认和记录负债

应付账款确认和记录的一项重要内容是要求记录现金支出的人员不得经手现金、有价证券和其他资产。恰当的凭证、记录与记账手续，对业绩的独立考核和应付账款职能而言是一项必要的控制。

8. 付款

通常应付凭单部门负责确定未付凭单，并在到期日付款。企业有多种款项结算方式，下面仅以

支票结算为例，归纳相关控制。

（1）独立检查已签发支票的总额与所处理的付款凭单的总额的一致性。

（2）应由被授权的财务部门人员负责签署支票。

（3）被授权签署支票的人员应确定每张支票都附有一张已经过适当批准的未付款凭单，并确定支票收款人姓名和金额与凭单内容一致。

（4）支票一旦经过签署，负责人员就应在其凭单和支持性凭证上用加盖印章或打洞等方式，将其注销以避免重复付款。

（5）支票签署人不应签发无记名甚至空白的支票。

（6）支票要预先连续编号，维护支出支票存根的完整性和作废支票处理的恰当性。

（7）应确保只有被授权的人员才能接近未使用的空白支票。

9. 记录现金、银行存款支出

仍以支票结算为例，会计部门应根据已签发的支票编制付款记账凭证，并据以登记银行存款日记账及其他相关账册。以记录银行存款支出为例，相关控制如下。

（1）会计主管应独立检查记入银行存款日记账的金额和应付账款明细账的金额的一致性，以及与支票汇总记录的一致性。

（2）通过定期比较银行存款日记账记录的日期与支票副本的日期，独立检查入账的及时性。

（3）独立编制银行存款余额调节表。

二、相关内部控制

采购与付款循环业务包括采购与付款两个环节。这里以一般制造业的商品采购为例，简要介绍采购与付款循环相关的内部控制及控制测试。

（一）采购交易的内部控制

鉴于采购交易与销售交易一样，在关键内部控制方面存在许多共同之处，因此下面只介绍采购交易中内部控制的特殊之处。

1. 适当的职责分离

为保证采购交易内部控制的有效性，企业应将各种不相容职务进行适当分离。采购与付款循环的不相容岗位至少包括以下几个。

（1）请购与审批。

（2）询价与确定供应商。

（3）采购合同的订立与审批。

（4）采购与验收。

（5）采购、验收与相关会计记录。

（6）付款审批与付款执行。

2. 内部核查程序

内部核查的主要内容如下。

（1）相关岗位及人员的设置情况。在采购和付款循环中，要重点抽查是否存在不相容职务混岗的现象。

（2）授权审批制度的执行情况。要重点检查大宗采购与付款业务的授权审批手续是否健全、是否存在越权审批的违规行为。

（3）应付账款和预付账款的管理。要重点审查应付账款和预付账款支付的正确性、时效性及合法性。

（4）有关单据、凭证和文件的使用及保管情况。要重点检查这些原始单据的登记、领用、传递、保管、注销手续是否健全，使用和保管制度是否存在漏洞。

对监督检查过程中发现的采购与付款内部控制的各种薄弱环节，应及时采取措施加以纠正。

（二）付款交易的内部控制

在本循环中，采购与付款是一个问题的两个方面。尽管每个企业的内部控制因为性质、所处行业状况、规模以及内部控制健全程度等有所差异，但下列与付款业务相关的内部控制内容则是每个企业应共同遵循的，如表 8-3 所示。

表 8-3　　　　　　　　　　　　　　付款业务的内部控制

序号	与付款业务相关的内部控制
1	企业应按照《现金管理暂行条例》《支付结算办法》等规定办理采购付款业务
2	会计部门在办理付款时，应当对采购发票、结算凭证、验收证明等相关凭证的真实性、完整性、合法性和及时性进行严格审核
3	企业应当建立预付账款和定金的授权审批制度，加强相关业务的监管
4	企业应当加强应付账款和应付票据的管理，由专人按照约定的付款日期、折扣条件等管理，已到期的应付账款须经过有关授权人员审批后，方可办理结算和支付
5	企业应当建立退货管理制度，对退货条件、手续、货物出库、退货货款回收等做出明确规定，及时收回退货款
6	企业应当定期与供应商核对应付账款、应付票据、预付账款等往来款项。如有不符，应查明原因

三、评估重大错报风险

（一）采购与付款循环中存在的重大错报风险

影响采购与付款交易和余额的重大错报风险可能包括以下几个。

1. 低估负债或相关准备

在承受反映较高盈利水平和营运资本的压力下，被审计单位管理层可能试图低估应付账款等负债或资产相关准备，如低估对存货应计提的跌价准备。

重大错报风险常常集中体现在以下几个方面。

（1）遗漏交易，如未记录已收取货物但尚未收到发票的相关负债或未记录尚未付款的已经购买的服务支出等。

（2）采用不正确的费用支出截止期，如将本期的支出延迟到下期确认。

（3）将应当及时确认损益的费用性支出资本化，然后通过资产的逐步摊销予以消化等。

这些行为将对完整性、截止、发生、存在、准确性和分类认定产生影响。

2. 管理层错报负债费用支出的偏好和动因

被审计单位管理层可能出于完成预算、满足业绩考核要求、保证从银行获得资金、吸引潜在投资者、误导股东、影响公司股价等动机，通过操纵负债和费用的确认来控制损益。

（1）平滑利润。通过多计资产相关准备或少计负债和资产相关准备，把损益控制在被审计单位管理层希望的程度。

（2）利用特别目的的实体把负债从资产负债表中剥离，或利用关联之间的费用定价优势制造虚假的收益增长趋势。

（3）被审计单位管理层把私人费用计入企业费用，把企业资金当作私人资金。

3. 费用支出的复杂性

被审计单位以复杂的交易安排购买一定期间的多种服务，而管理层对于涉及的服务受益与付款安排所涉及的复杂性缺乏足够的了解，就可能导致费用支出分配或计提的错误。

4. 不正确地记录外币交易

被审计单位进口用于出售的商品时，可能采用不恰当的外币汇率而导致该项采购的记录出现差错。此外，还存在未能将诸如运费、保险费和关税等与存货相关的进口费用进行正确分摊的风险。

5. 舞弊和盗窃的固有风险

如果被审计单位经营大型零售业务，由于所采购的商品和固定资产的数量及支付的款项庞大，交易复杂，容易造成商品发运错误，员工和客户发生舞弊和盗窃的风险较高。如果那些负责付款的会计人员有权接触应付账款主文档，并能够通过在应付账款主文档中擅自添加新的账户来虚构采购交易，风险也会提高。

6. 存在未记录的权利和义务

存在未记录的权利和义务可能导致资产负债表分类错误以及财务报表附注不正确或披露不充分。

（二）识别与评估重大错报风险

注册会计师可以通过审阅以前年度审计工作底稿、观察内部控制执行情况、询问管理层和员工、检查相关的文件和资料等方法加以了解被审计单位的内部控制。对相关文件和资料的检查可以提供审计证据，如通过检查供应商对账表和银行对账单，注册会计师能够发现差错并加以纠正。

在评估重大错报风险时，注册会计师之所以需要充分了解被审计单位对采购与付款交易的控制活动，目的在于使计划实施的审计程序更加有效。也就是说，注册会计师必须对被审计单位的重大错报风险有一定认识，在此基础上设计并实施进一步审计程序，这样才能有效应对重大错报风险。

（三）根据重大错报风险的评估结果设计进一步审计程序

针对评估的财务报表层次重大错报风险，注册会计师应计划进一步审计程序的总体方案，包括确定针对相关认定计划采用综合性方案还是实质性方案，以及考虑审计程序的性质、时间安排和范围。当存在下列情形之一时，注册会计师应当设计和实施控制测试。

（1）在评估认定层次重大错报风险时，预期控制的运行是有效的（即在确定实质性程序的性质、时间安排和范围时，注册会计师拟信赖控制运行的有效性）。

（2）仅实施实质性程序并不能够提供认定层次充分、适当的审计证据。

四、采购与付款循环的控制测试

注册会计师通常以识别的重大错报风险为起点，选取拟测试的控制并实施控制测试。表 8-4 列示了通常情况下，采购与付款交易的风险、控制和控制测试（部分）。

表 8-4 采购与付款交易的风险、控制和控制测试（部分列示）

可能发生错报的风险	存在的控制（自动）	存在的控制（人工）	控制测试
采购计划未经适当审批	—	生产、仓储等部门根据生产计划制订需求计划，采购部门汇总需求，按采购类型制订采购计划，经复核人复核后执行	询问复核人复核采购计划的过程，检查采购计划是否经复核人恰当复核
新增供应商或供应商信息变更未经恰当的认证	只有采购订单上的供应商代码在系统供应商清单中存在匹配的代码，采购才能生效并发送给供应商	复核人复核并批准每一个对供应商数据的变更请求。包括供应商地址或银行账户的变更以及新增供应商等。复核时，评估拟进行的供应商数据变更是否得到合适文件的支持，如由供应商提供的新地址或银行账户明细或经批准的新供应商的授权表格。当复核完成且复核人提出的问题或要求的修改已经得到满意的解决后，复核人在系统中确认复核完成	询问复核人复核供应商数据变更请求的过程，抽样检查变更需求是否有相关文件支持及有复核人的复核确认。检查系统中采购订单的生成逻辑，确认是否存在供应商代码匹配的要求
录入系统的供应商数据可能未经恰当复核	系统定期生成对供应商信息所有新增变更的报告（包括新增供应商、更改银行账户等）	复核人员定期复核系统生成报告中的项目是否均经恰当授权，当复核工作完成或要求的修改得到满意解决后签字确认复核工作完成	检查系统报告的生成逻辑及完整性。询问复核人对报告的检查过程，确认其是否签署
……	……	……	……
……	……	……	……

五、采购与付款循环的实质性程序

与采购与付款循环相关的实质性程序主要包括：采购交易、应付账款、存货和固定资产。

（一）采购交易的实质性程序

采购交易的实质性程序包括两种：一是实质性分析程序，二是细节测试。为了提高审计效率，符合成本效益原则，注册会计师往往先执行实质性分析程序，后执行细节测试。

1. 采购交易的实质性分析程序

（1）根据对被审计单位的经营活动、供应商的发展历程、贸易条件和行业惯例的充分了解，确定应付账款和费用支出的指望值。

（2）根据本期应付账款余额的构成与以前期间交易水平和预算的比较，定义采购和应付账款可接受的重大差异额。

（3）识别需要进一步调查的差异额并调查异常数据关系，如零余额（或接近零的余额）的主要供应商，与周期趋势不符的费用支出。这一程序通常包括以下几点。①观察月度已记录采购总额趋势，与往年趋势或预算相互比较。任何异常变动都必须及时与管理层讨论，如有必要也应做进一步调查。②将实际毛利与以前年度的毛利和预算进行比较。如果被审计单位以不同的加价销售产品，就需要将相似利润水平的产品分组进行比较。任何重大差异都需要进行调查。因为毛利会由于销售额、销售成本的错误被歪曲，而销售成本的错误则有可能是受采购记录的错误影响。③计算记录在应付账款账上的赊购天数，并将其与以前年度的赊购天数相互比较。超出预期的变动可能由多种因素导致。这些因素包括未记录采购、虚构采购记录或截止问题。④检查常规账户和付款，如租金、电话费和电费。这些费用是日常发生的，又通常按月支付。通过检查，注册会计师可以确定已记录的所有费用及月度变动趋势和变动情况。⑤检查异常项目的采购。例如，大额采购、从不经常发生交易的供应商处采购，以及未通过采购账户而是通过其他途径计入存货和费用项目的采购行为。⑥检查付款记录和付款趋势。检查是否存在无效付款和金额不正确的付款。

（4）询问管理层及员工，调查重大差异额是否表明存在重大错报风险，是否需要设计适当的细节测试。

（5）形成结论，即实质性分析程序是否能够提供充分、适当的审计证据，或是否需要对交易和余额进行细节测试。

2. 采购交易的细节测试

具体而言，存货采购、固定资产采购交易实质性程序的性质、时间和范围，受到本循环的内部控制环境因素，以及注册会计师对该循环控制风险的评估结果的影响。因此，注册会计师应当根据被审计单位的具体情况，运用高度的职业谨慎性予以确定实质性程序的性质、时间和范围。存货、固定资产的细节测试的具体内容和方法将在后面进一步阐述。

（二）应付账款的实质性程序

（1）获取或编制应付账款明细表，并做以下检查。

① 复核加计是否正确，并与报表数、总账数和明细账合计数核对是否相符。

② 检查外币应付账款的折算汇率及折算结果是否正确。

③ 分析出现借方余额的项目，查明原因，必要时建议被审计单位进行重分类调整。

④ 结合预付账款、其他应付款等往来项目的明细余额，调查有无挂账的项目、异常余额或与购货无关的其他款项（如关联方账户或雇员账户）。如有，应进行记录，必要时建议被审计单位进行调整。

（2）根据被审计单位实际情况，选择以下方法对应付账款执行实质性分析程序。

① 将应付账款的期末余额与期初余额进行比较，分析其变动原因。

② 分析长期挂账的应付账款，要求被审计单位做出解释，判断其是否缺乏偿债能力或利用应付账款隐瞒利润，并关注其是否可能无须支付该笔应付账款。关注被审计单位对确实无须支付的应付账款的会计处理是否正确，相关的依据是否充分。关注账龄超过三年的大额应付账款在资产负债表日后是否偿付，检查其偿付手续和偿付记录及信息披露情况。

③ 计算应付账款与存货的比率、应付账款与流动负债的比率，并与以前年度相关指标进行对比分析，评价应付账款整体的合理性。

④ 分析存货和营业成本等项目的增减变动，判断应付账款增减变动的合理性。

（3）函证应付账款。一般而言，并不是所有应付账款都要函证，这是因为函证不能检查出未记录的应付账款，同时注册会计师较难取得采购发票等外部凭证来证实欠款。但如果控制风险较高，某应付账款明细账金额较大或被审计单位处于财务困境时，则应当进行应付账款函证。

注册会计师在函证时应选择金额较大的债权人，以及那些在资产负债表日金额不大，甚至为零，但是是被审计单位重要供应商的债权人，作为函证对象。函证最好采用积极式函证，注册会计师应根据回函情况编制和分析函证结果汇总表。对未回函的，应考虑是否再次函证。

注册会计师对存在未回函的重大项目,应当采取替代审计程序。例如,可以检查决算日后应付账款明细账及库存现金与银行存款日记账,核实其是否已支付,同时检查该笔债务的相关凭证资料,如合同、发票、验收单等。核实应付账款的真实性。

(4)检查应付账款是否计入了正确的会计期间,是否存在未入账的应付账款。

① 检查债务形成的相关原始凭证,如供应商发票、验收报告或入库单等,查找有无未及时入账的应付账款,确认应付账款期末余额的完整性。

② 检查资产负债表日后应付账款明细账贷方发生额的相应凭证,关注其购货发票的日期,确认其入账时间是否合理。

③ 获得被审计单位与其供应商之间的对账单以及被审计单位编制的差异调节表,确定其入账的准确性。

④ 针对资产负债表日后付款项目,检查银行对账单及有关付款凭证,询问被审计单位内部和外部的知情人员,查找有无未及时入账的应付账款。

⑤ 结合存货监盘程序,检查被审计单位在资产负债表日前后的存货入库资料(如验收报告或入库单),检查是否存在大量"料到单未到"的情况,确认相关负债是否计入了正确的会计期间。

(5)寻找未入账的负债。注册会计师应该获取期后收取、记录或支付的发票明细,包括获取支票登记簿、电汇报告、银行对账单以及入账的发票和未入账的发票。从中选取项目(项目的日期尽量接近审计报告日)进行测试并实施以下程序。

① 检查支持性文件,如相关的发票、采购合同或申请、收货文件以及接受劳务明细,以确定收到商品或接受劳务的日期及应在期末之前入账的日期。

② 追踪已选取项目至应付账款明细账、货到票未到的暂估入账或预提费用明细表,并关注费用所计入的会计期间。调查并跟进所有已识别的差异。

③ 评价费用是否被记录于正确的会计期间,并确定是否存在期末未入账负债。

通过上述审计程序,注册会计师如发现某些未入账的应付账款,应将有关情况详细记入审计工作底稿,并根据其重要性确定是否需建议被审计单位进行相应的调整。

(6)针对已偿付的应付账款,追查至银行存款对账单、银行付款单据和其他原始凭证,检查其是否在资产负债表日前有效偿付。

(7)针对异常或大额交易及重大调整事项(如大额的购货折扣和退回,会计处理异常的交易,未经过授权的交易,或缺乏支持性凭证的交易等),检查相关原始凭证和会计记录,以分析交易的真实性、合理性。

(8)检查带有现金折扣的应付账款是否按照发票上记载的全部应付金额入账,在实际获得现金折扣时再冲减财务费用。

(9)被审计单位与债权人进行债务重组的,检查不同债务重组方式下的会计处理是否正确。

(10)如存在应付关联方的款项,应采取以下几项措施。

① 了解交易的商业理由。

② 检查证实交易的支持性文件,如发票、合同、协议及入库和运输单据等相关文件。

③ 检查被审计单位与关联方的对账记录或向关联方函证。

(11)检查应付账款长期挂账的原因并做出记录,检查确实无须支付的应付账款的会计处理是否正确。

（12）检查应付账款是否已按照《企业会计准则》的规定在财务报表中做出恰当的列报。一般而言，应付账款项目应根据"应付账款"和"预付账款"科目所属明细科目的期末贷方合计数填列。

（三）存货的实质性程序

与存货有关的购货交易与销货交易已经在前面进行了阐述，因此这里所要阐述的主要是存货的实质性程序，重点包括期末存货结存量的确定与计价测试。

存货实质性程序的一般程序如下。

1. 核对总账与明细账

注册会计师首先要核对各存货项目明细账与总账的余额是否相符，如不相符，应查明原因，并进行记录和相应的调整。

2. 执行分析性程序

实施存货分析性程序的目的是审查存货总体上的合理性，以发现年度内存货项目的重大波动与异常现象，判断存货审计的重点。通常运用的分析性方法主要有简单比较法和比率分析法。

（1）简单比较法。主要包括以下几个要点。

① 比较前后各期及本年度各个月份存货余额及其构成，以评价期末存货余额及其构成的总体合理性。

② 对每月存货成本差异率进行比较，以确定是否存在调节成本的现象。

③ 比较前后各期及本年度内各个月份生产成本总额及单位生产成本，以评价本期生产成本的总体合理性。

④ 比较前后各期及本年度内各个月份主营业务成本总额及单位销售成本，以评价主营业务成本的总体合理性。

⑤ 将存货余额与现有的订单、资产负债表日后各期的销售额和下一年度的预测销售额进行比较，以评估存货滞销和跌价的可能性。

⑥ 将存货跌价损失准备与本年度存货处理损失的金额相比较，判断被审计单位是否计提了足额的跌价损失准备。

⑦ 将与关联企业发生存货交易的频率、规模、价格和账款结算条件，与非关联企业对比，判断被审计单位是否利用与关联企业的存货交易虚构业务交易、调节利润。

⑧ 按供货商或货物分类，比较各期（通常按月或季）的购货数量。分析购货量的异常变动是否与特定的存在利害冲突的供应商有关，或是判断各类存货之间的存储比例是否合理。

（2）比率分析法。通常运用的指标主要是存货周转率和毛利率。

① 存货周转率。存货周转率是用以衡量销售能力和存货是否积压的指标。注册会计师可利用存货周转率进行纵向比较或与其他同行企业进行横向比较，看其是否存在差异。存货周转率的波动可能意味着被审计单位存在有意或无意地减少存货储备、存货管理或控制程序发生变动、存货成本项目发生变动、存货核算方法发生变动、存货跌价准备计提基础或冲销政策发生变动、销售额发生大幅度变动等情况。

② 毛利率。毛利率是反映盈利能力的主要指标，用以衡量成本控制及销售价格的变化。注册会计师可将企业的毛利率与同行业企业比较，以推算企业的生产经营活动是否正常，期末存货的计算与存货价值的计算是否正确。毛利率的波动可能意味着被审计单位存在销售价格发生变动，销售产品总体结构发生变动，单位产品成本发生变动，固定制造费用比重较大时销售数量发生变动等情况。

3. 制订存货监盘计划

存货监盘，是指注册会计师亲自到现场观察被审计单位存货的盘点，并对已盘点的存货进行适当检查。有效的存货监盘需要制订周密、细致的计划。注册会计师应当根据被审计单位存货的特点、盘存制度和存货内部控制的有效性等情况，在评价被审计单位管理层制订的存货盘点程序的基础上，编制存货监盘计划，对存货监盘做出合理安排。

存货监盘计划

4. 执行存货监盘

在存货盘点现场实施监盘时，注册会计师应当实施下列审计程序。

（1）评价管理层用以记录和控制存货盘点结果的指令和程序。注册会计师需要考虑这些指令和程序是否包括下列方面。

① 适当控制活动的运用，如收集已使用的存货盘点记录，清点未使用的存货盘点表单，实施盘点和复盘程序。

执行存货监盘

② 准确认定在产品的完工程度，流动缓慢（呆滞）、过时或毁损的存货项目，以及第三方拥有的存货，如寄存货物。

③ 在适用的情况下用于估计存货数量的方法，如估计煤堆的重量的方法。

④ 对存货在不同存放地点之间的移动以及截止日前后出入库的控制。

在实施存货监盘程序时，注册会计师需要观察被审计单位有关存货移动的控制程序是否得到执行。同时，注册会计师可以向管理层索取盘点期间存货移动的相关书面记录以及出、入库资料，以此作为执行截止测试的资料，为监盘结束的后续工作提供证据。

（2）观察管理层制定的盘点程序（如对盘点时及其前后的存货移动的控制程序）的执行情况。这有助于注册会计师获取管理层有关指令和程序是否得到适当设计和执行的审计证据。尽管盘点存货时最好能保持存货不发生移动，但在某些情况下存货的移动是难以避免的。如果在盘点过程中被审计单位的生产经营仍在持续进行，注册会计师应通过实施必要的检查程序，确定被审计单位是否已经对此设置了相应的控制程序，确保在适当的期间内对存货做出了准确记录。

观察管理者制定的盘点程序

（3）检查存货。在存货监盘过程中检查存货，虽然不一定能确定存货的所有权，但有助于确定存货的存在，以及识别过时、毁损或陈旧的存货。注册会计师应当把所有过时、毁损或陈旧的存货的详细情况记录下来，这既便于进一步追查这些存货的处置情况，也能为测试被审计单位存货跌价准备计提的准确性提供证据。

（4）执行抽盘。在对存货盘点结果进行测试时，注册会计师可以从存货盘点记录中选取项目追查至存货实物，以及从存货实物中选取项目追查至盘点记录，以获取有关盘点记录准确性和完整性的审计证据。需要说明的是，注册会计师应尽可能避免被审计单位事先了解将抽盘的存货项目。除记录注册会计师对存货盘点结果进行的测试情况外，获取管理层完成的存货盘点记录的复印件也有助于注册会计师日后实施审计程序，其有助于注册会计师确定被审计单位的期末存货记录是否准确地反映了存货的实际盘点结果。

注册会计师在实施抽盘程序时发现差异，很可能表明被审计单位的存货盘点在准确性或完整性方面存在错误。由于检查的内容通常仅是已盘点存货中的一部分，所以在检查中发现的错误很可能意味着被审计单位的存货盘点还存在着其他错误。一方面，注册会计师应当查明原因，并及时提请被审计单位更正；另一方面，注册会计师应当考虑错误的潜在范围和重大程度，在可能的情况下，扩大检查范围以减少错误的发生。注册会计师还可要求被审计单位重新盘点。重新盘点的范围可限于某一特殊领域的存货或特定盘点小组。

（5）需要特别关注的情况。

① 存货盘点范围。在被审计单位盘点存货前，注册会计师应当观察盘点现场，确定应纳入盘点范围的存货是否已经适当整理和排列，并附有盘点标识，以防止遗漏或重复盘点。对未纳入盘点范围的存货，注册会计师应当查明未纳入的原因。

对所有权不属于被审计单位的存货，注册会计师应当取得其规格、数量等有关资料，确认其是否已单独存放、标明，且未被纳入盘点范围。在存货监盘过程中，注册会计师应当根据取得的所有权不属于被审计单位的存货的有关资料，观察这些存货的实际存放情况，确保其未被纳入盘点范围。即使在被审计单位声明不存在受托代存存货的情形下，注册会计师在存货监盘时也应当关注是否存在某些存货不属于被审计单位的迹象，以避免盘点范围不当。

② 对特殊类型存货的监盘。对某些特殊类型的存货而言，被审计单位通常使用的盘点方法和控制程序并不完全适用。这些存货通常或者没有标签，或者其数量难以估计，或者其质量难以确定，或者盘点人员无法对其移动实施控制。在这些情况下，注册会计师需要运用职业判断，根据存货的实际情况，设计恰当的审计程序，对存货的数量和状况获取审计证据。

特殊存货的监盘程序

（6）存货监盘结束时的工作。在被审计单位存货盘点结束前，注册会计师应当做以下工作。

① 再次观察盘点现场，以确认所有应纳入盘点范围的存货是否均已盘点。

② 取得并检查已填用、作废及未使用盘点表单的号码记录，确认其是否连续编号，查明已发放的表单是否均已收回，并与存货盘点的汇总记录进行核对。注册会计师应当根据自己在存货监盘过程中获取的信息对被审计单位最终的存货盘点结果汇总记录进行复核，并评估其是否正确地反映了实际盘点结果。

如果存货盘点日不是资产负债表日，注册会计师应当实施适当的审计程序，以确认盘点日与资产负债表日之间存货的变动是否得到恰当的记录。

在实务中，注册会计师可以结合盘点日至财务报表日之间间隔期的长短、相关内部控制的有效性等因素进行风险评估，设计和执行适当的审计程序。在实质性程序方面，注册会计师可以实施的程序示例包括以下几个。

① 比较盘点日和财务报表日之间的存货信息以识别异常项目，并对其执行适当的审计程序，如实地查看等。

② 对存货周转率或存货销售周转天数等实施实质性分析程序。

③ 对盘点日至财务报表日之间的存货采购和存货销售分别实施双向检查。例如，对存货采购从入库单查至其相应的永续盘存记录或从永续盘存记录查至其相应的入库单等支持性文件，对存货销售从货运单据查至其相应的永续盘存记录或从永续盘存记录查至其相应的货运单据等支持性文件。

④ 测试存货销售和采购在盘点日和财务报表日的截止是否正确。

5. 特殊情况的处理

存货监盘过程中的特殊情况及其处理如下所示。

（1）在存货盘点现场实施存货监盘不可行。在某些情况下，实施存货监盘可能是不可行的，这可能是由存货性质和存放地点等因素造成的。例如，存货存放在对注册会计师的安全有威胁的地点。然而，对注册会计师带来不便的一般因素不足以支持注册会计师做出实施存货监盘不可行的决定。审计中的困难、时间或成本等事项本身，不能作为注册会计师省略不可替代的审计程序或满足于说服力不足的审计证据的正当理由。

如果在存货盘点现场实施存货监盘不可行，注册会计师应当实施替代审计程序，如检查盘点日后出售、盘点日前取得或购买的特定存货的文件记录，以获取有关存货的存在和状况的充分、适当的审计证据。

但在其他一些情况下，如果不能实施替代审计程序，或者实施替代审计程序可能无法获取有关存货的存在和状况的充分、适当的审计证据，注册会计师需要按照《中国注册会计师审计准则第1502号——在审计报告中发表非无保留意见》的规定发表非无保留意见。

（2）不可预见的情况导致无法在存货盘点现场实施监盘。有时，不可预见情况可能导致无法在预定日期实施存货监盘，两种比较典型的情况包括：一是注册会计师无法亲临现场，即不可抗力导致其无法到存货存放地实施存货监盘；二是气候因素，即恶劣的天气导致注册会计师无法实施存货监盘程序，或恶劣的天气导致注册会计师无法观察存货，如木材被积雪覆盖。

如果由于不可预见的情况无法在存货盘点现场实施监盘，注册会计师应当另择日期实施监盘，并对间隔期内发生的交易实施审计程序。

（3）由第三方保管或控制的存货。如果由第三方保管或控制的存货对财务报表是重要的，注册会计师应当实施下列一项或两项审计程序，以获取有关该存货存在和状况的充分、适当的审计证据。

① 向持有被审计单位存货的第三方函证存货的数量和状况。

② 实施检查或其他适合具体情况的审计程序。根据具体情况，如获取的信息使注册会计师对第三方的诚信和客观性产生疑虑，注册会计师可能认为实施其他审计程序是适当的。其他审计程序可以作为函证的替代程序，也可以作为追加的审计程序。其他审计程序的示例包括：实施或安排其他注册会计师实施对第三方的存货监盘；获取其他注册会计师或服务机构注册会计师针对用以保证存货得到恰当盘点和保管的内部控制的适当性而出具的报告；检查与第三方持有的存货相关的文件记录，如仓储单；当存货被作为抵押品时，要求其他机构或人员进行确认。

考虑到第三方仅在特定时点执行存货盘点工作，在实务中，注册会计师可以事先考虑实施函证的可行性。如果预期不能通过函证获取相关审计证据，注册会计师可以事先计划和安排存货监盘等工作。

此外，注册会计师可以考虑由第三方保管存货的商业理由的合理性，以进行存货相关风险（包括舞弊风险）的评估，并计划和实施适当的审计程序，如检查被审计单位和第三方签署的存货保管协议的相关条款、复核被审计单位调查及评价第三方工作的程序等。

6. 进行存货计价测试

为了验证财务报告上存货项目余额的真实性，注册会计师还必须对年末存货的计价进行测试。若存货以计划成本计价，还应检查"材料成本差异"账户的发生额、转销额是否正确，年末余额是否恰当。存货计价测试的方法可以利用存货计价测试表（如表8-5所示）来进行，主要程序包括以下几个部分。

（1）测试样本的选择。计价测试样本应从存货数量已经盘点、单价和总金额已经记入存货汇总表的结存存货中选择。选样时应着重选择结存余额较大且价格变化较频繁的项目，同时考虑所选样本的代表性，抽样方法一般采用分层抽样法，抽样规模应足以推断总体的情况。

（2）计价方法的确认。存货计价的方法多种多样，如加权平均法、移动平均法、个别计价法、先进先出法等。企业可结合国家法规要求选择适合自身特点的方法。注册会计师除应了解掌握被审计单位存货的计价方法外，还应对所选计价方法的合理性与一致性予以关注。

（3）进行计价测试。注册会计师首先应对存货价格的组成内容予以审核，然后按照所了解的计价方法对所选择的存货样本进行计价测试，形成存货计价测试表（见表8-5）。测试时，应排除被审计单位已有计算程序和结果的影响，进行独立测试。待测试结果出来后，再与被审计单位账面记录对比，编制对比分析表，分析形成差异的原因。如果差异过大，应扩大范围继续测试，并根据测试结果做出审计调整。

表8-5　　　　　　　　　　　　　　　存货计价测试表

被审计单位名称		编制人		日期		索引号	
调查项目	存货计价测试	复核人		日期		页次	
会计期间或截止日							

存货编号	存货名称及规格	账面存货记录		进货发票内容				
		数量	单价	卖方单位	日期	发票号	数量	单价

结论：

编制说明：
1. 本表用于测试某项存货所采用的计价方法，如先进先出法、加权平均法等。
2. 本表用于抽查时，应注明抽查部分占总金额的比例。
3. 进货发票内容的选择应根据被审计单位事先确定的计价政策而定。
4. 结论部分应表明该项存货是按照某种计价政策执行的或未按规定计价政策执行的应调整金额，并做出调整分录

7. 审查存货盘亏调整和损失处理

对于被审计单位发生的存货盘亏和存货损失，注册会计师应获取存货盘点盘亏调整和损失处理记录。对于重大存货盘亏和损失情况，应该查明原因，确认有无充分合理的解释，重大存货盘亏和损失的会计处理是否已经授权审批，是否正确及时入账。

8. 审查存货跌价损失准备

注册会计师在测试存货跌价损失准备时，需要从以下两个方面进行测试。

（1）识别需要计提跌价损失准备的存货项目。注册会计师可以通过询问管理层和相关部门（生产、仓储、财务、销售等部门）的员工，了解被审计单位如何收集有关滞销、过时、陈旧、毁损、残次存货的信息并为之计提必要的跌价损失准备。如被审计单位编制存货货龄分析表，注册会计师则可以通过审阅分析表识别滞销或陈旧的存货。此外，注册会计师还要结合存货监盘过程中检查存货状况而获取的信息，以判断被审计单位的存货跌价损失准备计算表是否有遗漏。

（2）检查可变现净值的计量是否合理。在存货计价审计中，由于被审计单位对期末存货采用成本与可变现净值孰低的方法计价，所以注册会计师应充分关注其对存货可变现净值的确定及存货跌价准备的计提。

9. 确认存货在财务报告上的反映是否恰当

存货是资产负债表中流动资产项下的一个重要项目，注册会计师应审查其在资产负债表中的列报是否合规、正确。除此之外，还应就财务报告附注中所披露的存货计价与产品成本计算方法及其变更情况、变更原因与变更结果等进行审计，以查明这些披露事项的恰当性。

（四）固定资产的实质性程序

注册会计师在对固定资产施行实质性程序时，通常应执行的审计程序如下所示。

1. 索取或编制固定资产及累计折旧分类汇总表

固定资产及累计折旧分类汇总表又称固定资产及累计折旧分类一览表或固定资产及累计折旧分类综合分析表，它是分析固定资产账户余额变动的依据之一，是固定资产审计的重要工作底稿，其格式如表8-6所示。

固定资产的审计

表8-6

固定资产及累计折旧分类汇总表

年　月　日

被审计单位：_____　　　编制_____　　　日期_____
　　　　　　　　　　　　　复核_____　　　日期_____

固定资产类别	固定资产				累计折旧					
	期初余额	本期增加	本期减少	期末余额	折旧方法	折旧率	期初余额	本期增加	本期减少	期末余额
合计										

2. 核对明细账与总账

注册会计师应该核对明细账与总账，确定固定资产明细账与总账是否相符。如果不符，应查出从何时起不相符，并将从那时起的明细账与有关的原始凭证进行核对，查明不符的原因，予以调整。同样地，对各项固定资产的累计折旧也要加计汇总与总分类账核对，揭示并查明差异原因。

3. 审计期初余额

注册会计师对期初余额进行审计时应分以下三种情况。

（1）在连续常年审计情况下，应注意与上年审计工作底稿中的固定资产和累计折旧的期末余额审定数核对相符。

（2）在被审计单位变更委托的会计师事务所时，后任注册会计师应借调、参阅前任注册会计师有关工作底稿。如果以前年度均由具有良好信誉的会计师事务所审计，则后任注册会计师的审核范围通常仅限于一般性复核。

（3）如果被审计单位以往未经注册会计师审计，即在初次审计情况下，注册会计师应对期初余额进行较全面的审计，尤其是当被审计单位的固定资产数量多、价值大、占资产总额比重高时。较理想的方法是彻底审计自开业起的固定资产和累计折旧账户中的所有重要的会计记录。这样，既可核实期初余额的真实性，又可从中加深对被审计单位固定资产管理和会计核算工作的了解。

4. 审查固定资产的增减变动

（1）审查固定资产的增加。固定资产增加的原因有购入、自制自建、投资人投入、融资租入、接受捐赠和盘盈等多种方式。对于后几种情况的审计，注册会计师一般只需核对有关的会计记录、合同文件、验收报告等，并注意固定资产的计价是否符合会计制度规定。购入和自制自建固定资产涉及的环节较多，容易发生错误与舞弊，因此，注册会计师应把重点放在购入和自制自建增加固定资产的审计上。购入固定资产的审计要点如下。

① 审查购入的固定资产是否列入预算并经授权批准。对于实际成本超预算幅度较大的资产项目，应追查原因。

② 审核采购发票等凭据。固定资产采购业务比较复杂，金额较大，注册会计师应根据对被审计单位固定资产内部控制风险程度的评价和重要性原则，确定审核采购发票等凭据的范围。常见的审核方法是将采购发票上的价格和采购合同及账面记录的金额进行对比，根据所了解的被审计单位的资本化政策判断各项采购是否按会计制度的规定合理计价，其处理方法和以前年度的处理方法是否一致。对于从关联企业购进的固定资产，尚须注意其价格是否严重偏离正常市价。

③ 审核固定资产的验收报告。

④ 确定被审计单位估计的固定资产使用期限和残值是否合理。对于已经交付使用但尚未办理竣工结算等手续的固定资产，应检查其是否已暂估入账，并按规定计提折旧，资本性支出与收益性支出的划分是否恰当。

（2）审计固定资产的减少。固定资产减少的原因主要包括出售、报废、毁损、向其他单位投资转出、盘亏等。有的被审计单位在全面清查固定资产时，常常会出现固定资产账存实无现象，这可能是因为设备管理或使用部门不了解报废固定资产与会计核算两者间的关系，擅自报废固定资产而未通知会计部门在会计账户上做相应的核算，这样势必造成财务报告表达失真。审计固定资产减少的主要目的就在于查明业已减少的固定资产是否已做相应的会计处理。固定资产减少的审计要点如下。

① 审查减少固定资产授权批准文件。

② 审查减少固定资产的会计记录是否符合有关规定，验证其数额计算的准确性。

③ 审查出售和报废处置固定资产的净损益，验证其真实性与准确性，并与银行存款、营业外收支等有关账户相核对。

④ 审查是否存在未做会计记录的固定资产减少业务，包括：复核是否有本年新增加的固定资产替换了原有固定资产的情况；分析营业外收支等账户，查明有无处置固定资产带来的收支；若某种产品因故停产，追查其专用生产设备等的处理情况；向被审计单位的固定资产管理部门查询本年有无未做会计记录的固定资产减少业务。

5. 审查固定资产折旧的提取

（1）审查折旧政策和方法。即审查被审计单位所制订的折旧政策和方法是否符合国家有关财务会计制度的规定，确定其采用的折旧方法能否在固定资产使用年限内合理分摊其成本。在索取或编制固定资产及累计折旧汇总表的基础上注意将期初余额和上年工作底稿中的审定额相核对，同时应查明汇总表所列累计折旧合计数是否与累计折旧明细账所载数额的总和核对相符，是否与累计折旧总账核对相符。

（2）审查折旧额的计算。

① 审查固定资产预计使用年限和预计净残值是否符合国家规定，在当时情况下是否合理。

② 确定本年度所采用的折旧方法和折旧率是否合理并与以前年度一致。

③ 抽查各类固定资产中的重要项目，确定其折旧的计提是否正确无误，并追查至固定资产登记卡。特别应注意有无已提足折旧的固定资产继续超提折旧的情况和在用固定资产不提或少提折旧的情况。

④ 对折旧计提的总体合理性进行计算，是测试折旧正确与否的一个有效方法。计算的方法是用被折旧的固定资产乘以本年的折旧率。计算之前，注册会计师应对本年增加和减少的固定资产、使用年限长短不一的和折旧方法不同的固定资产做适当调整。如果总的计算结果和被审计单位的折旧总额相近，且固定资产及累计折旧的内部控制较健全，则可以适当减少累计折旧和折旧费用的实质性程序工作量。

⑤ 将累计折旧账户贷方的本年度计提折旧额与相应的成本费用中的折旧费用明细账户的借方相比较，以查明所计提折旧金额是否已全部摊入本年产品成本或费用。一旦发现差异，应及时追查原因，并做适当调整。

6. 实地观察固定资产

实地观察固定资产，有助于注册会计师深入了解、熟悉被审计单位的生产经营情况，有助于理解增加或减少固定资产的会计处理。当被审计单位固定资产内部控制较为薄弱时，实地观察显得更为必要。

固定资产抽查表

7. 验证固定资产的所有权

对于以下各类固定资产，注册会计师应分别获取、汇集不同的证据以确定其是否确归被审计单位所有。

（1）对外购的机器设备等固定资产，通常经审核采购发票、租赁协议等即可确定。

（2）对房地产类固定资产，尚需查阅有关的合同、产权证明、财产税单、抵押贷款的还款凭据、保险单等书面文件。

（3）对融资租入的固定资产，则应验证有关租赁合同，证实其并非经营租赁。

（4）对汽车等运输设备，则应验证有关执照等。

（5）对受留置权限制的固定资产的审查，通常经审核被审计单位的有关负债项目即可证实，但注册会计师在验证固定资产所有权时，仍需查明是否确实存在此类固定资产。

8. 执行分析性程序

在所有审计领域中，分析性程序的性质应视被审计单位经济业务的性质而定。在固定资产审计时，注册会计师常用的分析性复核方法是比率分析法和趋势分析法。具体做法如下。

（1）计算单位产量所含固定资产总值比率。计算公式如下。

$$单位产量所含固定资产总值比率 = \frac{固定资产总值}{全年产品产量}$$

将此比率与以前年度的比率相比较，可能发现闲置固定资产或已减少固定资产未在账户上注销的问题。

（2）计算本年折旧计提率。计算公式如下。

$$本年折旧计提率 = \frac{本年计提的折旧额}{固定资产总值}$$

将此比率同以前年度的比率比较，可能发现本年折旧额计算中存在的错误。

（3）计算固定资产新旧率。计算公式如下。

$$固定资产新旧率 = \frac{累计折旧}{固定资产原值}$$

将此比率同上年的比率比较，可能发现累计折旧核算的错误。

（4）比较本年各月间和本年度与以前各年度间的修理及维护费用，可能发现资本性支出和收益性支出区分上存在的错误。

（5）比较本年与以前各年度的固定资产增加和减少。由于被审计单位的生产经营情况在不断变化，各年度间固定资产增加和减少的数额可能相差很大。注册会计师应当深入分析差异，并根据被审计单位以往的生产经营和今后的生产经营趋势判断差异产生的原因是否合理。

9. 确定固定资产及累计折旧是否已在资产负债表中恰当披露

注册会计师应依据前述多项审计内容，确定财务报告中有关固定资产的各项数据的真实性，并注意固定资产的折旧方法、固定资产的分类情况等是否已在财务报告注释中做恰当披露。

第四节 生产循环的审计

生产循环反映企业生产产品的循环过程，它的前一环节是购货与付款的循环，后一环节是销售与收款的循环。由于用于生产的原材料的购进要在购货循环中完成，最终产品的销售要在销售循环中完成，所以本节只涉及原材料入库之后至产成品发出之前的业务活动，包括产品成本和职工薪酬的审计。

一、生产循环的特征

生产循环是指从请购原材料开始直到形成完工产品为止的过程。对制造类企业来说，生产循环包括计划和安排生产、领用材料、生产产品、计算职工薪酬与产品成本、产成品库、产成品出售（见图8-2）。生产循环的主要流程是生产产品，会计工作的重点是生产成本计算和人工薪酬的计算。

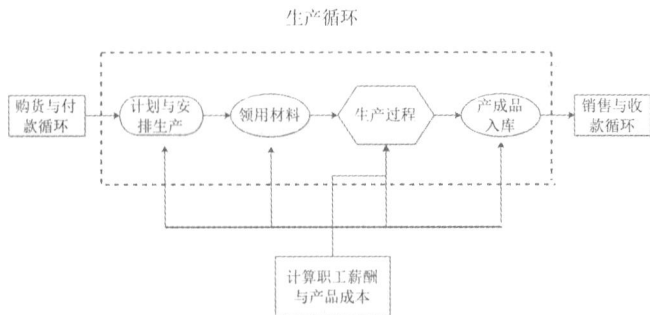

图 8-2　生产循环流程图

（一）生产循环的主要业务活动

1. 计划和安排生产

企业的生产计划部门可以根据顾客订单，或者对销售预测和产品需求的分析进行生产授权。如决定授权生产，就填制签发预先连续编号的生产通知单。预先连续编号是该部门常见的记录控制。此外，还需要编制一份材料需求报告，列示所需材料、零件及其库存。

2. 领用原材料

仓库部门根据生产部门填制的连续编号的领料单发出材料，领料单必须列示所需材料的数量和种类，以及领料部门名称。领料单可以一料一单，也可以多料一单。领料单通常被领料部门、仓库部门、会计部门各执一联。仓库部门据以登记材料明细账，会计部门据以进行材料的收发核算和成本核算。

3. 生产产品

生产部门在收到生产通知单及领取原材料后，将生产任务分配到每一个工人，并将所领取的原材料交给工人进行生产。工人在完成生产任务后，将完成的产品交生产部门查点，完成的产品再经检验员验收并办理入库手续；或是将所完成的产品移交下一个部门做进一步加工。整个生产过程既是从原材料到产成品的实物流转过程，也是生产成本的汇集和计算过程。

4. 核算产品成本

产品成本核算的目标是将生产成本正确地汇集并分配归入相应的产品。生产成本的归集过程与产品的生产过程同步进行。企业为此应建立健全成本核算制度，将生产控制和成本核算有机地结合在一起。企业在生产过程中的各种记录、生产通知单、领料单、记工单、入库单等文件资料都汇集到会计部门。会计部门据此进行检查和核对，了解和控制生产过程中存货的实物流转变化；同时，企业的会计部门要设置相应的会计账户会同有关部门对生产过程中的成本进行核算和控制。

5. 储存产成品

最终完工并检验合格的产品，一般送交仓库部门，由仓库部门先行点验和检查，然后签收储存。仓库部门应根据产成品的品质特征分类存放，并填制标签。产成品的储存与原材料的储存一样，必须能有效地防止产成品的被盗与冒领。

6. 发出产成品

产成品的发出必须以经批准的销售单为依据，由独立的发运部门进行。装运产成品时必须有经核准的发运通知单，并据此编制出库单。出库单一式四联，分别由仓库部门、发运部门、顾客各执一联，还有一联作为顾客开发票的依据。

（二）涉及的重要凭证和会计记录

（1）生产通知单。

（2）领发料凭证，包括领料单、限额领料单、领料登记簿、退料单、材料发出汇总表等。

（3）产量和工时记录，包括工序进程单、工作班产量报告、产量通知单、产量明细表、废品通知单等。

（4）人工费用分配表，包括工薪汇总表和职工薪酬费用分配表。

（5）材料费用分配表。

（6）制造费用分配表。

（7）产品入库单及成本计算表。

（8）存货明细账。

生产循环中的主要业务活动与凭证和记录之间的对应关系可以通过表8-7来表述。

表 8-7   生产循环中的主要业务活动与凭证和记录之间的对应关系

主要业务活动	对应的凭证和记录	相关的认定
计划和安排生产	生产通知单	发生
领用原材料	领料单	准确性、计价和分摊
生产产品	生产通知单	发生、完整性
核算产品成本	成本核算单	发生、完整性
储存产成品	产品入库单	发生、完整性、准确性、计价和分摊
发出产成品	转账凭证、生产成本明细账	发生、完整性、准确性、计价和分摊

二、生产循环涉及的内部控制

生产循环涉及的内部控制主要包括以下几个方面。

（一）职责分离控制

（1）生产计划的编制与审批要分离。

（2）存货的验收与生产要分离。

（3）存货的保管与记录要分离。

（4）存货的盘点人员应独立于存货的保管人员、使用人员与记录人员。

（5）人事、考勤、工薪发放、记录等职务要相互分离。

（二）授权审批控制

（1）生产通知单的授权批准。

（2）领料单的授权批准。

（3）职工薪酬的授权批准。

（4）批准上工；批准工作时间，特别是加班时间。

（5）工资、薪金或佣金，代扣款项，工资结算表和工薪汇总表要经过特别审批或一般审批。

（6）成本和费用分配方法的采用和变更须经授权批准。

（7）存货计价方法的采用和变更须经授权批准。

（8）存货的盘盈、盘亏、毁损等的处理须经批准。

（三）信息处理控制

（1）会计部门的成本核算依据经审核的生产通知单、领发料凭证、产量和工时记录、人工费用分配表、材料费用分配表、制造费用分配表等，以确保记录的成本为实际发生的而非虚构的。

（2）企业的各项凭证应事先连续编号，以防止漏记或重复登记。

（3）企业应采取适当的成本核算方法、费用分配方法、成本核算流程和账务处理流程，以使成本能以正确的金额在恰当的会计期间及时记录于适当的账户，并符合一贯性原则。

（四）实物控制

（1）建立产成品、在产品等的保管和移交制度。

（2）按类别存放存货，并定期巡视。

（3）只有经过授权的人才能接触存货实物及相关文件。

（4）存货的入库需经过验收，存货的出库需有经批准的提货单。

（5）企业应定期对存货进行盘点，以确保账实相符。

（五）独立稽核

（1）独立测试各种费用的归集、分配及成本的计算是否正确。

（2）独立测试是否按照规定的成本核算流程和账务处理流程进行核算和账务处理。

三、评估重大错报风险

（一）生产循环存在的重大错报风险

通常，影响生产循环交易和余额的风险因素可能包括以下几个。

（1）交易的数量和复杂性。制造类企业交易的数量庞大、业务复杂，这增加了错误和舞弊的风险。

（2）成本核算的复杂性。制造类企业的成本核算比较复杂。虽然原材料和直接人工等直接成本的归集和分配比较简单，但间接费用的分配可能较为复杂，并且，同一行业中的不同企业也可能采用不同的认定和计量基础。

（3）产品的多元化。这可能要求聘请专家来验证产品的质量、状况或价值。另外，计算存货数量的方法也可能是不同的。例如，计量煤堆、筒仓里的谷物或糖、黄金或贵重宝石、化工品和药剂产品的存储量的方法都可能不一样。这并不是要求注册会计师每次清点存货都需要专家配合，如果存货容易辨认、存货数量容易清点，就无须专家帮助。

（4）某些存货项目的可变现净值难以确定。例如，价格受全球经济供求关系影响的存货，由于其可变现净值难以确定，会影响存货采购价格和销售价格的确定，并将影响注册会计师对与存货计价和分摊认定有关的风险进行的评估。

（5）将存货存放在很多地点。大型企业可能将存货存放在很多地点，并且可能在不同的地点之间配送存货。这将增加商品途中毁损或遗失的风险，或者导致存货在两个地点被重复列示，也可能产生转移定价的错误或舞弊。

（6）寄存的存货。有时候存货虽然还存放在企业，但可能已经不归企业所有。反之，企业的存货也可能被寄存在其他企业。

由于存货与企业各项经营活动紧密联系，存货的重大错报风险往往与财务报表其他项目的重大错报风险紧密相关。例如，收入确认的错报风险往往与存货的错报风险共存，采购交易的错报风险与存货的错报风险共存，存货成本核算的错报风险与营业成本的错报风险共存，等等。

综上所述，一般制造型企业的存货的重大错报风险通常包括以下几个。

（1）存货实物可能不存在（存在认定）。

（2）属于被审计单位的存货可能未在账面上反映（完整性认定）。

（3）存货的所有权可能不属于被审计单位（权利和义务认定）。

（4）存货的单位成本可能存在计算错误（计价和分摊认定或准确性认定）。

（5）存货的账面价值可能无法实现，即跌价损失准备的计提可能不充分（计价和分摊认定）。

（二）识别与评估重大错报风险

注册会计师通常通过实施下列程序，识别与评估生产循环业务活动中相关的重大错报风险。

（1）询问参与生产和存货循环各业务活动的被审计单位人员，一般包括询问生产部门、仓储部门、人事部门和财务部门的员工和管理人员。

（2）获取并阅读被审计单位的相关业务流程图或内部控制手册等资料。

（3）观察生产和存货循环中特定控制的运用，如观察生产部门如何将完工产品移送入库并办理手续。

（4）检查文件资料，如检查原材料领料单、成本计算表、产成品出入库单等。

（5）实施穿行测试，即追踪一笔交易在财务报告信息系统中的处理过程。例如，选取某种产品，追踪该产品制订生产计划、领料生产、成本核算、完工入库的整个过程。

（三）根据重大错报风险评估结果设计进一步审计程序

注册会计师基于生产循环的重大错报风险评估结果，制订实施进一步审计程序的总体方案（包括综合性方案和实质性方案），继而实施控制测试和实质性程序，以应对识别的认定层次的重大错报风险。

四、生产循环的控制测试

注册会计师通常以识别的重大错报风险为起点，选取拟测试的控制并实施控制测试。表 8-8 列示了通常情况下与生产循环相关的风险、控制和控制测试。

表 8-8　　　　　　　　　与生产循环相关的风险、控制和控制测试（部分列示）

可能发生错报的风险	存在的控制（自动）	存在的控制（人工）	控制测试
发出原材料			
原材料的发出可能未经授权	—	所有领料单由生产主管签字批准，仓库管理员凭经批准的领料单发出原材料	选取领料单，检查是否有生产主管的签字授权
发出的原材料可能未正确记入相应产品的生产成本	将领料单信息输入系统时须输入对应的生产任务单编号和所生产的产品代码，每月末系统自动归集生成材料成本明细表	生产主管每月末将其生产任务单及相关领料单存根联与材料成本明细表进行核对，调查差异并处理	检查生产主管核对材料成本明细表的记录，并询问其核对过程及结果
记录人工成本			
生产工人的人工成本可能未得到准确反映	所有员工有专属员工代码和部门代码，员工的考勤记录记入相应员工代码	人事部每月编制工薪费用分配表，按员工所属部门将工薪费用分配至生产成本、制造费用、管理费用和销售费用，经财务经理复核后入账	检查系统中员工的部门代码设置是否与其实际职责相符。询问并检查财务经理复核工资费用分配表的过程和记录
记录制造费用			
……	……	……	……

在上述控制测试中，如果人工控制在执行时依赖于信息系统生成的报告，注册会计师还应当针对信息系统生成报告的准确性执行测试。例如，在与计提存货跌价准备相关的管理层控制中使用了信息系统生成的存货货龄分析表，其准确性影响管理层控制的有效性，因此，注册会计师需要同时测试存货货龄分析表的准确性。

有些被审计单位采用信息系统执行全程自动化成本核算。在这种情况下，注册会计师通常需要对信息系统中的成本核算流程和参数设置进行了解和测试（可能需要利用信息技术专家的工作），并测试相关信息系统一般控制的运行有效性。

五、生产循环的实质性测试

下面针对生产循环中比较重要的两个项目（生产成本、应付职工薪酬）的实质性程序进行阐述。

（一）生产成本的实质性程序

1. 直接材料成本测试

对直接材料成本的审计一般应从审阅材料和生产明细账入手，抽查有关的费用凭证，验证被审计单位产品耗用直接材料的数量、计价和材料费用分配是否真实、合理。具体如下。

（1）对采用定额单耗的被审计单位，注册会计师可选择某成本报告期若干具有代表性的产品成本计算单，获取样本的生产指令或产量统计记录及其直接材料单位消耗定额。根据材料明细账或采购业务测试工作底稿中各项该直接材料的单位实际成本，计算直接材料的总消耗量和总成本，与该样本成本计算单中的直接材料成本核对。

（2）对未采用定额单耗的被审计单位，注册会计师可获取材料费用分配汇总表、材料发出汇总表（或领料单）、材料明细账（或采购业务测试工作底稿）中各项该直接材料的单位成本，做如下检查：成本计算单中直接材料成本与材料费用分配汇总表中该产品负担的直接材料费用是否相符，分配标准是否合理；将抽取的材料发出汇总表（或领料单）中若干直接材料的发出总量和各项该种材料的实际单位成本的乘积，与材料费用分配汇总表中各项该种材料费用进行比较。

（3）对采用标准成本法的被审计单位，注册会计师可获取样本的生产指令或产量统计记录、直接材料单位标准用量、直接材料标准单价及发出材料汇总表（或领料单），检查下列事项：根据生产量、直接材料单位标准用量和标准单价计算的标准成本与成本计算单中的直接材料成本核对是否相符，直接材料成本差异的计算与账务处理是否正确。

2. 直接人工成本测试

由于工资的计算方法有计时工资制和计件工资制两种，所以，获取样本时关注的重点有所不同。

（1）对采用计时工资制的被审计单位，注册会计师可获取样本的实际工时统计记录、员工分类表和员工工薪手册（工资率）及人工费用分配汇总表，做如下检查：成本计算单中直接人工成本与人工费用分配汇总表中该样本的直接人工费用核对是否相符；样本的实际工时统计记录与人工费用分配汇总表中该样本的实际工时核对是否相符；抽取生产部门若干天的工时台账与实际工时统计记录核对是否相符；当没有实际工时统计记录时，则可根据员工分类表及员工工薪手册中的工资率，计算复核人工费用分配汇总表中该样本的直接人工费用是否合理。

（2）对采用计件工资制的被审计单位，注册会计师可获取样本的产量统计报告、个人（小组）产量记录和经批准的单位工薪标准或计件工资制度，检查下列事项：根据样本的统计产量和单位工薪标准计算的人工费用与成本计算单中直接人工成本核对是否相符；抽取若干直接人工（小组）的产量记录，检查是否被汇总计入产量统计报告。

3. 制造费用测试

注册会计师可获取样本的制造费用分配汇总表、按项目分列的制造费用明细账、与制造费用分配标准有关的统计报告及其相关原始记录，做如下检查：制造费用分配汇总表中，样本分担的制造费用与成本计算单中的制造费用核对是否相符；制造费用分配汇总表中的合计数与样本所属成本报告期的制造费用明细账总计数核对是否相符；制造费用分配汇总表选择的分配标准（机器工时数、直接人工工资、直接人工工时数、产量等）与相关的统计报告或原始记录核对是否相符，并对费用分配标准的合理性做出评估；如果被审计单位采用预计费用分配率分配制造费用，则应针对制造费用分配过多或过少的差额，检查其是否做了适当的账务处理；如果被审计单位采用标准成本法，则应检查样本中标准制造费用的确定是否合理，计入成本计算单的数额是否正确，制造费用差异的计算与账务处理是否正确，并注意标准制造费用在当年年度内有无重大变更。

4. 生产成本在当期完工产品与在产品之间分配的测试

检查成本计算单中在产品数量与生产统计报告或在产品盘存表中的数量是否一致；检查在产品约当产量计算或其他分配是否合理；计算复核样本的总成本和单位成本。

（二）应付职工薪酬的实质性程序

职工薪酬是被审计单位支付给员工的劳动报酬，主要核算方式有计时制和计件制两种。由于职工薪酬常用现金支付，所以极易发生错弊，如虚报冒领、贪污等。同时，职工薪酬又是构成被审计单位成本费用的重要项目，所以审计职工薪酬十分重要。应付职工薪酬的实质性测试如下。

（1）获取或编制应付职工薪酬明细表，复核加计数是否正确，并与报表数、总账数和明细账合计数核对是否相符。

（2）执行实质性分析程序。

① 检查各月职工薪酬的发生额是否存在异常波动，若有，应查明波动原因是否合理。

② 将本期职工薪酬总额与上期的进行比较，要求被审计单位解释其增减变动的原因，或取得被审计单位管理层关于职工薪酬标准的决议。

③ 结合员工社保缴纳情况，了解被审计单位实际职工人数，检查是否与关联公司员工工资混淆列支。

④ 比较本期应付职工薪酬余额与上期的相比是否有异常变动。

（3）检查本项目的核算内容是否包括工资、奖金、津贴和补贴。

① 检查工资、奖金、津贴和补贴的计提是否正确，依据是否充分。

② 检查工资、奖金、津贴和补贴的分配方法与上年的是否一致。

③ 检查工资、奖金、津贴和补贴的发放金额是否正确，代扣的款项及其金额是否正确。

④ 检查是否存在属于拖欠性质的职工薪酬，并了解拖欠原因。

（4）检查社会保险费（包括医疗、养老、失业、工伤、生育保险费）、住房公积金、工会经费、职工教育经费等计提和支付的会计处理是否正确，依据是否充分。

（5）审阅应付职工薪酬明细账，抽查应付职工薪酬各明细项目的支付和使用情况，检查是否符合有关规定，是否履行审批程序。

（6）检查被审计单位实行的工薪制度。

① 如果被审计单位实行工效挂钩，注册会计师应取得主管部门确认效益工资发放额的认定证明，并复核确定可予发放的效益工资的有关指标，检查其计提额、发放额是否正确，是否须做纳税调整。

② 如果被审计单位实行计税工资制，注册会计师应取得被审计单位平均人数证明，并进行复核，计算可准予税前列支的费用额，对超支部分的工资及附加费做纳税调整。

（7）检查辞退福利、非货币性福利等会计处理是否正确，是否符合有关规定，是否履行审批程序。

（8）检查应付职工薪酬的期后付款情况。关注在资产负债表日至财务报表批准报出日之间，是否有确凿证据表明须要调整资产负债表日原确认的应付职工薪酬事项。

（9）确定应付职工薪酬是否已按企业会计准则的规定在财务报表中做出恰当的披露。在报表附注中应披露的信息有：应当支付给职工的工资、奖金、津贴和补贴，及其期末应付未付金额；按规定应为职工缴纳的医疗、养老、失业、工伤和生育等保险费，及其期末应付未付金额；应当为职工缴存的住房公积金及其期末应付未付金额；应当支付的因解除劳动关系给予的补偿，及其期末应付未付金额；其他职工薪酬。

第五节 货币资金审计

一、货币资金的特征

（一）货币资金与业务循环

货币资金是企业资产的重要组成部分，在企业资产中，其流动性最强。企业要进行生产经营活动必须拥有一定数量的货币资金。货币资金与各交易循环均直接相关，关系如图 8-3 所示。

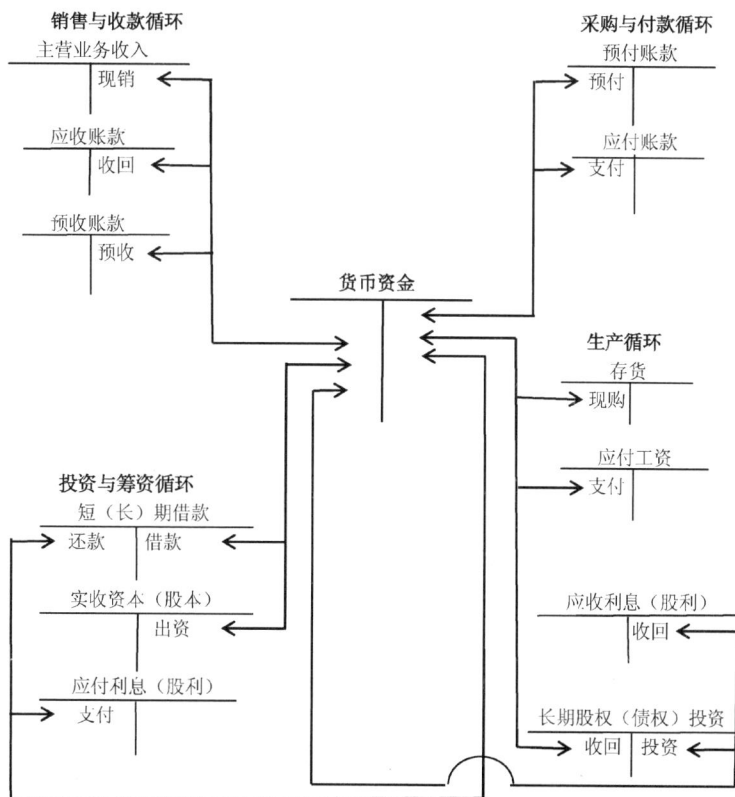

图 8-3　货币资金与各交易循环的关系

（二）货币资金的特点

货币资金与企业的交易和业务活动有广泛、密切的联系，几乎各项资产、负债的增减变动和收入、费用的形成，最终都要反映为货币资金的收支。货币资金具有流动性强，并且与各个经营业务联系广泛的特点。企业必须严格管理货币资金。较强的流动性使货币资金存在较高的固有风险，所以货币资金一直是注册会计师的重点审计领域。

（三）货币资金涉及的主要凭证和会计记录

（1）库存现金盘点表。

（2）银行对账单。

（3）银行存款余额调节表。

（4）库存现金或银行存款的收款与付款凭证。

（5）库存现金、银行存款的日记账和总账。

（6）其他相关原始凭证和账簿（如支票及支票簿）。

二、货币资金的内部控制

货币资金具有较高的流动性的特点，因此，其被贪污、盗用的风险较高。而且它与企业各业务循环密不可分，货币资金一旦失控必会影响其他业务循环，进而影响企业的正常生产经营，因此，建立适合本企业特点和管理要求的货币资金内部控制制度并严格执行则非常重要。

（一）货币资金内部控制的目标

内部控制目标是企业管理层建立健全内部控制的出发点。货币资金的内部控制目标主要有：安全性、完整性、合法性、效益性。

（1）安全性目标是指企业通过良好的内部控制并有效执行，来确保企业库存现金的安全，预防其被挪用、盗窃、诈骗。

（2）完整性目标是指企业通过执行内部控制制度，检查企业收到的货币资金是否已全部入账，预防私设"小金库"等侵占企业收入的违法行为。

（3）合法性目标是指企业通过良好的内部控制检查货币资金的取得、使用是否符合国家财经法规，手续是否齐备，预防企业货币资金在取得、使用等方面违反国家的各项法律法规政策。

（4）效益性目标是指企业通过良好的内部控制合理调度货币资金，使其发挥较大的效益。

（二）货币资金内部控制的内容

按照《现金管理暂行条例》的规定，企业应该建立一套能保证货币资金安全、完整，防止各种舞弊行为发生，达到有效控制货币资金收支业务的良好内部控制制度。一般包括以下几个。

1. 岗位分工及授权批准

（1）企业应当建立货币资金业务的岗位责任制，明确相关部门和岗位的职责权限，确保办理货币资金业务的不相容岗位相互分离、制约和监督。出纳人员不得兼任稽核、会计档案保管和收入、支出、费用、债权债务账目的登记工作。企业不得由一人办理货币资金业务的全过程。

（2）企业应当对货币资金业务建立严格的授权批准制度，明确审批人对货币资金业务的授权批准方式、权限、程序、责任和相关控制措施，规定经办人办理货币资金业务的职责范围和工作要求。审批人应当根据货币资金授权批准制度的规定，在授权范围内进行审批，不得超越审批权限。经办人应当在职责范围内，按照审批人的批准意见办理货币资金业务。对于审批人超越授权范围审批的货币资金业务，经办人员有权拒绝办理，并及时向审批人的上级授权部门报告。

（3）企业应当按照规定的程序办理货币资金支付业务。

① 支付申请。企业有关部门或个人用款时，应当提前向审批人提交货币资金支付申请，注明款项的用途、金额、预算、支付方式等内容，并附有效经济合同或相关证明。

② 支付审批。审批人根据其职责、权限和相应程序对支付申请进行审批。对不符合规定的货币资金支付申请，审批人应当拒绝批准。

③ 支付复核。复核人应当对批准后的货币资金支付申请进行复核，复核货币资金支付申请的批准范围、权限、程序是否正确，手续及相关单证是否齐备，金额计算是否准确，支付方式、支付企业是否妥当等。复核无误后，交出纳人员办理支付手续。

④ 办理支付。出纳人员应当根据复核无误的支付申请，按规定办理货币资金支付手续，及时登记库存现金和银行存款日记账。

（4）企业对于重要货币资金支付业务，应当实行集体决策和审批，并建立责任追究制度，防范贪污、侵占、挪用货币资金等行为。

（5）严禁未经授权的机构或人员办理货币资金业务或直接接触货币资金。

2．现金和银行存款的管理

（1）企业应当加强现金库存限额的管理，超过库存限额的现金应及时存入银行。

（2）企业必须根据《现金管理暂行条例》的规定，结合本企业的实际情况，确定本企业现金的开支范围。不属于现金开支范围的业务应当通过银行办理转账结算。

（3）企业现金收入应当及时存入银行，不得用于直接支付企业自身的支出。因特殊情况需坐支现金的，应事先报开户银行经审查批准。企业借出款项必须执行严格的授权批准程序，严禁擅自挪用、借出货币资金。

（4）企业对取得的货币资金收入必须及时入账，不得私设"小金库"，不得账外设账，严禁收款不入账。

（5）企业应当严格按照《支付结算办法》等国家有关规定，加强银行账户的管理，严格按照规定开立账户，办理存款、取款和结算。

企业应当定期检查、清理银行账户的开立及使用情况，发现问题应及时处理。

企业应当加强对银行结算凭证的填制、传递及保管等环节的管理与控制。

（6）企业应当严格遵守银行结算纪律，不准签发没有资金保证的票据或远期支票，套取银行信用；不准签发、取得和转让没有真实交易和债权债务的票据，套取银行和他人资金；不准无理拒绝付款，任意占用他人资金；不准违反规定开立和使用银行账户。

（7）企业应当指定专人定期核对银行账户（每月至少核对一次），编制银行存款余额调节表，使银行存款账户余额与银行对账单调节相符。如调节后两者不符，应查明原因，及时处理。

（8）企业应当定期和不定期地进行现金盘点，确保现金余额与实际库存相符。发现不符，及时查明原因，并做出处理。

3．票据及有关印章的管理

（1）企业应当加强与货币资金相关的票据的管理，明确各种票据的购买、保管、领用、背书转让、注销等环节的职责权限和程序，并专设登记簿进行记录，防止空白票据的遗失和被盗用。

（2）企业应当加强银行预留印鉴的管理。财务专用章应由专人保管，个人名章必须由本人或其授权人员保管。严禁一人保管支付款项所需的全部印章。

对按规定需要有关负责人签字或盖章的经济业务，企业必须严格履行签字或盖章手续。

4. 监督检查

（1）企业应当建立对货币资金业务的监督检查制度，明确监督检查机构或人员的职责权限，定期和不定期地进行检查。

（2）货币资金监督检查的内容主要包括以下几个方面。

① 货币资金业务相关岗位及人员的设置情况。重点检查是否存在货币资金业务不相容职务混岗的现象。

② 货币资金授权批准制度的执行情况。重点检查货币资金支出的授权批准手续是否健全，是否存在越权审批行为。

③ 支付款印章的保管情况。重点检查是否存在办理付款业务所需的全部印章交由一人保管的现象。

④ 票据的保管情况。重点检查票据的购买、领用、保管手续是否健全，票据保管是否存在漏洞。

（3）对监督检查过程中发现的货币资金内部控制中的薄弱环节，企业应当及时采取措施，加以纠正和完善。

三、货币资金的重大错报风险

（一）货币资金可能发生错报的环节

与货币资金相关的财务报表项目主要为库存现金、银行存款、应收（付）款项、短（长）期借款、财务费用、长期投资等。以一般制造类企业为例，与库存现金、银行存款相关的交易和余额可能发生的错报环节通常包括以下几个（括号内为相应的认定）。

（1）被审计单位资产负债表的货币资金项目中的库存现金和银行存款在资产负债表日不存在（存在）。

（2）被审计单位所有应当记录的现金收支业务和银行存款收支业务未得到完整记录，存在遗漏（完整性）。

（3）被审计单位的现金收款被通过舞弊手段侵占（完整性）。

（4）记录的库存现金和银行存款不是为被审计单位所拥有或控制（权利和义务）。

（5）库存现金和银行存款的金额未被恰当地包括在财务报表的货币资金项目中，与之相关的计价调整未得到恰当记录（计价和分摊）。

（6）库存现金和银行存款未按照企业会计准则的规定在财务报表中做出恰当列报（列报）。

（二）识别应对可能发生错报环节的内部控制

为评估与货币资金的交易、余额和列报相关的认定层次的重大错报风险，注册会计师应了解与货币资金相关的内部控制，这些控制主要是为防止、发现并纠正相关认定发生重大错报的固有风险（即可能发生错报环节）而设置的。注册会计师可以通过审阅以前年度审计工作底稿、观察内部控制执行情况、询问管理层和员工、检查相关的文件和资料等方法对这些控制进行了解。此外，对相关文件和资料进行检查也可以提供审计证据，如通过检查财务人员编制的银行余额调节表，可以发现差错并加以纠正。

需要强调的是，在评估与货币资金的交易、余额和列报相关的认定层次的重大错报风险时，注册会计师之所以需要充分了解被审计单位对货币资金的控制活动，目的在于使计划实施的审计程序更加有效。也就是说，注册会计师必须恰当评估被审计单位的重大错报风险，在此基础上设计并实施进一步审计程序，这样才能有效应对重大错报风险。

（三）与货币资金相关的重大错报风险

在评价货币资金业务的交易、账户余额和列报的认定层次的重大错报风险时，注册会计师通常运用职业判断，依据货币资金业务的交易、账户余额和列报的具体特征导致的重大错报风险的可能性（即固有风险），以及风险评估是否考虑了相关控制（即控制风险），形成对与货币资金相关的重大错报风险的评估，进而影响进一步审计程序。

货币资金业务交易、账户余额和列报的认定层次的重大错报风险可能包括以下几个。

（1）被审计单位存在虚假的货币资金余额或交易，因而导致银行存款余额或交易的发生存在重大错报风险。

（2）被审计单位存在大额的外币交易和余额，这导致可能存在外币交易或余额未被准确记录的风险。例如，对于有外币现金或外币银行存款的被审计单位，有关外币交易的增减变动或年底余额可能因未采用正确的折算汇率而导致计价错误（计价和分摊或准确性）。

（3）银行存款的期末收支存在大额的截止性错误（截止）。例如，被审计单位期末存在金额重大且异常的银行已付企业未付、企业已收银行未收事项。

（4）被审计单位可能存在未能按照企业会计准则的规定对货币资金做出恰当披露的风险。例如，被审计单位期末持有使用受限制的大额银行存款，但在编制财务报表时未在财务报表附注中对其进行披露。

在实施货币资金审计的过程中，如果被审计单位存在以下事项或情形，注册会计师需要保持警觉。

（1）被审计单位的现金交易比例较高，并与其所在的行业常用的结算模式不同。

（2）库存现金规模明显超过业务周转所需资金。

（3）银行账户开立数量与被审计单位实际的业务规模不匹配。

（4）在没有经营业务的地区开立银行账户。

（5）被审计单位资金存放于管理层或员工个人账户。

（6）货币资金收支金额与现金流量表不匹配。

（7）不能提供银行对账单或银行存款余额调节表。

（8）存在长期或大量银行未达账项。

（9）银行存款明细账存在非正常转账的"一借一贷"。

（10）违反货币资金存放和使用规定（如上市公司未经批准开立账户转移募集资金、未经许可将募集资金转作其他用途等）。

（11）存在大额外币收付记录，而被审计单位并不涉足外贸业务。

（12）被审计单位以各种理由不配合注册会计师实施银行函证。

除上述与货币资金项目直接相关的事项或情形外，注册会计师在审计财务报表其他项目时，还可能关注其他一些也需保持警觉的事项或情形。

（1）存在没有具体业务支持或与交易不相匹配的大额资金往来。

（2）长期挂账的大额预付款项。

（3）存在大额自有资金的同时，向银行高额举债。

（4）付款方账户名称与销售客户名称不一致、收款方账户名称与供应商名称不一致。

（5）开具的银行承兑汇票没有银行承兑协议支持。

（6）银行承兑票据保证金余额比例与应付票据余额比例不合理。

当被审计单位存在以上事项或情形时，可能表明存在舞弊风险。

（四）拟实施的进一步审计程序的总体方案

注册会计师基于以上识别的重大错报风险评估结果，制订实施进一步审计程序的总体方案（包括综合性方案和实质性方案），继而实施控制测试和实质性审计程序，以应对识别的重大错报风险。注册会计师通过综合性方案或实质性方案获取的审计证据应足以应对识别的认定层次的重大错报风险。

四、货币资金的控制测试

如果在评估认定层次的重大错报风险时，预期控制的运行是无效的，或仅实施实质性程序不能够提供认定层次充分、适当的审计证据，注册会计师应当实施控制测试，以就与认定相关的控制在相关期间或时点的运行有效性获取充分、适当的审计证据。如果根据注册会计师的判断，决定对货币资金采取实质性审计方案，在此情况下，无须实施如下所述的测试内部控制运行的有效性的程序。

本章前面所述的销售、采购、生产等业务循环中可能已包含某些针对货币资金的控制测试，如检查付款是否已经适当批准等。因此，注册会计师可以利用前面测试形成的工作底稿。

（一）库存现金的控制测试

在已识别的重大错报风险的基础上，注册会计师选取拟测试的控制并实施控制测试。以下举例说明几种常见的库存现金内部控制以及注册会计师相应地可能实施的内部控制测试程序。

（1）现金付款的审批和复核。例如，被审计单位针对现金付款审批做出以下内部控制要求：部门经理审批本部门的付款申请，审核付款业务是否真实发生、付款金额是否准确，以及后附票据是否齐备，并在复核无误后签字认可；在财务部门安排付款前，财务经理再次复核经审批的付款申请及后附相关凭据或证明，如核对一致，进行签字认可并安排付款。针对该内部控制，注册会计师可以在选取适当样本的基础上实施以下控制测试程序：①询问相关业务部门的部门经理和财务经理其在日常现金付款业务中执行的内部控制，以确定其是否与被审计单位内部控制政策要求保持一致；②观察财务经理复核付款申请的过程，确认其是否核对了付款申请的用途、金额及后附相关凭据，以及在核对无误后是否进行了签字确认；③重新核对经审批及复核的付款申请及其相关凭据，并检查是否经签字确认。

（2）现金盘点。注册会计师针对被审计单位的现金盘点实施的现金监盘可能涉及：①检查现金以确定其是否存在，并检查现金盘点结果；②观察执行现金盘点的人员对盘点计划的遵循情况，以及用于记录和控制现金盘点结果的程序的实施情况；③获取有关被审计单位现金盘点程序可靠性的审计证据。现金监盘程序是用作控制测试还是实质性程序，取决于注册会计师对风险评估结果、审计方案和实施的特定程序的判断。注册会计师可以将现金监盘同时用作控制测试和实质性程序，即双重目的的测试。被审计单位库存现金存放部门有两处或两处以上的，应同时进行盘点。

例如，被审计单位针对现金盘点做出了以下内部控制要求：会计主管指定应付账款会计在月末的最后一天对库存现金进行盘点，并根据盘点结果编制库存现金盘点表，将盘点余额与现金日记账余额进行核对，并对差异调节项进行说明。会计主管复核库存现金盘点表，如盘点金额与现金日记账余额存在差异，且差异金额超过一定数额（如 2 万元），需查明原因并报财务经理批准后进行财务处理。针对该内部控制，注册会计师可以在选取适当样本的基础上实施以下控制测试程序：①在月末最后一天参与被审计单位的现金盘点，检查是否由应付账款会计人员进行现金盘点；②观察现金盘点程序是否按照盘点计划的指令和程序执行，应付账款会计人员是否编制了现金盘点表并根据内部控制要求经财务部相关人员签字复核；③检查现金盘点表中记录的现金盘点余额是否与实际盘点金额保持一致、现金盘点表中记录的现金日记账余额是否与被审计单位现金日记账中的余额保持一致；④针对调节差异金额超过一定数额（2 万元）的调节项，检查是否经财务经理批准后进行财务处理。

如果被审计单位的现金交易比例较高，注册会计师可以考虑在了解和评价被审计单位现金交易内部控制的基础上，针对相关控制运行的有效性获取充分、适当的审计证据。

（二）银行存款的控制测试

在已识别的重大错报风险的基础上，注册会计师选取拟测试的控制并实施控制测试。以下举例说明几种常见的银行存款内部控制以及注册会计师可能实施的内部控制测试程序。

（1）银行账户的开立、变更和注销。例如，被审计单位针对银行账户的开立、变更和注销做出了以下内部控制要求：会计主管根据被审计单位的实际业务需要就银行账户的开立、变更和注销提出申请，经财务经理审核后报总经理审批。针对该内部控制，注册会计师可以实施以下控制测试程序。

① 询问会计主管被审计单位本年开户、变更、撤销的整体情况。

② 取得本年度账户开立、变更、撤销申请项目清单，检查清单的完整性，并在选取适当样本的基础上检查账户的开立、变更、撤销项目是否已经财务经理和总经理审批。

（2）银行付款的审批和复核。例如，被审计单位针对银行付款审批做出以下内部控制要求：部门经理审批本部门的付款申请，审核付款业务是否真实发生、付款金额是否准确，以及后附票据是否齐备，并在复核无误后签字认可；在财务部门安排付款前，财务经理再次复核经审批的付款申请及后附相关凭证或证明，如核对一致，进行签字认可并安排付款。针对该内部控制，注册会计师可以在选取适当样本的基础上实施以下控制测试程序。

① 询问相关业务部门的部门经理和财务经理在日常银行付款业务中执行的内部控制，以确定其是否与被审计单位内部控制政策要求保持一致。

② 观察财务经理复核付款申请的过程，了解是否核对了付款申请的用途、金额及后附相关凭证，以及在核对无误后是否进行了签字确认。

③ 重新核对经审批及复核的付款申请及其相关凭证，并检查是否经签字确认。

（3）编制银行存款余额调节表。例如，被审计单位为保证财务报表中银行存款余额的存在性、完整性和准确性做出了以下内部控制要求：每月末，会计主管指定应收账款会计人员核对银行存款日记账和银行对账单，编制银行存款余额调节表，使银行存款账面余额与银行对账单调节相符，如存在差异项，查明原因并进行差异调节说明；会计主管复核银行存款余额调节表，对需要进行调整的调节项目及时进行处理，并签字确认。针对该内部控制，注册会计师可以实施以下控制测试程序。

① 询问应收账款会计和会计主管，以确定其执行的内部控制是否与被审计单位内部控制政策要求保持一致，特别是针对未达账项的编制及审批流程。

② 针对选取的样本，检查银行存款余额调节表，查看调节表中记录的企业银行存款日记账余额是否与银行存款日记账余额保持一致、调节表中记录的银行对账单余额是否与被审计单位提供的银行对账单中的余额保持一致。

③ 针对调节项目，检查是否经会计主管签字复核。

④ 针对大额未达账项进行期后收付款的检查。

五、货币资金的实质性程序

（一）库存现金的实质性程序

库存现金包括人民币现金和外币现金。库存现金可能在企业资产总额中所占比重不是很大，但由于其流动性很强，常与企业的舞弊有关，所以，库存现金审计非常重要。

根据重大错报风险的评估和从控制测试（如实施）中所获取的审计证据和保证程度，注册会计师就库存现金实施的实质性程序可能包括以下几部分内容。

（1）核对库存现金日记账与总账的余额是否相符。注册会计师测试库存现金余额的起点是核对库存现金日记账与总账的余额是否相符。如果不符，应查明原因，必要时应提请被审计单位做出适当调整。

（2）监盘库存现金。监盘库存现金是证实资产负债表中货币资金项目下所列库存现金是否存在的一项重要审计程序。

被审计单位盘点库存现金，通常包括对已收到但未存入银行的现金、零用金、找换金等的盘点。盘点库存现金的时间和人员应视被审计单位的具体情况而定，但现金出纳员和被审计单位会计主管人员必须参加，并由注册会计师进行监盘。盘点和监盘库存现金的步骤与方法主要如下。

① 查看被审计单位制订的监盘计划，以确定监盘时间。对库存现金的监盘最好实施突击性的检查，时间最好选择在上午上班前或下午下班时，盘点的范围一般包括被审计单位各部门经管的现金。在进行现金盘点前，应由出纳员将现金集中起来存入保险柜。必要时可将现金加以封存，然后由出纳员把已办妥现金收付手续的收付款凭证登入库存现金日记账。如被审计单位库存现金存放部门有两处或两处以上，应同时进行盘点。

② 审阅库存现金日记账并同时与现金收付凭证相核对。一方面检查库存现金日记账的记录与凭证的内容和金额是否相符；另一方面了解凭证日期与库存现金日记账日期是否相符或接近。

③ 由出纳员根据库存现金日记账加计累计数额，结出现金余额。

④ 盘点保险柜内的现金实存数，同时由注册会计师编制"库存现金盘点表"，分币种、面值列示盘点金额。

⑤ 将盘点金额与库存现金日记账余额进行核对，如有差异，应要求被审计单位查明原因，必要时应提请被审计单位做出调整；如无法查明原因，应要求被审计单位按管理权限批准后做出调整。

⑥ 若有冲抵库存现金的借条、未提现支票、未做报销的原始凭证，应在"库存现金监盘表"中注明，必要时应提请被审计单位做出调整。

⑦ 在非资产负债表日进行盘点和监盘时，应调整至资产负债表日的金额。

（3）分析被审计单位日常库存现金余额是否合理，关注是否存在大额未缴存的现金。

（4）抽查大额现金收支事项。注册会计师应抽取大额现金收支事项的原始凭证，检查其是否齐全、记账凭证与原始凭证是否相符；检查其内容是否完整，有无授权批准；检查其账务处理是否正确、是否记录于恰当的会计期间。如有与被审计单位生产经营业务有关的收支事项，应查明原因，并做出相应记录。

（5）检查现金收支的正确截止。被审计单位资产负债表上的库存现金数额，应以报告日实有数额为准。因此，注册会计师必须验证现金收支的截止日期。通常，注册会计师可以对报告日前后一段时期内的现金收支凭证进行审计，以确定是否存在跨期事项。

（6）检查外币现金的折算是否正确。对于有外币现金的被审计单位，注册会计师应审查被审计单位对外币现金的收支是否按交易日的即期汇率折算为记账本位币；外币现金期末余额是否按期末即期汇率折算为记账本位币金额；外币折算差额是否按照规定进行会计处理。

（7）检查库存现金的列报是否恰当。根据企业会计准则的规定，库存现金应在资产负债表的"货币资金"项目中反映。注册会计师在实施上述审计程序后，确定库存现金账户的期末余额是否正确，据以确定库存现金的列报是否恰当。对因冻结等使用受到限制，存放境外，有潜在回收风险的款项，注册会计师应单独说明。

（二）银行存款审计的实质性程序

（1）核对银行存款日记账与总账的余额是否相符。这是注册会计师测试银行存款余额的起点。注册会计师应获取并编制银行存款余额明细表，复核加计数是否正确，并与总账和日记账核对是否相符。如不相符，应查明原因并考虑是否建议调整。

库存现金盘点表

（2）实施实质性分析程序。注册会计师应计算银行存款累计余额应收利息收入，分析比较被审计单位银行存款应收利息收入与实际利息收入的差异是否恰当，评估其合理性，检查是否存在高息资金拆借，确认银行存款余额是否正确，利息收入是否完整记录。

（3）检查银行存单。即编制银行存单检查表，检查记录的金额是否与账面记录余额一致、资金是否被质押或限制使用，存单是否为被审计单位所拥有。

① 对已质押的定期存款，应检查定期存单，并与相应的质押合同核对，同时关注定期存单对应的质押借款是否入账。

② 对未质押的定期存款，应检查开户证实书原件。

③ 对审计外勤工作结束日前已提取的定期存款，应核对相应的兑付凭证、银行对账单和定期存款复印件。

（4）取得并检查银行存款余额调节表。注册会计师应取得并检查银行对账单和银行存款余额调节表，这是证实资产负债表中所列银行存款是否存在的必要程序。具体测试程序如下所示。

① 取得被审计单位的银行存款余额对账单，并与银行询证函回函核对，确认是否一致，抽样核对账面记录的已付票据金额及存款金额是否与对账单记录的金额一致。

② 取得资产负债表日的银行存款余额调节表，检查调节表中的加计是否正确，检查调节后的银行存款日记账余额与银行存款对账单余额是否一致。

③ 检查调节事项的性质和范围是否合理。

一方面，检查是否存在跨期收支和跨行转账的调节事项。编制跨行转账业务明细表，检查跨行转账业务是否同时对应转入和转出，未在同一期间完成的转账业务是否反映在银行存款余额调节表的调整事项中。

另一方面，检查大额在途存款和未付票据。检查在途存款的日期，查明发生在途存款的具体原因，追查期后银行对账单存款记录日期，确认被审计单位记账日期与银行记账时间差异是否合理，确认在资产负债表日是否需提请被审计单位进行适当调整；检查被审计单位的未付票据明细清单，查明被审计单位未及时入账的原因，确定账簿记录时间晚于银行对账单的日期是否合理；检查被审计单位未付票据明细清单中有记录但截至资产负债表日银行对账单无记录且金额较大的未付票据，获取票据领取人的书面说明，确认资产负债表日是否需要进行调整；检查资产负债表日后银行对账单是否完整地记录了调节事项中银行未付票据金额。

④ 检查是否存在未入账的利息、收入和利息支出。

⑤ 检查是否存在其他跨期收支事项，检查相应的原始交易单据或者银行收付款单据。

⑥ 当未经授权或授权不清支付货币资金的现象比较多时，检查银行存款余额调节表中支付异常的领款（包括没有载明收款人的领款）、签字不全、收款地址不清、金额较大票据的调整事项，确认是否存在舞弊。

（5）函证银行存款余额。银行存款函证是指注册会计师在执行审计业务过程中，需要以被审计单位名义向有关银行发函询证，以验证被审计单位的银行存款是否真实、合法、完整。

（6）检查银行存款账户存款人是否为被审计单位，若存款人非被审计单位，注册会计师应获取该账户户主和被审计单位的书面声明，确认在资产负债表日是否需要提请被审计单位进行调整。

（7）关注是否存在质押、冻结等对变现有限制或在境外的款项。如果存在，确认是否已提请被审计单位做必要的调整和披露。

银行询证函

（8）对不符合现金及现金等价物条件的银行存款在审计工作底稿中予以列明，以考虑其对现金流量表的影响。

（9）抽查大额银行存款收支业务。注册会计师应抽查大额银行存款收支业务的原始凭证，检查原始凭证是否齐全，记账凭证与原始凭证是否相符，账务处理是否正确、是否记录于恰当的会计期间等。检查是否存在非营业目的的大额货币资金转移，并核对相关账户的进账情况；如有与被审计单位生产经营无关的收支事项，应查明原因并做相应记录。

（10）检查银行存款收支的截止是否正确。银行存款收支的正确截止是指银行存款账户的余额应该包括当年最后一天收到的所有存放在银行的存款。截止测试的目的在于检查被审计单位是否将属于本期的银行存款收支计入下期，或将属于下期的银行存款收支计入本期，即是否存在低估或高估银行存款的情况。

注册会计师应抽取资产负债表日前后若干张、规定金额以上的凭证实施截止测试，关注业务内容及对应项目，如有跨期收支事项，应考虑是否提出调整建议。

（11）检查银行存款外币折算。注册会计师应检查非记账本位币银行存款的折算汇率和折算金额是否正确。

（12）检查银行存款是否在财务报表中做出恰当列报。根据有关规定，企业的银行存款在资产负债表的"货币资金"项目中反映。所以，注册会计师应在实施上述审计程序后，确定银行存款账户的期末余额是否恰当，进而确定银行存款是否在资产负债表中恰当披露。此外，如果被审计单位的银行存款存在抵押、冻结等使用限制情况或者潜在回收风险，注册会计师应关注企业是否已经恰当披露有关情况。

（三）其他货币资金的实质性程序

（1）如果被审计单位有定期存款，注册会计师可以考虑实施以下审计程序。

① 向管理层询问定期存款存在的商业理由并评估其合理性。

② 获取定期存款明细表，检查上面的金额是否与账面记录金额一致，存款人是否为被审计单位，定期存款是否被质押或限制使用。

③ 在监盘库存现金的同时，监盘定期存款凭据。如果被审计单位在资产负债表日有大额定期存款，基于对风险的判断考虑选择在资产负债表日实施监盘。

④ 对未质押的定期存款，检查开户证书原件，以防止被审计单位提供的复印件是未质押（或未提现）前原件的复印件。在检查时，还要认真核对相关信息，包括存款人、金额、期限等，如有异常，需实施进一步审计程序。

⑤ 对已质押的定期存款，检查定期存单复印件，并与相应的质押合同核对。对于质押借款的定期存单，关注定期存单对应的质押借款有无入账；对于超过借款期限但仍处于质押状态的定期存款，还应关注相关借款的偿还情况，了解相关质权是否已被行使；对于为他人担保的定期存单，关注担保是否逾期及相关质权是否已被行使。

⑥ 函证定期存款相关信息。

⑦ 结合财务费用审计测算利息收入的合理性，判断是否存在体外资金循环的情形。

⑧ 对在资产负债表日后提取的定期存款，核对相应的兑付凭证等。

⑨ 关注被审计单位是否在财务报表附注中对定期存款给予充分披露。

（2）除定期存款外，注册会计师对其他货币资金实施审计程序时，通常可能特别关注以下事项。

① 保证金存款的检查，检查开立银行承兑汇票的协议或银行授信审批文件。注册会计师可以将保证金账户对账单与相应的交易进行核对，根据被审计单位应付票据的规模合理推断保证金数额，检查保证金与相关债务的比例和合同约定是否一致，特别关注是否存在有保证金发生而被审计单位无对应保证事项的情形。

② 对于存出投资款，跟踪资金流向，并获取董事会决议等批准文件、开户资料、授权操作资料等。如果存出投资款投资于证券交易业务，注册会计师通常结合相应金融资产项目审计，核对证券账户名称是否与被审计单位记载的相符；获取证券公司证券交易结算资金账户的交易流水，抽查大额的资金收支，关注资金收支的财务账面记录与资金流水是否相符。

本章关键词汇

订购单 order form	销售单 sales slip
发运凭证 shipping voucher	商品价目表 commodity price list
贷项通知单 credit note	折扣与折让 discount and allowance
请购单 buying requisition	验收单 acceptance sheet
付款凭单 payment voucher	供应商对账单 supplier statement

存货监盘 inventory supervision　　　货币资金 cash and cash in bank

零用金 petty cash　　　　　　　　　银行账户 bank account

现金盘点 physical count of cash　　　银行对账单 bank statement

银行存款余额调节表 bank reconciliation

生产通知单 production order　　　　　领料单 acquisition of material

成本会计 cost accounting　　　　　　　在产品 work-in-process

制造费用 overhead　　　　　　　　　人工成本分配表 allocation of labor cost

应付职工薪酬 salaries and compensation payable

思考与练习题

（一）思考题

1. 在销售与收款循环的交易测试中，注册会计师确定不同的审计目标（或会计认定）后，其选择的相应的测试程序有何不同？

2. 如何实施销售业务的截止测试？

3. 什么是收入的实质性分析程序？对收入的实质性分析程序内容有哪些？

4. 注册会计师应关注被审计单位高估收入的哪三种错误？如何对其进行细节测试？

5. 应收账款函证的方式、函证范围和函证对象有哪些？

6. 注册会计师应采取哪些措施对函证实施控制？

7. 注册会计师如何审查未入账的应付账款？

8. 应收账款函证与应付账款函证的重要区别有哪些？

9. 有关固定资产及累计折旧的实质性程序有哪些？

10. 对存货实施监盘程序过程中应注意哪些问题？如何保证监盘程序有效地实施？

11. 说明生产循环与其他业务循环的关系。

12. 成本会计制度包括哪些？

13. 应付职工薪酬的审计目标是什么？

14. 注册会计师一般从哪些方面评价被审计单位货币资金的内部控制状况？

15. 如何对现金收付业务的真实性和合理性进行审查？

（二）分析题

1. 长虹股份公司应收账款的总体情况如表 8-9 所示。

表 8-9　　　　　　　　　　　　　应收账款的总体情况

账户分类	应收账款账户数量		价值	
	数量（个）	所占比重（%）	金额（元）	所占比重（%）
高于 10 000 元	15	2	576 445	32.6
5 000～10 000 元	52	6	445 892	25.3
1 001～5 000 元	158	18	412 345	23.4
1～1 000 元	506	57	326 672	18.5
贷方余额	32	4	-3 212	-0.1

续表

账户分类	应收账款账户数量		价值	
	数量（个）	所占比重（%）	金额（元）	所占比重（%）
零余额	69	8	—	—
收账公司	45	5	7 000	0.3
总计	877	100	1 765 142	100

要求如下。

（1）采用积极式函证的样本有哪些？说明理由。

（2）选择消极式函证的样本有哪些？说明理由。

（3）如何对应收账款的函证保持适当的控制？

（4）对于没有回函的样本，应采用何种替代程序？

2. 某上市公司出纳李某在出纳岗位已工作 5 年，其性格开朗、业务熟练、人际交往广泛。她利用她在单位人缘好、被信任，管理存在漏洞等，在近 3 年的时间里，采用使用作废现金支票或是偷盖法人章和财务章等方法，挪用公款 3 000 多万元，用于投资炒股，最终给单位造成损失 1 000 多万元。经法庭审理以挪用公款罪，被判有期徒刑 15 年。

要求：结合货币资金特点和管理控制规定，指出该公司在本环节的内部控制缺陷有哪些？

3. 注册会计师李丽在对 Y 公司 2014 年度财务报告进行审计时，对 Y 公司的银行存款实施了有关审计程序，部分如下：（1）取得 2014 年 12 月 31 日银行存款余额调节表；（2）取得 2015 年 1 月 31 日的银行对账单；（3）向开户银行寄发询证函，并直接收取控制询证函的回函。

要求：请分别说明注册会计师李丽实施上述审计程序所要检查的内容及其目的。

4. 小组讨论题

东亚会计师事务所注册会计师接受委派，对常青股份公司 2××7 年度会计报表进行审计。注册会计师于 2××7 年 11 月 1—7 日对常青股份公司的内部控制制度进行了解和测试，注意到常青股份公司在采购与付款循环中的控制活动有以下几个。

（1）采购物资须由请购部门编制请购单，经请购部门经理批准后，送采购部门。

（2）公司采购金额在 10 万元以下的，由采购部经理批准；金额超过 10 万元的，由总经理批准。由于总经理出差而生产车间又急需采购材料，采购部经理多次批准了单笔金额超过 10 万元的采购申请。

（3）根据请购单中所列信息，采购人员冯某编制请购单寄至供应商处。

（4）采购完成后，由采购部门指定采购部业务人员进行验收，并编制一式多联的未连续编号的验收单。仓库根据验收单验收货物，在验收单上签字后，将货物移入仓库加以保管。验收单一联交采购部登记采购明细账和编制付款凭单，付款凭单经批准后，月末交会计部门；一联交会计部门登记材料明细账；一联由仓库部门保留并登记材料明细账。

（5）应付凭单部门核对供应商发票、入库单和采购订单，并编制预先连续编号的付款凭单。会计部门在接到经应付凭单部门审核的上述单证和付款凭单后，登记原材料和应付账款明细账。月末，在与仓库核对连续编号的入库单和采购订单后，应付凭单部门对相关原材料入库数量和采购成本进行汇总。应付凭单部门对已经验收入库但尚未收到供应商发票的原材料编制清单，会计部门据此将相关原材料暂估入账。

（6）采购退货由采购部负责，采购部集中在每个季度末向会计部门提供退货清单。

要求：按部门分小组讨论以下问题。

（1）假定其他内部控制不存在缺陷，围绕案例说明上述内部控制存在的设计和运行方面的缺陷，并提出改进建议。

（2）请分别指出存在的内部控制缺陷与哪些会计报表项目的何种认定相关。

5. 小组讨论题

注册会计师审查某企业在产品成本，该企业按约当产量法计算在产品成本。注册会计师审阅基本生产成本明细账时，发现月初在产品成本为 239 040 元，其中，直接材料 144 000 元，直接工资 36 000 元，其他直接支出 5 040 元，制造费用 54 000 元。本月发生费用 999 000 元，其中，直接材料 662 400 元，直接工资 90 000 元，其他直接支出 12 600 元，制造费用 23 400 元。本月直接材料 144 000 元，直接工资 36 000 元，其他直接支出 5 040 元，制造费用 54 000 元。本月完工产品 480 台，月末在产品 240 台，在产品投料率为 80%，完工率为 50%。经查实本月账面在产品实际成本为 479 880 元，其中，直接材料 350 400 元，直接工资 42 000 元，其他直接支出 5 880 元，制造费用 81 600 元，本月完工产品已结转。

要求如下。

（1）说明审计方法。

（2）指出存在的问题。

（3）提出处理意见。

6. 飞星公司是一家计算机生产企业，2019 年 12 月发生的有关业务如下。

（1）本月应付工资总额 231 000 元，工资费用分配汇总表中列示的车间产品生产人员工资为 160 000 元，车间管理人员工资为 35 000 元，行政管理人员工资为 30 200 元，销售人员工资为 5 800 元。

（2）本月应向社会保险经办机构缴纳职工基本养老保险费共计 32 340 元，其中，应计入基本生产成本的金额为 22 400 元，应计入制造费用的金额为 4 900 元，应计入管理费用的金额为 5 040 元。

（3）该公司共有职工 400 名，其中 300 名为直接参加生产的职工，60 名为车间管理人员，40 名为企业管理人员。该公司决定将其生产的每台成本为 18 000 元的笔记本电脑发放给职工作为福利。该型号的笔记本电脑市场售价为每台 20 000 元，该公司使用的增值税税率为 13%。

（4）该公司为总部各部门经理级别以上职工提供汽车免费使用，同时为副总裁以上高级管理人员每人租赁一套住房。假定公司总部共有部门经理级别以上职工 10 名，为每人提供一辆捷达汽车免费使用。假定每辆捷达汽车每月计提折旧 1 500 元；该公司共有副总裁以上高级管理人员 3 名，公司为其每人租赁一套面积为 200 平方米带有家具和电器的公寓，月租金为每套 15 000 元。

（5）该公司根据工资结算汇总表结算本月应付职工工资总额 231 000 元，代扣职工个人所得税 20 500 元，公司代垫职工家属医药费 1 500 元，实发工资 209 000 元。

（6）该公司以现金支付职工生活困难补助 1 600 元。

（7）该公司以银行存款缴纳职工社会保险费 200 000 元。

（8）该公司向职工发放笔记本电脑作为福利，同时根据相关税收的规定，视同销售，计算增值税销项税额。

（9）该公司支付副总裁以上高级管理人员住房租金。

（10）该公司管理层于 2019 年 6 月 1 日决定缩减管理人员，提出了没有选择权的辞退计划，拟辞退 5 人，并于 2019 年 12 月 1 日起执行。被辞退人员已经接到公司通知。该公司董事会批准，辞退补偿为每人 12 万元。

根据以上资料，飞星公司进行了以下有关应付职工薪酬的会计处理。

（1）借：生产成本——基本生产成本 　　　　　　　　　　　160 000
　　　　制造费用 　　　　　　　　　　　　　　　　　　　 35 000
　　　　管理费用 　　　　　　　　　　　　　　　　　　　 30 200
　　　　销售费用 　　　　　　　　　　　　　　　　　　　　5 800
　　　　　贷：应付职工薪酬——工资 　　　　　　　　　　231 000

（2）借：生产成本——基本生产成本 　　　　　　　　　　　 22 400
　　　　制造费用 　　　　　　　　　　　　　　　　　　　　4 900
　　　　管理费用 　　　　　　　　　　　　　　　　　　　　5 040
　　　　　贷：应付职工薪酬——社会保险费（基本养老保险）　32 340

（3）从银行提取现金。

借：库存现金 　　　　　　　　　　　　　　　　　　　　 209 000
　　贷：银行存款 　　　　　　　　　　　　　　　　　　　209 000

（4）发放工资，支付现金时。

借：应付职工薪酬——工资 　　　　　　　　　　　　　　 209 000
　　贷：库存现金 　　　　　　　　　　　　　　　　　　　209 000

结转代扣款项时。

借：应付职工薪酬——工资 　　　　　　　　　　　　　　　22 000
　　贷：应交税费——应交个人所得税 　　　　　　　　　　 20 500
　　　　其他应收款——代垫医药费 　　　　　　　　　　　　1 500

（5）借：应付职工薪酬——职工福利 　　　　　　　　　　　　1 600
　　　　　贷：库存现金 　　　　　　　　　　　　　　　　　1 600

（6）借：应付职工薪酬——社会保险费 　　　　　　　　　　200 000
　　　　　贷：银行存款 　　　　　　　　　　　　　　　　200 000

该公司认为业务 3、业务 4、业务 8、业务 9、业务 10 不属于应付职工薪酬的核算范围，因此没有进行应付职工薪酬的会计处理。

要求如下。

（1）指出你是否认同飞星公司的会计处理，并说明原因。如果不认同，请给出调整分录。

（2）讨论该如何对应付职工薪酬展开审计。

相关资料链接

1.《中国注册会计师审计准则第 1311 号——存货监盘》。

2.《中国注册会计师审计准则第 1312 号——函证》。

3.《中国注册会计师审计准则第 1313 号——分析程序》。

第九章 对特殊事项的考虑

本章学习目标

1. 知识目标

（1）了解什么是舞弊。在财务报表审计中如何考虑舞弊对审计计划、审计实施与审计报告的影响。

（2）了解如何审计会计估计。

（3）了解如何审计关联方。

（4）了解如何对持续经营假设进行评估。

2. 能力目标

（1）能够根据具体环境设计相应的需要特殊考虑的事项。

（2）分析具体环境中有关舞弊、违反法律法规、会计估计、关联方、持续经营对审计的影响及可能存在的问题。

第一节 对舞弊与违反法律法规行为的考虑

一、对舞弊的考虑

（一）舞弊的含义和种类

舞弊是指被审计单位的管理层、治理层、员工或第三方使用欺骗手段获取不当或非法利益的故意行为。舞弊是一个宽泛的法律概念，但在财务报表审计中，注册会计师关注的是导致财务报表发生重大错报的舞弊。与财务报表审计相关的故意错报，包括编制虚假财务报告导致的错报和侵占资产导致的错报。

1. 编制虚假财务报告导致的错报

管理层可能通过以下方式编制虚假财务报告。

（1）对编制财务报表所依据的会计记录或支持性文件进行操纵、弄虚作假，如伪造、篡改。

（2）在财务报表中错误表达或故意漏记事项、交易或其他重要信息。

（3）故意地错误使用与金额、分类、列报或披露相关的会计准则。

2. 侵占资产导致的错报

侵占资产包括盗窃被审计单位资产，通常的做法是员工盗窃金额相对较小且不重要的资产。侵占资产也可能涉及管理层，他们通常更能够通过难以发现的手段掩饰或隐瞒侵占资产的行为。侵占的资产类型及可以采用的方式如下所示。

管理层凌驾控制
之上的手段

（1）贪污收到的款项。例如，侵占收到的应收账款或将与已注销账户相关的收款转移至个人银行账户。

（2）盗窃实物资产或无形资产。例如，盗窃存货以自用或出售、盗窃废料以再销售、通过向被审计单位竞争者泄露技术资料与其串通以获取回报。

（3）被审计单位未收到的商品或未接受的劳务付款。例如，向虚构的供应商支付款项、供应商向采购人员提供回扣以作为其提高采购价格的回报、向虚构的员工支付工资。

（4）被审计单位资产挪为私用。例如，将被审计单位资产作为个人或关联方贷款的抵押。

侵占资产通常伴随着虚假或误导性的记录或文件，其目的是隐瞒资产丢失或未经适当授权而被抵押的事实。

（二）治理层、管理层的责任与注册会计师的责任

1. 治理层、管理层的责任

被审计单位治理层和管理层对防止或发现舞弊负有主要责任。管理层在治理层的监督下，高度重视对舞弊的防范和遏制是非常重要的。对舞弊进行防范可以减少舞弊发生的次数；对舞弊进行遏制，即发现和惩罚舞弊行为，能够警示被审计单位人员不要实施舞弊。对舞弊的防范和遏制需要管理层营造诚实守信和合乎道德的文化，并且这一文化能够在治理层的有效监督下得到强化。

治理层的监督包括考虑管理层凌驾于控制之上或对财务报告过程施加其他不当影响的可能性，如管理层为了影响分析师对被审计单位业绩和盈利能力的看法而操纵利润。

2. 注册会计师的责任

注册会计师发现舞弊的责任在注册会计师职业界与社会公众之间存在期望差。在重大的财务报告舞弊案件发生后，社会公众总是会问"注册会计师干什么去了"；而注册会计师职业界往往会辩解财务报表审计不是专门的舞弊调查，在发现舞弊方面有很大的局限性。期望差的存在影响社会公众对注册会计师职业的信心，这也是准则制定机构不断修订这方面准则的主要动力。

注册会计师对发现舞弊方面的责任可以从正反两个方面界定。

一方面，在按照审计准则的规定执行审计工作时，注册会计师有责任对财务报表整体是否不存在由舞弊或错误导致的重大错报获取合理保证。

另一方面，由于审计的固有限制，即使注册会计师按照审计准则的规定恰当计划和执行了审计工作，也不可避免地存在财务报表中的某些重大错报未被发现的风险。注册会计师不能对财务报表整体不存在重大错报获取绝对保证。

为做出虚假报告而从事的交易

在舞弊导致错报的情况下，固有限制的潜在影响尤其重大。舞弊导致的重大错报未被发现的风险，大于错误导致的重大错报未被发现的风险。其原因是舞弊可能涉及精心策划和蓄意实施以进行隐瞒，如伪造证明或故意漏记交易，或者有意向注册会计师提供虚假陈述。如果涉及串通舞弊，注册会计师可能更加难以发现蓄意隐瞒的企图。串通舞弊可能导致原本虚假的审计证据被注册会计师误认为具有说服力。

注册会计师发现舞弊的能力取决于舞弊者实施舞弊的技巧、舞弊者操纵会计记录的频率和范围、舞弊者操纵的每笔金额的大小、舞弊者在被审计单位的职位级别、串通舞弊的程度等因素。即使可以识别实施舞弊的潜在机会，但对于诸如会计估计等判断领域的错报，注册会计师也难以确定这类错报是由舞弊产生的还是由错误导致的。

因此，如果在完成审计工作后发现舞弊导致财务报表重大错报，特别是串通舞弊或伪造文件记

录导致的重大错报，并不必然表明注册会计师没有遵守审计准则。注册会计师是否按照审计准则的规定实施了审计工作，取决于其是否根据具体情况实施了审计程序，是否获取了充分、适当的审计证据，以及是否根据证据评价结果出具了恰当的审计报告。

（三）风险评估程序和相关活动

注册会计师在财务报表审计中考虑舞弊时，同样需要采用风险导向审计的总体思路，即首先识别和评估舞弊风险，然后采取恰当的措施有针对性地予以应对。注册会计师通常采用下列程序评估舞弊风险。

1. 询问

注册会计师应当询问治理层、管理层、内部审计人员，以确定其是否知悉任何舞弊事实、舞弊嫌疑或舞弊指控。注册会计师应当根据不同的询问对象，运用职业判断，确定询问内容。

2. 评价舞弊风险因素

注册会计师应当评价通过其他风险评估程序和相关活动获取的信息是否表明存在舞弊风险因素。存在舞弊风险因素并不必然表明发生了舞弊，但在舞弊发生时通常存在舞弊风险因素，舞弊风险因素可能表明存在由舞弊导致的重大错报风险。

舞弊的风险因素可以分为以下三类。

（1）实施舞弊的动机或压力。

（2）实施舞弊的机会。

（3）为舞弊行为寻找借口的能力。

舞弊风险因素示例

注册会计师应当运用职业判断，考虑被审计单位的规模、复杂程度、所有权结构及所处行业等，确定舞弊风险因素的相关性和重要程度及其对重大错报风险评估可能产生的影响。

3. 实施分析程序

注册会计师实施分析程序有助于其识别异常的交易或事项，以及对财务报表和审计产生影响的金额、比率和趋势。在实施分析程序以了解被审计单位及其环境时，注册会计师应当评价在实施分析程序时识别的异常或偏离预期的关系（包括与收入账户有关的关系）是否表明存在由舞弊导致的重大错报风险。

4. 考虑其他信息

注册会计师应当考虑获取的其他信息是否表明存在由舞弊导致的重大错报风险。其他信息可能来源于项目组内部的讨论、客户承接或续约过程以及向被审计单位提供其他服务所获得的经验。

5. 组织项目组讨论

项目组就由舞弊导致财务报表发生重大错报的可能性进行讨论可以达到以下目的。

（1）具有较多经验的项目组成员有机会与其他成员分享关于财务报表易于发生由舞弊导致的重大错报的方式和领域的见解。

（2）针对财务报表易于发生由舞弊导致的重大错报的方式和领域考虑适当的应对措施，并确定分派哪些项目组成员实施特定的审计程序。

（3）确定如何在项目组成员中共享实施审计程序的结果，以及如何处理可能引起注册会计师注意的舞弊指控。

项目组内部讨论的内容可能包括以下要点。

（1）项目组成员认为财务报表易于发生由舞弊导致的重大错报的方式和领域、管理层可能编制和隐瞒虚假财务报告的方式以及侵占资产的方式等。

（2）可能表明管理层操纵利润的迹象，以及管理层可能采取的导致虚假财务报告的利润操纵手段。

（3）已知悉的对被审计单位产生影响的外部因素和内部因素，这些因素可能产生动机或压力使管理层或其他人员实施舞弊、可能提供实施舞弊的机会、可能表明存在为舞弊行为寻找借口的文化或环境。

（4）对接触现金或其他易被侵占资产的员工，管理层对其实施监督的情况。

（5）注意到的管理层或员工在行为或生活方式方法上出现的异常或无法解释的变化。

（6）强调在整个审计过程中对由舞弊导致重大错报的可能性保持适当关注的重要性。

（7）遇到的哪些情形可能表明存在舞弊。

（8）如何在拟实施审计程序的性质、时间安排和范围中增加不可预见性。

（9）为应对可能由舞弊导致财务报表发生重大错报而选择实施的审计程序，以及特定类型的审计程序是否比其他审计程序更为有效。

（10）注册会计师注意到舞弊指控。

（11）管理层凌驾于控制之上的风险。

（四）识别和评估舞弊导致的重大错报风险

舞弊导致的重大错报风险属于需要注册会计师特别考虑的重大错报风险，即特别风险。注册会计师实施舞弊风险评估程序的目的在于识别因舞弊导致的重大错报风险。因此，在识别和评估财务报表层次以及各类交易、账户余额、披露的认定层次的重大错报风险时，注册会计师应当识别和评估舞弊导致的重大错报风险。

（五）应对舞弊导致的重大错报风险

在识别和评估舞弊导致的重大错报风险后，注册会计师需要采取适当的应对措施，以将审计风险降至可接受的低水平。舞弊导致的重大错报风险属于特别风险，注册会计师应当按照审计准则的规定予以应对。注册会计师通常从以下三个方面应对此类风险。

1. 总体应对措施

在针对评估的由舞弊导致的财务报表层次重大错报风险确定总体应对措施时，注册会计师应当采取以下措施。

（1）在分派和督导项目组成员时，考虑承担重要业务职责的项目组成员所具备的知识、技能和能力，并考虑由舞弊导致的重大错报风险的评估结果。

（2）评价被审计单位对会计政策（特别是涉及主观计量或复杂交易的会计政策）的选择和运用是否可能表明管理层通过操纵利润对财务信息做出虚假报告。

（3）在选择审计程序的性质、时间安排和范围时，增加审计程序的不可预见性。

2. 针对舞弊导致的认定层次重大错报风险实施的审计程序

注册会计师应当设计和实施进一步审计程序，审计程序的性质、时间安排和范围应当能够应对评估的由舞弊导致的认定层次重大错报风险。

注册会计师应当考虑通过下列方式，应对舞弊导致的认定层次重大错报风险。

（1）改变拟实施审计程序的性质，以获取更为可靠的、相关的审计证据，或获取其他佐证性信息，包括更加重视实地观察或检查，在实施函证程序时改变常规函证内容，询问被审计单位的非财务人员等。

（2）改变实质性程序的时间，包括在期末或接近期末实施实质性程序，或针对本期较早时间发生的交易事项或贯穿本会计期间的交易事项实施测试。

（3）改变审计程序的范围，包括扩大样本规模、采用更详细的数据实施分析程序等。

3. 针对管理层凌驾于控制之上的风险实施的程序

由于管理层在被审计单位的地位，管理层凌驾于控制之上的风险几乎在每个审计项目中都会存在。对财务信息做出虚假报告通常与管理层凌驾于控制之上有关。管理层通过凌驾于控制之上实施舞弊的手段主要包括以下几个。

具体应对措施——
虚假财务报告导致
的错报

（1）编制虚假的会计分录，特别是在临近会计期末时。

（2）滥用或随意变更会计政策。

（3）不恰当地调整会计估计所依据的假设及改变原先做出的判断。

（4）故意漏记、提前确认或推迟确认报告期内发生的交易或事项。

（5）隐瞒可能影响财务报表金额的事实。

（6）构造复杂或虚假的交易以歪曲财务状况或经营成果。

（7）篡改与重大或异常交易相关的会计记录和交易条款。

管理层凌驾于控制之上的风险属于特别风险。无论对管理层凌驾于控制之上的风险评估结果如何，注册会计师都应当设计和实施审计程序。

（1）测试日常会计核算过程中做出的会计分录以及编制财务报表过程中做出的其他调整是否适当。

（2）复核会计估计是否存在偏向，并评价产生这种偏向的环境是否表明存在由舞弊导致的重大错报风险。在复核会计估计是否存在偏向时，注册会计师应当：①评价管理层在做出会计估计时所做出的判断和决策是否反映管理层的某种偏向，即使判断和决策单独看起来是合理的，从而可能表明存在由舞弊导致的重大错报风险，如果存在某种偏向，注册会计师应当从整体上重新评价会计估计；②追溯复核与以前年度财务报表反映的重大会计估计相关的管理层判断和假设。

（3）对于超出被审计单位正常经营过程的重大交易，或基于对被审计单位及其环境的了解以及在审计过程中获取的其他信息而显得异常的重大交易，评价其商业理由（或缺乏商业理由）是否表明被审计单位从事交易的目的是对财务信息做出虚假报告或掩盖侵占资产的行为。

（六）评价审计证据

1. 发现舞弊时对审计的影响

注册会计师应当在整个审计过程中对舞弊导致的重大错报风险保持警惕，在评价审计证据时也要体现这一原则。如果发现某项错报，注册会计师应当考虑该项错报是否表明存在舞弊。如果认为错报是舞弊或可能是舞弊导致的，即使错报金额对财务报表的影响并不重大，注册会计师仍应考虑错报涉及的人员在被审计单位中的职位。如果错报涉及较高级别的管理层，即使错报金额对财务报表的影响并不重大，也可能表明存在更具广泛影响力的问题。在这种情况下，注册会计师应当采取下列措施。

（1）重新评估舞弊导致的重大错报风险，并考虑重新评估的结果对审计程序的性质、时间安排和范围的影响。

（2）重新考虑此前获取的审计证据的可靠性，包括管理层声明的完整性和可信性，以及作为审计证据的文件和会计记录的真实性，并考虑管理层与员工或第三方串通舞弊的可能性。

2. 考虑对审计报告的影响

如果认为财务报表存在舞弊导致的重大错报，或虽认为存在舞弊但无法确定其对财务报表的影响，注册会计师应当根据《中国注册会计师审计准则第 1221 号——计划和执行审计工作时的重要性》和《中国注册会计师审计准则第 1502 号——在审计报告中发表非无保留意见》的要求，考虑错报对审计意见的影响。

3. 与管理层、治理层和监管机构的沟通

（1）与管理层的沟通。当已获取的证据表明存在或可能存在舞弊时，注册会计师应尽快提请适当层级的管理层关注这一事项。即使该事项（如被审计单位组织结构中处于较低职位的员工挪用小额公款）可能被认为不重要，注册会计师也应当这样做。要确定拟沟通的适当层级的管理层，注册会计师需要运用职业判断，并且这一决定受串通舞弊的可能性、舞弊嫌疑的性质和重要程度等事项的影响。通常情况下，适当层级的管理层至少要比涉嫌舞弊人员高出一个级别。

（2）与治理层的沟通。如果确定或怀疑舞弊涉及管理层、在内部控制中承担重要职责的员工以及其舞弊行为可能导致财务报表重大错报的其他人员，注册会计师应当尽早就此类事项与治理层沟通，并与其讨论为完成审计工作所必需的审计程序的性质、时间安排和范围。

如果根据判断认为还存在与治理层职责相关的、涉及舞弊的其他事项，注册会计师应当就此与治理层沟通。这些事项可能包括：①对管理层评估的性质、范围和频率的疑虑，这些评估是针对旨在防止和发现舞弊的控制及财务报表可能存在的重大错报风险而实施的；②管理层未能恰当应对识别的值得关注的内部控制缺陷或舞弊；③注册会计师对被审计单位控制环境的评价，包括对管理层胜任能力和诚信的疑虑；④可能表明存在编制虚假财务报告的管理层行为。例如，对会计政策的选择和运用可能表明管理层操纵利润，以影响财务报表使用者对被审计单位业绩和盈利能力的看法，从而欺骗财务报表使用者；⑤对超出正常经营过程交易的授权的适当性和完整性的疑虑。

（3）与监管机构的沟通。如果识别出舞弊或怀疑存在舞弊，注册会计师应当确定是否有责任向被审计单位以外的机构报告。

尽管注册会计师对客户信息负有的保密义务可能妨碍这种报告，但如果法律法规要求注册会计师履行报告责任，则注册会计师应当遵守法律法规的规定。

二、对违反法律法规的考虑

（一）违反法律法规的含义

违反法律法规，是指被审计单位有意或无意违背除适用的财务报告编制基础外的现行法律法规的行为。例如，被审计单位进行的或以被审计单位名义进行的违反法律法规的交易，或者治理层、管理层或员工代表被审计单位进行的违反法律法规的交易。违反法律法规不包括由治理层、管理层或员工实施的与被审计单位经营活动无关的个人不当行为。

不同的法律法规对财务报表的影响差异很大。被审计单位需要遵守的所有法律法规构成了注册会计师在财务报表审计中需要考虑的法律法规构架。某些法律法规的规定对财务报表有直接影响，决定财务报表中报告的金额和披露。而有些法律法规需要管理层遵守，或规定了允许被审计单位开展经营活动的条件，但不会对财务报表产生直接影响。某些被审计单位属于高度管制的企业，如银行、化工企业等。而有些被审计单位仅受到通常与经营活动相关的法律法规的制约，如安全生产线和公平就业等。因此，概括起来，被审计单位需要遵守以下两类不同的法律法规。

（1）通常对决定财务报表中的重大金额和披露有直接影响的法律法规，如税收和企业年金方面的法律法规。

（2）对决定财务报表中的金额和披露没有直接影响的其他法律法规，但遵守这些法律法规（如遵守经营许可条件、监管机构对偿债能力的规定或环境保护要求）对被审计单位的经营活动、持续经营能力或避免大额罚款至关重要；违反这些法律法规，可能对财务报表产生重大影响。

违反法律法规可能导致被审计单位面临罚款、诉讼，以及其他对财务报表产生重大影响的后果。

（二）管理层遵守法律法规的责任

管理层的责任是在治理层的监督下确保被审计单位的经营活动符合法律法规的规定。法律法规可能以不同的方式影响被审计单位的财务报表。较直接的方式是可能规定了适用的财务报告编制基础或者影响被审计单位需要在财务报表中做出的具体披露。法律法规也可能确立了被审计单位的某些法定权利和义务，其中部分权利和义务将在财务报表中予以确认。此外，法律法规还可能规定了对违反法律法规行为的惩罚。

（三）注册会计师的责任

被审计单位的违反法律法规行为可能与财务报表相关，有些违反法律法规行为还可能产生重大财务后果，进而影响财务报表的合法性和公允性。如果不实施必要的审计程序，则可能导致注册会计师出具不恰当的审计报告。因此，在设计和实施审计程序以及评价和报告审计结果时，注册会计师应当充分关注被审计单位违反法律法规行为可能会对财务报表产生的重大影响。

在考虑被审计单位的一项行为是否违反法律法规时，注册会计师应当征询法律意见。因为判断某行为是否违法需要法律裁决，这通常超出了注册会计师的专业胜任能力。注册会计师在关注违反法律法规行为时还应注意，不同法律法规与财务报表的关联程度可能不同，甚至差别很大。一些法律法规决定财务报表的形式或内容，或财务报表所应记录的金额或应做出的披露；而有些法律法规是要求管理层遵守的，或设定准许被审计单位开展经营活动的条件。某些被审计单位所处行业受到严格的法律约束，如银行业；而有些被审计单位只受一些与被审计单位经营方面相关的法律法规的约束，如《中华人民共和国劳动法》《中华人民共和国安全生产法》等。违反法律法规行为可能会给被审计单位带来如罚款、诉讼等财务后果。通常，违反法律法规行为与反映在财务报表中的交易和事项的相关度越小，注册会计师越不可能注意到或识别可能存在的违反法律法规行为。

由于审计的固有限制，注册会计师即使按照审计准则的规定恰当地计划和执行审计工作，也不可避免地存在财务报表中的某些重大错报未被发现的风险。注册会计师没有责任防止被审计单位产生违反法律法规行为，社会公众也不能期望其发现所有的违反法律法规行为。

（四）对被审计单位遵守法律法规的考虑

1. 对法律法规框架的了解

在了解被审计单位及其环境时，注册会计师应当总体了解下列事项。

（1）适用于被审计单位及其所处行业或领域的法律法规框架。

（2）被审计单位如何遵守这些法律法规框架。

2. 对决定财务报表中的重大金额和披露有直接影响的法律法规

某些法律法规已经较为完善，为被审计单位及其所在行业或部门所知悉，并与被审计单位财务报表相关。这些法律法规可能与下列事项相关。

（1）财务报表的格式和内容。

（2）特定行业的财务报告问题。

（3）根据政府合同对交易进行的会计处理。

（4）所得税费用或退休金成本的应计或确认。

这些法律法规的某些规定可能与财务报表中的特定认定直接相关，如所得税费用的完整性，而其他规定可能与财务报表整体直接相关，如规定的构成整套财务报表的报表。针对通常对决定财务报表中的重大金额和披露有直接影响的法律法规的规定，注册会计师应当获取被审计单位遵守这些规定的充分、适当的审计证据。

3. 识别违反其他法律法规的行为的程序

其他法律法规可能因其对被审计单位的经营活动具有至关重要的影响，需要注册会计师予以特别关注。违反此类法律法规可能导致被审计单位终止业务活动或对其持续经营能力产生疑虑。同时，许多与被审计单位经营活动相关的法律法规也存在，它们并不对财务报表产生影响，也不会被与财务报告相关的信息系统反映。

因此，注册会计师应当实施下列审计程序，以有助于识别可能对财务报表产生重大影响的违反其他法律法规的行为。

（1）向管理层和治理层（如适用）询问被审计单位是否遵守了这些法律法规。

（2）检查被审计单位与许可证颁发机构或监管机构的往来函件。

4. 实施其他审计程序使注册会计师注意到违反法律法规行为

为形成审计意见而实施的其他审计程序可能使注册会计师注意到识别的或怀疑存在的违反法律法规行为。这些审计程序可能包括以下几个。

（1）阅读会议纪要。

（2）被审计单位管理层、内部或外部法律顾问询问诉讼、索赔及评估情况。

（3）对某类交易、账户余额和披露实施细节测试。

5. 书面声明

由于法律法规对财务报表的影响差异很大，对于管理层识别的或怀疑存在的、可能对财务报表产生重大影响的违反法律法规行为，书面声明可以提供必要的审计证据。然而，书面声明本身并不提供充分、适当的审计证据，所以，不影响注册会计师拟获取的其他审计证据的性质和范围。

（五）识别或怀疑存在违反法律法规行为时实施的审计程序

1. 注意到与识别的或怀疑存在的违反法律法规行为相关的信息时的审计程序

下列事项或相关信息可能表明被审计单位存在违反法律法规行为。

（1）受到监管机构、政府部门的调查，或者支付罚金或受到处罚。

（2）向未指明的服务付款，或向顾问、关联方、员工提供贷款。

（3）与被审计单位所处行业的正常支付水平或实际收到的服务相比，支付过多的销售佣金或代理费用。

（4）采购价格显著高于或低于市场价格。

（5）异常的现金支付，以银行本票向持票人付款的方式采购。

（6）与在"避税天堂"注册的公司存在异常交易。

（7）向货物或服务原产地以外的国家或地区付款。

（8）在没有适当的交易控制记录的情况下付款。

（9）现有的信息系统不能（因系统设计存在问题或因突发性故障）提供适当的审计程序或充分的证据。

（10）交易未经授权或记录不当。

（11）负面的媒体评论。

如果注意到与识别的或怀疑存在的违反法律法规行为相关的上述信息，注册会计师应当考虑以下几点。

（1）违反法律法规行为对财务报表产生的潜在财务后果。

（2）潜在财务后果是否需要列报。

（3）潜在财务后果是否严重，以致财务报表使用者对财务报表的公允反映产生怀疑或导致财务报表产生误导。

2. **怀疑被审计单位存在违反法律法规行为时的审计程序**

如果治理层能够提供额外的审计证据，注册会计师可以与治理层讨论其发现。例如，对与可能导致违反法律法规的交易或事项相关的事实和情况，注册会计师可以证实治理层是否对此具有相同的理解。

如果管理层或治理层（如适用）不能向注册会计师提供充分的信息，可能证明被审计单位遵守了法律法规，注册会计师可以考虑向被审计单位内部或外部的法律顾问咨询有关法律法规在具体情况下的运用，包括舞弊的可能性以及对财务报表的影响。如果认为向被审计单位法律顾问咨询是适当的或不满意其提供的意见，注册会计师可以考虑向所在会计师事务所的法律顾问咨询，以确定被审计单位是否存在违反法律法规行为、可能导致的法律后果（包括舞弊的可能性），以及可能采取的进一步行动。

3. **评价违反法律法规行为的影响**

注册会计师应当评价违反法律法规行为对审计的其他方面可能产生的影响，包括对注册会计师风险评估和被审计单位书面声明可靠性的影响。注册会计师识别的违反法律法规行为的影响，取决于该行为的实施和隐瞒与具体控制活动之间的关系，以及牵涉的管理人员或员工的级别，尤其是被审计单位最高权力机构参与违反法律法规行为所产生的影响。

在例外情况下，如果管理层或治理层没有采取注册会计师认为适合具体情况的补救措施，即使违反法律法规行为对财务报表影响不大，如果法律法规允许，注册会计师也可能考虑是否有必要解除业务约定。在决定是否有必要解除业务约定时，注册会计师可以考虑征询法律意见。如果不能解除业务约定，注册会计师可以考虑替代方案，包括在审计报告的其他事项段中描述违反法律法规行为。

（六）对识别的或怀疑存在的违反法律法规行为的报告

1. **与治理层沟通**

（1）与治理层沟通的总体要求。除治理层全部成员参与管理被审计单位，知悉注册会计师已沟通的、涉及识别的或怀疑存在的违反法律法规行为的事项之外，注册会计师应当与治理层沟通审计过程中注意到的有关违反法律法规的事项，但不必沟通明显不重要的事项。这有利于注册会计师尽到职业责任，为治理层履行对管理层的监督责任提供有用信息。

沟通通常采用书面形式，注册会计师将书面文件送治理层签收，并将文件副本及签收记录作为审计工作底稿予以保管。如果采用口头沟通方式，应形成沟通记录，并提请沟通对象签字确认。

（2）违反法律法规行为情节严重时的沟通要求。如果根据判断认为需要沟通的违反法律法规行为是故意和重大的，注册会计师应当就此尽快向治理层通报。如果怀疑违反法律法规行为涉及管理层或治理层，注册会计师应当向被审计单位审计委员会或监事会等更高层级的机构通报。如果不存在更高层级的机构，或者注册会计师认为被审计单位可能不会对通报做出反应，或者注册会计师不能确定向谁报告，则注册会计师应当考虑是否需要征询法律意见。

2. 出具审计报告

（1）考虑违反法律法规行为的影响。如果认为违反法律法规行为对财务报表具有重大影响，注册会计师应当要求被审计单位在财务报表中予以恰当反映。如果被审计单位在财务报表中对该违反法规行为做出恰当反映，注册会计师应当出具无保留意见的审计报告。如果认为违反法规行为对财务报表有重大影响，且未能在财务报表中得到恰当反映，注册会计师应当出具保留意见或否定意见的审计报告。

（2）考虑审计范围受到限制的影响。

① 来自被审计单位的限制。如果因管理层或治理层阻挠而无法获取充分、适当的审计证据，以评价是否存在或可能存在对财务报表产生重大影响的违反法律法规行为，注册会计师应当根据审计范围受到限制的程度，发表保留意见或无法表示意见。

② 其他条件的限制。如果由于审计范围受到管理层或治理层以外的其他方面的限制而无法确定被审计单位是否存在违反法律法规行为，注册会计师应当评价这一情况对审计意见的影响。实务中，审计范围受到其他条件限制的情况较多，如客观因素导致注册会计师不能实施审计程序。

3. 向监管机构和执法机构报告违反法律法规行为

如果识别了或怀疑存在违反法律法规行为，注册会计师应当考虑是否有责任向被审计单位以外的监管机构和执法机构等相关机构或人员报告。

值得注意的是，注册会计师考虑是否报告的是经注册会计师发现和确定的严重违反法律法规的行为。所谓"严重"，主要是指有重大法律后果或涉及社会公众利益。注册会计师应当了解相关法律法规是否要求报告违反法律法规行为，如商业银行监管法规可能要求注册会计师报告商业银行参与洗钱行为。同时，注册会计师应考虑采取何种方式、何时以及向谁进行报告。

如果无法确定是否有相关法律法规要求向监管机构报告发现的被审计单位的严重违反法律法规行为，或者无法确定某项违反法律法规行为是否应该向监管机构报告，注册会计师通常需要征询相关的法律意见，然后再确定如何处理。

第二节 | 审计会计估计

一、 会计估计及会计估计审计的含义与性质

（一）会计估计的含义

会计估计，是指在缺乏精确计量手段的情况下，以最近可利用的信息为基础所做的判断。由于

经济活动的内在不确定性，有些交易和事项在某一财务报表期间结束时尚在延续或还未发生，其结果不明确，金额亦无法确定。有些交易和事项虽已发生，但在资产负债表日无法充分获取有关数据。所以企业财务核算需要运用近似估计的方法，在一定的假设基础之上，根据既有的数据，使用适当的公式，对某些交易和事项予以估计入账。在会计实务中，常见的需要做出会计估计的事项有以下几个。

（1）计提坏账准备。

（2）计提交易性投资、存货、长期股权投资、无形资产、固定资产、在建工程、生物资产等资产减值准备。

（3）对产品质量保证义务等预计负债金额的估计。

（4）折旧（摊销）方法或资产预计使用寿命。

（5）如果投资的可收回性存在不确定性，对其账面价值计提的减值准备。

（6）长期合约的结果。

（7）由于了结诉讼或判决产生的成本。

（8）在按照完工百分比法确定收入的情况下对完工进度的估计等。

（二）会计估计审计

会计估计通常是被审计单位在不确定情况下做出的，发生重大错报的可能性较大。一方面，会计估计依靠被审计单位管理层对经营活动中不确定因素的分析判断，另一方面，会计估计又建立在一定假设基础之上，存在较大程度的主观性。被审计单位管理层可能利用会计估计这一特征，误用、滥用会计估计，或者不恰当地调整会计估计所依据的假设，从而增加了财务报表出现重大错报的可能性，导致财务报表反映的信息对利益相关者产生误导。所以，注册会计师需要对会计估计进行审计。会计估计审计，是指在财务报表审计过程中，注册会计师对被审计单位的会计估计行为及其结果的再次确认和验证。

会计估计审计不是一种单独的审计，而是财务报表审计的一个有机组成部分。注册会计师对被审计单位会计估计进行审计，是为了就会计估计事项获得充分、适当的证据，以便能够对这些估计事项的处理在当时以及现在是否合理得出结论，并根据这些会计估计事项对财务报表的影响程度，继而对整个财务报表发表审计意见，出具审计报告。

二、风险评估程序和相关活动

在实施风险评估程序和相关活动，以了解被审计单位及其环境时，注册会计师应当了解下列内容，将其作为识别和评估会计估计重大错报风险的基础。

（一）了解适用的财务报告编制基础的要求

了解适用的财务报告编制基础的要求，有助于注册会计师确定该编制基础是否：（1）规定了会计估计的确认条件或计量方法；（2）明确了某些允许或要求采用公允价值计量的条件，如与管理层执行与某项资产或负债相关的特定措施的意图挂钩；（3）明确了要求做出或允许做出的披露。

了解适用的财务报告编制基础的要求，也为注册会计师就下列方面与管理层进行讨论提供了基础：（1）管理层如何运用与会计估计相关的要求；（2）注册会计师对这些要求是否得到恰当运用的判断。

（二）了解相关控制

对被审计单位与会计估计相关的内部控制的了解，有助于注册会计师判断相关控制能否预防或发现与会计估计相关的重大错报。注册会计师可以通过询问、查阅、重新执行等程序，了解管理层做出会计估计的程序和方法，以及与做出会计估计相关的内部控制。在对被审计单位与会计估计相关的内部控制进行了解的过程中，注册会计师应当关注以下几点。

（1）被审计单位管理层是否对需要做出会计估计的项目进行沟通。

（2）收集做出会计估计依据的数据，并保证其准确性、完整性和相关性。

（3）是否由有专业胜任能力的人员做出会计估计。

（4）是否由适当层次的适当人员对做出的会计估计进行复核和审批，包括：相关数据来源，提出的假设，复核做出会计估计的合理性，考虑是否利用专家工作，考虑是否改变或调整以前做出会计估计的程序和方法。

（5）将以前期间做出的会计估计与后来发生的实际结果进行比较，评价做出会计估计的程序和方法的可靠性。

（6）考虑做出的会计估计是否符合管理层的相关经营计划。

（7）被审计单位是否根据其会计系统对有关数据的常规处理做出会计估计。

（8）管理层如何保证会计估计所依据的假设前后一致，且与被审计单位的经营计划相吻合。

（9）管理层是否就会计估计所依据假设的变化对会计估计的影响进行敏感性分析。

（三）了解管理层如何识别是否需要做出会计估计

编制财务报表要求管理层确定是否有必要对某项交易、事项和情况做出会计估计，以及确定是否已按照适用的财务报告编制基础确认、计量和披露所有必要的会计估计。

管理层可能通过对被审计单位经营情况和所在行业的了解，对当前期间实施经营战略情况的了解，结合以前期间编制财务报表所积累的经验，识别需要做出会计估计的交易、事项和情况。对此，注册会计师通过询问管理层，就可以了解管理层如何识别需要做出会计估计的情形。询问的内容可以包括以下几点。

（1）被审计单位是否已从事可能需要做出会计估计的新型交易。

（2）需要做出会计估计的交易的条款是否已改变。

（3）由于适用的财务报告编制基础的要求或其他规定的变化，与会计估计相关的会计政策是否已经相应变化。

（4）可能要求管理层修改或做出新会计估计的外部监管变化或其他不受管理层控制的变化是否已经发生。

（5）是否已经发生可能需要做出新会计估计或修改现有估计的新情况或事项。

而当管理层做出会计估计的流程更为结构化时，如管理层设有正式的风险管理职责，注册会计师可以针对管理层定期复核导致会计估计的情况及在必要时重新估计会计估计的方法及惯常做法实施风险评估程序。会计估计（特别是与负债相关的会计估计）的完整性，通常是注册会计师考虑的重要因素。

（四）了解管理层如何做出会计估计

（1）了解会计估计的过程。编制财务报表也要求管理层建立针对会计估计的财务报告过程（包括适当的内部控制）。这个过程通常包括以下几部分。

① 选择适当的会计政策，并规定做出会计估计的流程，包括适当的估计或估值的方法或模型（如适用）。

② 形成或识别影响会计估计的相关数据和假设。

③ 定期复核需要做出会计估计和在必要时重新做出会计估计的情形。

（2）在了解管理层如何做出会计估计时，注册会计师可能考虑下列事项。

① 与会计估计相关的账户或交易的类型。例如，会计估计是在对常规和重复发生的交易进行记录时做出的，还是在对异常或非重复发生的交易进行记录时做出的。

② 针对特定会计估计，管理层是否使用以及如何使用经认可的计量技术。

③ 会计估计是否以期中可获得的数据为基础，如是，管理层是否已考虑以及如何考虑期中时点至期末之间发生的事项、交易和变化后的情况产生的影响。

（3）了解管理层做出会计估计的方法。有时，适用的财务报告编制基础可能规定会计估计的计量方法，如计量公允价值会计估计的特定模型。但在许多情况下，适用的财务报告编制基础没有规定计量方法，或可能规定了多种可供选择的计量方法。

当适用的财务报告编制基础没有规定具体环境下采用的特定计量方法时，注册会计师在了解管理层做出会计估计所采用的方法或模型（如适用）时可能考虑下列事项。

① 在选择特定方法时，管理层如何考虑需要做出会计估计的资产或负债的性质。

② 被审计单位是否在某些业务领域、行业或环境中从事经营活动，而这些业务领域、行业或环境中存在用于做出特定类型会计估计的通用方法。如果管理层做出会计估计时采用了内部开发的模型或偏离了某一特定行业或环境中所采用的通用方法，则可能存在更大的重大错报风险。

③ 用以做出会计估计的方法是否已经发生或应当发生不同于上期的变化，以及变化的原因。在评价管理层如何做出会计估计时，注册会计师需要了解用以做出会计估计的方法与前期的相比是否已经发生变化或应当发生变化。当影响被审计单位的环境、情况或者适用的财务报告编制基础的要求发生变化时，被审计单位需要改变估计方法加以应对。如果管理层改变了用于做出会计估计的方法，则注册会计师需要确认管理层能够证明新方法更加恰当，或者新方法本身就是应对变化的方法的资料。

（4）了解管理层会计估计所依据的假设。假设是会计估计不可或缺的组成部分。在了解构成会计估计基础的假设时，注册会计师可能考虑下列事项。

① 假设（包括重大假设）的性质。

② 管理层如何评价假设是否相关和完整，即是否考虑了所有相关变量。

③ 管理层如何确定所采用假设的内在一致性（如适用）。

④ 假设是否与管理层所能控制的事项相关，如对可能影响资产使用年限的维修计划的假设，以及这些假设是否与被审计单位的经营计划和外部环境相符，这些假设与管理层控制之外的事项是否相关，如对利率、死亡率、潜在的司法或监管行为或未来现金流量的变动和时间安排的假设。

⑤ 支持假设的文件记录（如存在）的性质和范围。

管理层可能使用来源于内部和外部不同类型的信息来支持假设，这些信息的相关性和可靠性各不相同。在某些情况下，假设可能可靠地建立在来源于外部（如公布的利率或其他统计数据）或内部（如历史信息或被审计单位以前经历过的情况）适用的信息的基础上。在其他情况下，假设可能更具有主观性，如被审计单位缺乏经验或没有获取外部的信息来源。

（5）了解管理层是否评估以及如何评估会计估计不确定性的影响。在了解管理层是否以及如何评估会计估计不确定性的影响时，注册会计师可能考虑下列事项。

① 管理层是否已经考虑以及如何考虑各种可供选择的假设或结果，如是否通过敏感性分析确定假设变化对会计估计的影响。

② 当敏感性分析表明存在多种可能结果时，管理层如何做出会计估计。

③ 管理层是否监控上期做出会计估计的结果，以及管理层是否已恰当应对实施监控程序的结果。

（五）复核上期会计估计

（1）本期对上期会计估计的结果通常有别于在上期财务报表中确认的会计估计。通过实施风险评估程序识别和了解差异产生的原因，注册会计师可能获得以下信息。

① 关于上期会计估计流程有效性的信息，据此能够判断当前流程的有效性。

② 证明本期对上期会计估计做出的重新估计是适当的审计证据。

③ 有关可能需要在财务报表中披露的事项（如估计不确定性）的审计证据。

（2）复核上期会计估计，也可能有助于注册会计师在本期识别那些增加会计估计对管理层偏向敏感性的环境或情况，或者显示可能存在的管理层偏向的环境或情况。注册会计师保持职业怀疑，有助于识别这些环境或情况，并确定进一步审计程序的性质、时间安排和范围。

（3）对上期审计中识别的具有高度估计不确定性的会计估计，或者自上期以来发生重大变化的会计估计，注册会计师可能认为需要进行更加详细的复核；反之，对因记录常规和重复发生交易而产生的会计估计，注册会计师可能认为运用分析程序作为风险评估程序足以实现复核目的。

（4）对公允价值会计估计和其他以计量日情况为基础的会计估计，上期财务报表中确认的公允价值金额与本期结果或为实现本期目的而重新做出估计的金额之间的差异可能更大。这是因为这些会计估计的计量目标是确定某一时点的价值，该价值可能随被审计单位经营环境的变化而发生显著和快速的变化。注册会计师在复核时，可将重点放在获取与识别和评估重大错报风险相关的信息上。例如，在某些情况下，如果市场参与方假设发生的变化影响上期公允价值会计估计的结果，则了解该变化可能难以提供与本期审计目的相关的信息。在这种情况下，注册会计师在对上期公允价值会计估计结果进行考虑时，可能着重了解管理层上期会计估计流程（即管理层的历史记录）的有效性，并据此判断管理层本期估计流程可能的有效性。

（5）会计估计的结果与上期财务报表中已确认金额之间的差异，并不必然表明上期财务报表存在错报。但是，由于没有运用或错误运用下列两类信息而产生的差异可能表明上期财务报表存在错报。

① 在上期财务报表编制完成阶段管理层可以获得的信息。

② 合理预期管理层已经获得并在编制和列报财务报表时已予以考虑的信息。许多财务报告编制基础对界定会计估计变化是否构成错报以及相应的会计处理提供指引。

三、识别和评估重大错报风险

在识别和评估重大错报风险时，注册会计师应当评价与会计估计相关的估计不确定性的程度，并根据职业判断确定识别的具有高度估计不确定性的会计估计是否会导致特别风险。

（一）估计不确定性

1. 影响不确定性程度的因素

与会计估计相关的估计不确定性程度，可能影响会计估计对管理层偏向的敏感性。与会计估计相关的估计不确定性的程度受下列因素的影响。

（1）会计估计对判断的依赖程度。

（2）会计估计对假设变化的敏感性。

（3）是否存在可以降低估计不确定性的经认可的计量技术。当然，作为输入数据的假设，其主观程度仍可导致估计不确定性。

（4）预测期的长度和根据过去事项得出的数据对预测未来事项的相关性。

（5）是否能够从外部来源获得可靠数据。

（6）会计估计依据可观察到的或不可观察到的输入数据的程度。

2. 评估重大错报风险

在评估重大错报风险时，注册会计师可能考虑下列事项。

（1）会计估计的实际或预期的重要程度。

（2）会计估计的记录金额（即管理层的点估计）与注册会计师预期应记录金额的差异。

（3）管理层在做出会计估计时是否利用专家工作。

（4）对上期会计估计进行复核的结果。

（二）高度估计不确定性的特别风险

可能存在高度估计不确定性的会计估计的例子很多。

（1）高度依赖判断的会计估计。例如，对未决诉讼的结果或未来现金流量的金额和时间安排的判断，而未决诉讼的结果或未来现金流量的金额和时间安排取决于多年后才能确定结果的不确定事项。

（2）未采用经认可的计量技术计算的会计估计。

（3）在注册会计师对上期财务报表中类似会计估计进行复核的结果表明最初会计估计与实际结果之间存在很大差异的情况下，管理层做出的会计估计。

（4）采用高度专业化的、由被审计单位自主开发的模型，或在缺乏可观察到的输入数据的情况下做出的公允价值会计估计。

由于存在估计不确定性，表面上不重要的会计估计同样可能导致重大错报，如财务报表中确认或披露的会计估计金额的大小，可能不能充分反映估计不确定性。

在某些情况下，估计不确定性非常高，以致注册会计师难以做出合理的会计估计。因此，适用的财务报告编制基础可能禁止在财务报表中对此进行确认或以公允价值计量。在这种情况下，特别风险不仅与会计估计是否应予确认或以公允价值计量相关，而且与披露的充分性相关。针对这种会计估计，适用的财务报告编制基础可能要求企业披露会计估计和与之相关的高度不确定性的具体情形。如果认为会计估计会导致特别风险，注册会计师需要了解与会计估计相关的控制，包括控制活动。

四、应对评估的重大错报风险

在应对评估的重大错报风险时，注册会计师应当考虑会计估计的性质，并实施下列一项或多项程序。

（一）确定截至审计报告日发生的事项是否提供有关会计估计的审计证据

截至审计报告日发生的事项有时可能提供有关会计估计的充分、适当的审计证据。例如，期后不久出售某被替代产品的全部存货，这可能提供有关其可变现净值估计的审计证据。如果截至审计报告日可能发生的事项预期发生并提供用以证实或否定会计估计的审计证据，确定这些事项是否提供有关会计估计的审计证据可能是恰当的应对措施。在这种情况下，可能没有必要对会计估计实施追加的审计程序。

而对于某些会计估计，截至审计报告日发生的事项不可能提供审计证据。例如，与某些会计估计相关的情况或事项需要较长时间才有进展。同样，由于公允价值会计估计的计量目标，期后信息可能不反映财务报表日存在的事项或情况，所以可能与公允价值会计估计的计量无关。在这种情况下，注册会计师应该要求被审计单位按照《中国注册会计师审计准则第1332号——期后事项》的规定处理。

（二）测试管理层如何做出会计估计以及会计估计所依据的数据

在进行测试时，注册会计师应当评价采用的计量方法在具体情况下是否恰当，以及根据适用的财务报告编制基础确定的计量目标，管理层使用的假设是否合理。测试管理层如何做出会计估计还可能涉及下列方面。

（1）测试会计估计所依据的数据的准确性、完整性和相关性，以及管理层是否使用这些数据和假设恰当地做出会计估计。

① 数据的准确性主要强调会计估计所依据的数据应尽可能地反映交易和事项的实际情况。例如，对预计未来现金流量的现值进行估计时，选择的折现率应尽可能反映现金流入的风险水平，而不能过高或过低。

② 数据的完整性强调会计估计所依据的数据应尽可能全面。例如，固定资产原值作为影响固定资产折旧估计的基础数据之一，应包括被审计单位形成固定资产的全部投入，包括设备价款、运输费、保险费、资本化的利息费用等。

③ 数据的相关性强调会计估计所依据的数据应与会计估计存在联系。仍以资产减值为例，在对资产组的现金流入进行估计时，该现金流入应独立于其他资产的现金流入，管理层应确信估计的现金流入由该资产组产生。

注册会计师在对这些数据的准确性、完整性和相关性做出评价时，较有效的方法是将会计期间的实际执行结果和以前的估计进行对比来评价其合理性。

（2）考虑外部数据或信息的来源、相关性和可靠性，包括从管理层聘请的、用以协助其做出会计估计的外部专家那里获取的数据或信息。当利用被审计单位内部数据难以评价会计估计所依据数据的准确性、完整性和相关性时，注册会计师可以考虑从被审计单位外部获取审计证据。例如，注册会计师审计存货跌价准备时，除了获取被审计单位以往的销售水平、现有的定货单和营销趋势等资料外，还可从所处行业编制的销售预测和市场分析资料中获取审计证据。同样，在审计未决诉讼所导致的预计负债时，注册会计师可以通过同被审计单位的律师交换意见的方式获取证据。

（3）重新计算会计估计，并复核有关会计估计信息的内在一致性。在很多情况下，被审计单位采用计算公式来做出会计估计。例如，采用直线法计算固定资产折旧，采用销售收入百分比法计算产品保证准备。被审计单位通常定期检查公式的适当性，如重新估计固定资产的剩余使用年限调整计算产品保证金准备比例等。注册会计师应当根据了解的被审计单位以前期间的经营成果、所处行业惯例及相关计划，评价被审计单位使用的会计估计公式是否持续适当；如不适当，应建议被审计单位予以调整。在可能的情况下，注册会计师应当将被审计单位以前期间做出的会计估计与其实际结构进行比较，以实现下列目的。

① 获取有关会计估计程序和方法总体可靠性的审计证据。

② 考虑是否需要调整会计估计公式。

③ 评价会计估计与实际结果之间的差异是否已经量化，如有必要，管理层是否已做适当调整或披露。

（4）运用独立估计并与管理层做出的会计估计进行比较。如果被审计单位未建立与会计估计相关的控制政策与程序，注册会计师无法通过复核和测试管理层做出会计估计的过程验证会计估计的合理性且被审计单位不存在能够证实会计估计的期后事项，注册会计师应当考虑运用独立估计与被审计单位做出的会计估计进行比较，以检验其合理性。

如果复核和测试管理层做出会计估计的过程以及复核期后事项仍不能为注册会计师提供充分、适当的审计证据，注册会计师也需要考虑运用独立估计。

在专业胜任能力范围之内，注册会计师可以自行做出估计。若进行会计估计涉及的知识和技术超越了注册会计师自身的能力，注册会计师应当考虑利用专家的工作，如在建工程合同中的已完成和未完成工作的计量、特定资产估价和物质状况的测定等。

在自行做出会计估计时，注册会计师可能利用与被审计单位管理层不同的假设，注册会计师应了解管理层做出会计估计所依据的假设，以保证注册会计师的会计估计模型考虑了这些重要的变量。

将通过独立估计取得的外部证据与被审计单位管理层做出的会计估计进行比较，在某些情况下更能印证会计估计的合理性。需要强调的是，对独立估计也应评价其依据的数据、假设和使用的公式，并测试其计算过程。

（5）考虑管理层的复核和批准流程。重要的会计估计通常需要取得管理层的复核和批准。注册会计师应当考虑这种复核和批准是否由适当层次的管理层执行，并且是否在支持作为会计估计的书面文件中留下证据。通常，被审计单位管理层对做出会计估计有关的事项进行复核和批准的内容主要有以下几部分。

① 复核相关数据来源。

② 复核提出的假设。

③ 复核做出会计估计的合理性。

④ 考虑是否利用专家工作。

⑤ 考虑是否改变或调整以前做出会计估计的程序和方法。

注册会计师应当考虑这种复核和批准是否由适当层次管理人员做出，且是否有相应的书面证明。

（三）测试相关控制运行的有效性

如果管理层做出会计估计的流程的设计、执行和维护良好，测试管理层如何做出会计估计相关的控制运行的有效性可能是适当的。例如，存在适当层级的管理层和治理层（如适用）对会计估计进行复核和批准的控制；会计估计源于被审计单位会计系统对数据的常规处理。

当存在下列情形之一时，注册会计师需要测试控制运行的有效性。

（1）在评估认定层次重大错报风险时，预期针对会计估计流程的控制的运行是有效的。

（2）仅实施实质性程序不能提供认定层次充分、适当的审计证据。

（四）做出注册会计师的点估计或区间估计，以评价管理层的点估计

注册会计师的点估计或区间估计，是指从审计证据中得出的、用于评价管理层点估计的金额或金额区间。

1. 需要做出点估计或区间估计的情形

当存在下列情形时，注册会计师做出点估计或区间估计以评价管理层的点估计，可能是恰当的应对措施。

（1）会计估计不是源于会计系统对数据的常规处理。

（2）注册会计师对管理层在上期财务报表中做出的类似事项的会计估计进行复核后认为本期流程不太可能是有效的。

（3）被审计单位没有恰当设计或执行针对会计估计流程的控制。

（4）财务报表日至审计报告日之间发生的事项或交易与管理层的点估计相互矛盾。

（5）注册会计师能够从其他来源获取做出点估计或区间估计时可使用的相关数据。

2. 做出点估计或区间估计的方法

注册会计师可以采用下列方法做出点估计或区间估计。

（1）使用模型，如公开出售供特定部门或行业使用的模型，或专有的模型，或注册会计师自行开发的模型。

（2）在管理层考虑可供选择的假设或结果的基础上进一步深入研究，如引入不同的一组假设。

（3）雇用或聘请在专门领域具有专长的人员开发或运用模型，或者提供相关假设。

（4）参照其他可比较的条件、交易或事项，或者可比较的资产或负债的市场（如相关）。

3. 了解管理层的假设或方法

当注册会计师做出点估计或区间估计并使用有别于管理层的假设或方法时，注册会计师应当充分了解管理层的假设或方法。这种了解可能向注册会计师提供与做出恰当点估计或区间估计相关的信息，并有助于注册会计师了解和评价任何有别于管理层点估计的重大差异。例如，差异可能源于注册会计师与管理层使用不同但同样有效的假设。这可能显示出会计估计对某些假设高度敏感，因此受高度估计不确定性的影响，这意味着会计估计可能存在特别风险。此外，差异也可能是由管理层造成的事实错误导致的。根据具体情况，注册会计师在得出结论时，与管理层就使用的假设的基础及其有效性，做出会计估计的方法差异（如存在）进行讨论可能是对注册会计师有帮助的。

4. 缩小区间估计范围的考虑

如果认为使用区间估计是恰当的，注册会计师应当基于可获得的审计证据来缩小区间估计范围，直至该区间估计范围内的所有结果均可被视为合理。

当注册会计师认为运用区间估计（注册会计师的区间估计）来评价管理层点估计的合理性是恰当的时，做出的区间估计需要包括所有"合理"的结果而不是所有"可能"的结果。这是因为包括所有可能结果的区间估计太宽泛，以致注册会计师不能有效地确定会计估计是否存在错报。如果注册会计师的区间估计范围足够小，注册会计师能够确定会计估计是否存在错报，那么它就是有用的和有效的。

通常情况下，当区间估计的区间范围已缩小至等于或低于实际执行的重要性范围时，该区间估计对于评价管理层的点估计是适当的。而对于某些特定行业，注册会计师可能难以将区间范围缩小

至低于某一金额。这并不必然否定管理层对会计估计的确认，但是可能意味着与会计估计相关的估计不确定性可能导致特别风险。

下列方法可以将区间估计的区间范围缩小至某一区域，使得该区域内的所有结果是合理的。

（1）从区间估计中剔除注册会计师认为不可能发生的极端结果。

（2）根据可获得的审计证据，继续缩小区间估计范围直至注册会计师认为该区间估计内的所有结果均是合理的。在极其特殊的情况下，注册会计师可能缩小区间估计范围直至审计证据指向点估计。

五、实施进一步实质性程序以应对特别风险

（一）估计不确定性

对导致特别风险的会计估计，除实施《中国注册会计师审计准则第 1231 号——针对评估的重大错报风险采取的应对措施》和中国注册会计师审计准则应用指南规定的其他实质性程序外，注册会计师还应当实施以下审计程序。

（1）评价管理层如何考虑替代性的假设或结果，以及拒绝采纳的原因，或者在管理层没有考虑替代性的假设或结果的情况下，评价管理层在做出会计估计时如何处理估计不确定性。

管理层可能根据具体情况采用多种方法评价会计估计的可供选择的假设或结果。方法之一是敏感性分析，该方法可能涉及确定会计估计的金额如何随着假设的不同而变化。即使对于公允价值会计估计，由于不同市场参与方使用不同的假设，会计估计仍然可能存在差异。敏感性分析可能针对"乐观"和"悲观"等不同情形得出一系列结果。敏感性分析结果可能表明会计估计对特定假设的变化不敏感，也可能表明会计估计对一个或多个假设敏感，因而这些假设成为注册会计师重点关注的对象。

在处理估计不确定性时，某种特定方法（如敏感性分析）并不一定比其他方法更合适，管理层也并不一定需要通过细致的过程和详尽的记录来体现对可供选择的假设或结果的考虑。重要的是管理层是否已评估了估计不确定性影响会计估计的方式，而不是采用的具体评估方法。相应地，当管理层没有考虑可供选择的假设或结果时，注册会计师有必要与管理层讨论管理层如何处理估计不确定性对会计估计的影响，并要求管理层提供支持性证据。

（2）评价管理层使用的重大假设是否合理。如果在做出会计估计时运用的某些假设的合理变化可能对会计估计的计量产生重大影响，则这些假设被视为重大假设。

注册会计师从管理层建立的持续战略分析和风险管理流程中可能获得相关信息，以支持管理层根据其了解的情况做出的重大假设。即使被审计单位（如在小型被审计单位）没有建立正式的流程，注册会计师可以通过询问管理层或与其讨论评价假设，并结合其他审计程序，获取充分、适当的审计证据。

（3）评价管理层的意图和能力。当管理层实施特定措施的意图和能力与其使用的重大假设的合理性或对适用的财务报告编制基础的恰当应用相关时，注册会计师应评价这些意图和能力。

（二）做出区间估计

在编制财务报表时，管理层可能确信已经适当地消除了估计不确定性对导致特别风险的会计估计的影响。但是，在某些情况下，注册会计师可能认为管理层的工作是不够的，通常包括下列几种

情况。

（1）通过评价管理层如何处理估计不确定性的影响不能获取充分、适当的审计证据。

（2）有必要进一步分析与会计估计相关的估计不确定性的程度。例如，注册会计师注意到类似环境下类似会计估计的结果存在较大差别。

（3）不大可能通过复核截至审计报告日发生的事项等审计程序获得其他审计证据。

（4）可能有迹象表明管理层在做出会计估计时存在管理层偏向。

（三）确认和计量的标准

1. 评价管理层对会计估计的确认

如果管理层在财务报表中确认一项会计估计，则注册会计师评价的重点是会计估计的计量是否足够可靠，能否符合适用的财务报告编制基础规定的确认标准。对于没有在财务报表中确认的会计估计，注册会计师评价的重点是会计估计是否在实质上已符合适用的财务报告编制基础规定的确认标准。即使某一项会计估计没有得到确认，且注册会计师认为这种处理是恰当的，可能仍然有必要在财务报表附注中披露具体情况。注册会计师也可能认为有必要在审计报告中增加强调事项段，以提醒财务报表使用者关注重大不确定性的存在。

2. 评价做出会计估计所选择的计量基础

对于公允价值会计估计，某些适用的财务报告编制基础在要求或者允许进行公允价值计量和披露时，是以公允价值可以可靠计量这一假定作为前提条件的。在某些情况下，如不存在恰当的计量方法或基础，这种假定可能不成立。在这种情况下，注册会计师评价的重点是管理层用以推翻适用的财务报告编制基础所规定的与采用公允价值相关假定的依据是否治当。

六、评价会计估计的合理性并确定错报

注册会计师应当根据获取的审计证据，评价财务报表中的会计估计在适用的财务报告编制基础下是合理的还是存在错报。根据获取的审计证据，注册会计师可能认为这些证据指向与管理层的点估计不同的会计估计。当审计证据支持点估计时，注册会计师的点估计与管理层的点估计之间的差异构成错报。当注册会计师认为使用区间估计能够获取充分、适当的审计证据时，则在注册会计师区间估计之外的管理层的点估计得不到审计证据的支持。在这种情况下，错报不小于管理层的点估计与注册会计师区间估计之间的最小差异。

当管理层根据其对环境变化的主观判断而改变某项会计估计，或者改变上期做出会计估计的方法时，基于获取的审计证据，注册会计师可能认为会计估计被管理层随意改变而产生错报，或者将其视为可能存在管理层偏向的迹象。

七、其他相关审计程序

（一）关注与会计估计相关的披露

注册会计师应当获取充分、适当的审计证据，以确定与会计估计相关的财务报表披露是否符合适用的财务报告编制基础的规定。对导致特别风险的会计估计，注册会计师还应当评价在适用的财务报告编制基础下，财务报表对估计不确定性的披露的充分性。

在某些情况下，注册会计师可能认为鼓励管理层在财务报表附注中描述与估计不确定性相关的情况是适当的。当认为管理层在财务报表中对估计不确定性的披露不充分或存在误导时，注册会计师应当考虑其对审计报告的影响。

（二）识别可能存在管理层偏向的迹象

注册会计师应当复核管理层在做出会计估计时的判断和决策，以识别是否可能存在管理层偏向的迹象。

在审计过程中，注册会计师可能注意到管理层做出的、可能有管理层偏向迹象的判断和决策。这些迹象可能影响注册会计师对有关风险评估结果和相关应对措施是否仍然恰当的判断，并且注册会计师可能有必要考虑其对审计其他方面的影响。进一步讲，这些迹象可能影响注册会计师对财务报表整体是否不存在重大错报的评估。与会计估计相关的、可能存在管理层偏向迹象的情况包括以下几种。

（1）管理层主观地认为环境已经发生变化，并相应地改变会计估计或估计方法。

（2）针对公允价值会计估计，被审计单位的自有假设与可观察到的市场假设不一致，但管理层仍使用被审计单位的自有假设。

（3）管理层选择或做出重大假设以产生有利于管理层目标的点估计。

（4）选择带有乐观或悲观倾向的点估计。

（三）获取书面声明

注册会计师应当向管理层和治理层（如适用）获取书面声明，以确定他们是否认为在做出会计估计时使用的重大假设是合理的。

第三节 关联方的审计

一、关联方与关联方审计概述

（一）关联方及其交易的含义

1. 关联方的定义

依据会计准则的定义，一方控制、共同控制另一方或对另一方施加重大影响，以及两方或两方以上受同一方控制、共同控制的，构成关联方。

控制，是指有权决定一个企业的财务和经营政策，并能据以从该企业的经营活动中获取利益。

共同控制，是指按照合同约定对某项经济活动所共有的控制，仅在与该项经济活动相关的重要财务和经营决策需要分享控制权的投资方一致同意时存在。

重大影响，是指对一个企业的财务和经营政策有参与决策的权利，但并不能够控制或者与其他方一起共同控制这些政策的制订。

下列关系可能表明存在控制或重大影响。

（1）其他实体直接或间接持有被审计单位的股权或其他财务利益。

（2）被审计单位直接或间接持有其他实体的股权或其他财务利益。

（3）被审计单位的治理层成员或关键管理人员（即拥有计划、指导和控制被审计单位经营活动的权力和职责的管理层成员）。

（4）与第（3）项所述成员关系密切的家庭成员。

（5）与第（1）项所述成员之间具有重大业务关系。

2．关联方特征

关联方具有以下特征。

（1）关联方涉及两方或多方，任何单独的个体不能构成关联方关系，如一个企业不能构成关联方关系。

（2）关联方以各方之间的影响为前提，这种影响包括控制或被控制、共同控制或被共同控制、施加重大影响或被施加重大影响的各方之间。建立控制、共同控制和施加重大影响是关联方存在的主要特征。在某些情况下，即使被审计单位只拥有特殊目的实体的少量权益甚至不拥有权益，但由于被审计单位可能在实质上控制该实体，该实体仍可能是被审计单位的关联方。

（3）关联方的存在可能会影响交易的公允性。在存在关联方关系时，关联方之间的交易可能不是建立在公平交易的基础上的，因为关联方之间交易时，不存在竞争性的、自由市场交易的条件，而且交易双方的关系常以一种微妙的方式影响交易。

3．关联方交易

关联方交易是指关联方之间转移资源、劳务或义务的行为，而不论是否收取价款。关联方交易的类型通常包括以下几种。

（1）购买或销售商品。

（2）购买或销售商品以外的其他资产。

（3）提供或接受劳务。

（4）担保。

（5）提供资金，如贷款或股权投资。

（6）租赁。

（7）代理。

（8）研究与开发项目的转移。

（9）许可协议。

（10）代表企业或由企业代表另一方进行债务结算。

（11）关键管理人员薪酬。

（二）关联方审计的含义与要求

关联方之间可以通过虚假交易来达到粉饰经营业绩的目的，即使关联方交易是在公平交易基础上进行的，重要关联方交易的披露也是有用的。

虽然有许多关联方交易是在正常经营过程中发生的，与类似的非关联方交易相比，这些关联方交易可能并不具有更高的财务报表重大错报风险。但是，在某些情况下，关联方关系及其交易的性质可能导致关联方交易比非关联方交易具有更高的财务报表重大错报风险。例如，关联方可能通过广泛而复杂的关系和组织结构进行运作，相应增加关联方交易的复杂程度；或者信息系统可能无法有效识别或汇总被审计单位与关联方之间的交易和未结算项目的金额；或者某些关联方交易可能没有相应的对价。

可见，对关联方及其交易进行审计非常重要。关联方审计，是指在财务报表审计过程中，注册会计师对被审计单位的关联方行为及其结果的再次验证和确认。

关联方审计不是一种单独的审计，而是财务报表审计的一个有机组成部分。按照中国注册会计师审计准则的的要求，注册会计师在对关联方和关联方交易进行审计时，应首先了解被审计单位及其环境，在此基础上，识别并评估关联方和关联方交易可能导致被审计单位财务报表存在重大错报的风险；并根据识别的风险，设计并实施进一步审计程序，以获取充分、适当的审计证据，合理保证被审计单位财务报表中关联方和关联方交易的相关信息得到恰当的记录和充分的披露。

二、风险评估程序和相关工作

注册会计师在审计过程中应当实施风险评估程序和相关工作，以获取与识别关联方关系及与交易相关的重大错报风险的信息。

（一）了解关联方关系及其交易

1. 项目组内部的讨论

项目组内部的讨论可能包括以下内容。

（1）关联方关系及其交易的性质和范围，如利用在每次审计后更新的有关识别的关联方的记录进行讨论。

（2）强调在整个审计过程中对关联方关系及其交易导致的潜在重大错报风险保持职业怀疑的重要性。

（3）可能显示管理层以前未识别或未向注册会计师披露的关联方关系或关联方交易的情形或状况。例如，被审计单位组织结构复杂，利用特殊目的实体从事表外交易；或信息系统不够完善。

（4）可能显示存在关联方关系或关联方交易的记录或文件。

（5）管理层和治理层对关联方关系及其交易（如果适用的财务报告编制基础对关联方做出规定）进行识别、恰当会计处理和披露的重视程度，以及管理层凌驾于相关控制之上的风险。

（6）在对舞弊进行讨论时，项目组内部讨论的内容还可能包括对关联方可能如何参与舞弊的特殊考虑。例如，如何利用管理层控制的特殊目的实体进行利润操纵；如何安排被审计单位与已知关键管理人员的商业伙伴之间进行交易，以达到侵占资产的目的。

2. 询问管理层

注册会计师应当向管理层询问下列事项。

（1）关联方的名称和特征，包括关联方自上期以来发生的变化。

（2）被审计单位和关联方之间关系的性质。

（3）被审计单位在本期是否与关联方发生交易，若发生，还应询问交易的类型、定价政策和目的。

3. 了解与关联方关系及其交易相关的控制

在实务中，由于某些原因，被审计单位可能不存在与关联方关系及其交易相关的控制或控制存在缺陷。

（1）管理层对识别和披露关联方关系及其交易的重视程度较低。

（2）缺乏治理层的适当监督。

（3）由于披露关联方可能会泄露管理层认为敏感的某些信息，如关联方交易涉及管理层家庭成员，管理层有意忽视相关控制。

（4）管理层未能充分了解适用的财务报告编制基础对关联方的有关规定。

（5）适用的财务报告编制基础没有对关联方披露做出规定。

如果这些控制无效或者不存在，注册会计师可能无法就关联方关系及其交易获取充分、适当的审计证据。在这种情况下，注册会计师需要考虑其对审计工作的影响。

（二）在检查记录或文件时对关联方信息保持警觉

1. 检查记录或文件

为确认是否存在管理层以前未识别或未向注册会计师披露的关联方关系或关联方交易，注册会计师应当检查下列记录或文件。

（1）向银行和律师获取的询证函回函以及注册会计师自其他第三方取得的询证函回函。

（2）被审计单位的所得税纳税申报表。

（3）被审计单位提供给监管机构的信息。

（4）被审计单位的股东登记名册，注册会计师用以识别主要股东。

（5）管理层和治理层的利益冲突声明。

（6）被审计单位有关投资和养老金计划的记录。

（7）与关键管理层或治理层成员签订的合同和协议。

（8）超出被审计单位正常经营过程的重要合同和协议。

（9）被审计单位与专业顾问的往来函件和发票。

（10）被审计单位购买的人寿保险单。

（11）被审计单位在报告期内重新商定的重要合同。

（12）内部审计人员的报告。

（13）被审计单位向证券监管机构报送的文件，如招股说明书。

2. 关注可能显示存在以前未识别或未披露的关联方关系或交易的安排

某些安排可能显示被审计单位存在管理层以前未识别或未向注册会计师披露的关联方关系或交易。

（1）与其他机构或人员组成不具有法人资格的合伙企业。

（2）按照超出正常经营过程的交易条款和条件，向特定机构或人员提供服务的安排。

（3）形成担保和被担保关系。

3. 了解超出正常经营过程的重大交易

在实施审计程序时，如果识别出被审计单位超出正常经营过程的重大交易，注册会计师应当向管理层询问这些交易的性质以及是否涉及关联方。超出正常经营过程的交易可能包括以下几个。

（1）复杂的股权交易，如公司重组或收购。

（2）与处于公司法制不健全的国家或地区的境外实体之间的交易。

（3）对外提供厂房租赁或管理服务，而没有收取对价。

（4）具有异常大额折扣或退货的销售业务。

（5）循环交易，如售后回购交易。

（6）在合同期限届满之前变更条款的交易。

注册会计师针对超出正常经营过程的重大交易的性质所进行的询问，通常涉及了解交易的商业理由、交易的条款和条件。如果交易涉及关联方，由于关联方参与超出正常经营过程的重大交易，被审计单位可以通过成为交易的一方直接影响该交易，或是通过中间机构间接影响该交易，这些影响可能表明存在舞弊风险因素。

三、识别和评估重大错报风险

（1）注册会计师应当将识别的超出被审计单位正常经营过程的重大关联方交易导致的风险确定为特别风险。

（2）如果在实施与关联方有关的风险评估程序和相关工作中识别出舞弊风险因素，包括与能够对被审计单位或管理层施加支配性影响的关联方有关的情形，可能表明存在由舞弊导致的特别风险。关联方施加的支配性影响可能表现在下列方面。

① 关联方否决管理层或治理层做出的重大经营决策。

② 重大交易需经关联方的最终批准。

③ 对关联方提出的业务建议，管理层和治理层未曾或很少进行讨论。

④ 对与关联方（或与关联方关系密切的家庭成员）的交易，极少进行独立复核和批准。

⑤ 如果关联方在被审计单位的设立和日后管理中均发挥主导作用，也可能表明存在支配性影响。

（3）在出现其他风险因素的情况下，存在具有支配性影响的关联方，可能表明存在由舞弊导致的特别风险。

① 异常频繁变更高级管理人员或专业顾问，可能表明被审计单位为关联方谋取利益而从事不道德或虚假的交易。

② 利用中间机构从事难以判断是否具有正当商业理由的重大交易，可能表明关联方出于欺诈目的，通过控制这些中间机构从交易中获利。

③ 有证据显示关联方过度干涉或关注会计政策的选择或重大会计估计的做出，可能表明存在虚假财务报告。

四、针对重大错报风险的应对措施

针对评估的与关联方关系及其交易相关的重大错报风险，注册会计师应当设计和实施进一步审计程序，以获取充分、适当的审计证据。

（一）针对以前未识别或未披露的关联方或交易

如果识别出管理层以前未识别或未向注册会计师披露的关联方关系或重大关联方交易，注册会计师应当采取以下措施。

（1）立即将相关信息向项目组其他成员通报。及时向项目组成员传达有关新识别的关联方信息，有助于项目组成员确定这些信息是否对已实施风险评估程序的结果和由此得出的结论产生影响，包括是否需要重新评估重大错报风险。

（2）在适用的财务报告编制基础对关联方做出规定的情况下，要求管理层识别与新识别的关联方之间发生的所有交易，以便注册会计师做出进一步评价，并询问与关联方关系及其交易相关的控制为何未能识别或披露该关联方关系或交易。

（3）对新识别的关联方或重大关联方交易实施恰当的实质性程序。注册会计师可能实施的实质性程序包括以下几个。

① 询问被审计单位与新识别的关联方之间的关系的性质，包括向被审计单位及对其业务非常了解的外部人士询问（如适用，并且法律法规或注册会计师职业道德守则未予禁止）。这些外部人士包括法律顾问、主要代理商、主要业务代表、咨询专家、担保人或其他关系密切的商业伙伴等。

② 分析与新识别的关联方进行的交易的会计记录，可以采用计算机辅助审计技术进行分析。

③ 核实新识别的关联方交易的条款和条件，评价是否已经按照适用的财务报告编制基础的规定对关联方交易进行恰当会计处理和披露。

（4）重新考虑可能存在管理层以前未识别或未向注册会计师披露的其他关联方或重大关联方交易的风险，如有必要，实施追加的审计程序。

（5）如果怀疑管理层不披露关联方关系或交易是有意的，则可能存在由舞弊导致的重大错报风险，注册会计师需要评价这一情况对审计的影响。注册会计师因此还可能考虑是否有必要重新评价管理层对询问的答复以及管理层声明的可靠性。

（二）针对超出正常经营过程的重大关联方交易

1. 评价重大关联方交易的商业理由

注册会计师应该检查相关合同或协议，评价交易的商业理由是否合理。注册会计师可能考虑下列事项。

（1）交易是否过于复杂，如交易是否涉及集团内部多个关联方。

（2）交易条款是否异常，如价格、利率、担保或付款等条件是否异常。

（3）交易的发生是否缺乏明显且符合逻辑的商业理由。

（4）交易是否涉及以前未识别的关联方。

（5）交易的处理方式是否异常。

（6）管理层是否已与治理层就这类交易的性质和会计处理进行讨论。

（7）管理层是否更强调需要采用某项特定的会计处理方式，而不够重视交易的经济实质。

如果管理层的解释与关联方交易条款存在重大不一致，注册会计师需要考虑管理层对其他重大事项做出的解释和声明的可靠性。

注册会计师也可以从关联方的角度了解上述交易的商业理由，这可能有助于注册会计师更好地了解交易的经济实质和发生原因。如果注册会计师了解的商业理由与关联方的业务性质不一致，则可能表明存在舞弊风险因素。

2. 获取交易已经恰当授权和批准的审计证据

如果超出正常经营过程的重大关联方交易经管理层、治理层或股东（如适用）授权和批准，可以为注册会计师提供审计证据，则表明该项交易已在被审计单位内部的适当层面被考虑，并在财务报表中恰当披露了交易的条款和条件。

当然，授权和批准本身不足以就是否不存在由舞弊或错误导致的重大错报风险得出结论，原因在于如果被审计单位与关联方串通舞弊或关联方对被审计单位具有支配性影响，被审计单位的与授权和批准相关的控制可能是无效的。

（三）审查管理层在财务报表中做出的认定

如果管理层在财务报表中做出认定，声明关联方交易是按照等同于公平交易中通行的条款执行的，注册会计师应当就该项认定获取充分、适当的审计证据。

针对关联方交易与类似公平交易的价格比较情况，注册会计师可以比较容易地获取审计证据。但实务中存在的困难，限制了注册会计师获取关联方交易与公平交易在所有其他方面都等同的审计证据。例如，注册会计师可能能够确定关联方交易是按照市场价格执行的，却不能确定该项交易的其他条款和条件（如信用条款、或有事项以及特定收费等）是否与独立各方之间通常达成的交易条款和条件相同。因此，如果管理层认定关联方交易是按照等同于公平交易中通行的条款执行的，则可能存在重大错报风险。

根据《企业会计准则第 36 号——关联方披露》的规定，被审计单位管理层只有在提供确凿证据的情况下，才能披露关联方交易是公平交易。如果管理层认定关联方交易是按照等同于公平交易中通行的条款执行的，则管理层在编制财务报表时需要证实这项认定。

注册会计师应当检查关联方交易披露的充分性，同时对关联方交易为公平交易的披露进行评价。评价管理层如何支持这项认定，可能涉及以下一个或多个方面。

（1）考虑管理层用于支持其认定的程序是否恰当。

（2）验证支持管理层认定的内部或外部数据来源，对这些数据进行测试，以判断其准确性、完整性和相关性。

（3）评价管理层认定所依据的重大假设的合理性。

如果无法获取充分、适当的审计证据以合理确信管理层关于关联方交易是公平交易的披露，注册会计师可以要求管理层撤销此披露。如果管理层不同意撤销，注册会计师应当考虑其对审计报告的影响。

需要提醒注意的是，有些财务报告编制基础要求披露未按照等同于公平交易中通行的条款执行的关联方交易。在这种情况下，如果管理层未在财务报表中披露关联方交易，则可能隐含着一项认定，即关联方交易是按照等同于公平交易中通行的条款执行的。

五、评价会计处理和披露

在对财务报表形成审计意见时，注册会计师应当评价以下内容。

（1）识别的关联方关系及其交易是否已按照适用的财务报告编制基础得到恰当会计处理和披露。

（2）关联方关系及其交易是否导致财务报表未实现公允反映。注册会计师按照适用的财务报告编制基础的规定评价被审计单位对关联方关系及其交易的披露，需要考虑被审计单位是否已对关联方关系及其交易进行了恰当汇总和列报，以使披露具有可理解性。当存在下列情形之一时，表明管理层对关联方交易的披露可能不具有可理解性。

① 关联方交易的商业理由以及交易对财务报表影响的披露不清楚，或存在错报。

② 未适当披露为理解关联方交易所必需的关健条款、条件和其他要素。

六、其他相关审计程序

（一）获取书面声明

如果适用的财务报告编制基础对关联方做出规定，注册会计师应当向管理层和治理层（如适用）获取下列书面声明。

（1）已经向注册会计师披露了全部已知的关联方名称和特征、关联方关系及其交易。

（2）已经按照适用的财务报告编制基础的规定，对关联方关系及其交易进行了恰当的会计处理和披露。

在下列情况下，注册会计师向治理层获取书面声明可能是适当的。

（1）治理层批准某项特定关联方交易，该项交易可能对财务报表产生重大影响或涉及管理层。

（2）治理层就某些关联方交易的细节向注册会计师做出口头声明。

（3）治理层在关联方或关联方交易中享有财务或者其他利益。

注册会计师还可能需要就管理层做出的某项特殊认定获取书面声明，如管理层对特殊关联方交易不涉及某些未予披露的"背后协议"的声明。

（二）与治理层沟通

除非治理层全部成员参与管理被审计单位，注册会计师应当与治理层沟通审计工作中发现的与关联方相关的重大事项。

注册会计师与治理层沟通审计工作中发现的与关联方相关的重大事项，有助于双方就这些事项的性质和解决方法达成共识。与关联方相关的重大事项包括以下几个。

（1）管理层有意或无意未向注册会计师披露关联方关系或重大关联方交易。沟通这一情况可以提醒治理层关注以前未识别的重要关联方和关联方交易。

（2）识别的未经适当授权和批准的、可能产生舞弊嫌疑的重大关联方交易。

（3）注册会计师与管理层在按照适用的财务报告编制基础的规定披露重大关联方交易方面存在分歧。

（4）违反适用的法律法规有关禁止或限制特定类型关联方交易的规定。

（5）在识别被审计单位最终控制方时遇到的困难。

第四节 | 评估持续经营假设

持续经营假设是会计确认和计量的基本假设之一，与财务报表的编制和审计关系重大。是否以持续经营假设为基础编制财务报表，对会计确认、计量和列报将产生很大影响。例如，对于固定资产，被审计单位在持续经营假设基础上，以历史成本计价，并在预计使用年限内对该项资产计提折旧。通过此方式，被审计单位可将资产的成本分摊到不同期间的费用中去，据以核算各个期间的损益。如果这一假设不再成立，该项资产应以清算价格计价。

持续经营审计

一、管理层的责任和注册会计师的责任

（一）管理层的责任

持续经营假设是编制财务报表的基础，管理层需要在编制财务报表时评估持续经营能力。管理层对持续经营能力的评估涉及在特定时点对事项或情况的未来结果做出判断，这些事项或情况的未来结果具有固有不确定性。下列因素与管理层的判断相关。

（1）某一事项或情况或其结果出现的时点距离管理层做出评估的时点越远，与事项或情况的结果相关的不确定性程度将显著增加。因此，明确要求管理层对持续经营能力做出评估的大多数财务报告编制基础可能规定了管理层应当考虑所有可获得信息的期间。

（2）被审计单位的规模和复杂程度、经营活动的性质和状况以及被审计单位受外部因素影响的程度，将影响管理层对事项或情况的结果做出的判断。

（3）对未来的所有判断都以做出判断时可获得的信息为基础。管理层做出的判断在当时情况下可能是合理的，但之后发生的事项可能导致事项或情况的结果与做出的判断不一致。

（二）注册会计师的责任

在执行财务报表审计业务时，注册会计师的责任是就管理层在编制和列报财务报表时运用持续经营假设的适当性获取充分、适当的审计证据，并就持续经营能力是否存在重大不确定性得出结论。

但是，如果存在可能导致被审计单位不再持续经营的未来事项或情况，由于审计的固有限制，注册会计师不能对这些未来事项或情况做出预测。注册会计师未在审计报告中提及持续经营的不确定性，不能被视为对被审计单位持续经营能力的保证。

二、风险评估程序和相关活动

实施风险评估程序时，注册会计师应当考虑是否存在可能导致对被审计单位持续经营能力产生重大疑虑的事项或情况，并确定管理层是否已对被审计单位持续经营能力做出初步评估。

如果管理层已对持续经营能力做出初步评估，注册会计师应当与管理层进行讨论，并确定管理层是否已识别出单独或汇总起来可能导致对被审计单位持续经营能力产生重大疑虑的事项或情况。如果管理层已识别出这些事项或情况，注册会计师应当与其讨论应对计划。如果管理层未对持续经营能力做出初步评估，注册会计师应当与管理层讨论其拟运用持续经营假设的基础，询问管理层是否存在单独或汇总起来可能导致对被审计单位持续经营能力产生重大疑虑的事项或情况。

被审计单位在财务、经营以及其他方面存在的某些事项或情况可能导致经营风险，这些事项或情况单独或连同其他事项或情况可能导致对持续经营假设产生重大疑虑。

（一）财务方面

（1）净资产为负或营运资金出现负数。资不抵债有可能使被审计单位在近期内无法偿还到期债务，从而引发债务危机。

（2）定期借款即将到期，但预期不能展期或偿还，或过度依赖短期借款为长期资产筹资。

（3）存在债权人撤销财务支持的迹象。

（4）历史财务报表或预测性财务报表表明经营活动产生的现金流量净额为负数。

（5）关键财务比率不佳。

（6）发生重大经营亏损或用以产生现金流量的资产的价值出现大幅下跌。

（7）拖欠或停止发放股利。

（8）在到期日无法偿还债务。

（9）无法履行借款合同的条款。

（10）与供应商的付款方式由赊购变为货到付款。

（11）无法获得开发必要的新产品或进行其他必要的投资所需的资金。

（二）经营方面

（1）管理层计划清算被审计单位或终止经营。

（2）关键管理人员离职且无人替代。

（3）失去主要市场、关键客户、特许权、执照或主要供应商。

（4）出现用工困难问题。

（5）重要供应短缺。

（6）出现竞争力非常强的竞争者。

（三）其他方面

（1）违反有关资本或其他法定要求。

（2）未决诉讼或监管程序可能导致其无法支付索赔金额。

（3）法律法规或政府政策的变化预期会产生不利影响。

（4）对发生的灾害未购买保险或保额不足。

需要说明的是，以上是单独或汇总起来可能导致对持续经营假设产生重大疑虑的事项或情况的示例。这些示例并不能涵盖所有事项或情况，也不意味着存在其中一个或多个项目就表明一定存在重大不确定性，就必然导致被审计单位无法持续经营。

针对有关可能导致对被审计单位持续经营能力产生重大疑虑的事项或情况的审计证据，注册会计师应当在整个审计过程中保持警觉。如果被审计单位存在资不抵债、无法偿还到期债务等事项或情况，则可能表明被审计单位存在因持续经营问题导致的重大错报风险，该项风险与财务报表整体广泛相关，从而会影响多项认定。

三、评价管理层对持续经营能力做出的评估

管理层对被审计单位持续经营能力的评估，是注册会计师考虑管理层运用持续经营假设的一个关键部分。注册会计师应当评价管理层对持续经营能力做出的评估。

（一）管理层评估涵盖的期间

在评价管理层对被审计单位持续经营能力做出的评估时，注册会计师的评价期间应当与管理层按照适用的财务报告编制基础或法律法规的规定做出评估的涵盖期间相同。

通常来讲，持续经营假设是指被审计单位在编制财务报表时，假定其经营活动在可预见的将来会继续下去，而可预见的将来通常是指财务报表日后 12 个月。

（二）管理层的评估、支持性分析和注册会计师的评价

纠正管理层缺乏分析的错误不是注册会计师的责任。在某些情况下，管理层缺乏详细分析以支

持其评估，这并不妨碍注册会计师确认管理层运用持续经营假设是否适合具体情况。例如，如果被审计单位具有盈利经营的记录并很容易获得财务支持，管理层可能不需要进行详细分析就能做出评估。在这种情况下，如果其他审计程序足以使注册会计师认为管理层在编制财务报表时运用的持续经营假设适合具体情况，注册会计师可能无须实施详细的评价程序，就可以对管理层评估的适当性得出结论。

在其他情况下，注册会计师评价管理层对被审计单位持续经营能力所做的评估，可能包括评价管理层做出评估时遵循的程序、评估依据的假设、管理层的未来应对计划以及管理层的计划在当前情况下是否可行。

在考虑管理层做出的评估所依据的假设时，注册会计师需要考虑管理层对相关事项或情况结果的预测所依据的假设是否合理，并特别关注以下几类假设。

（1）对预测性信息具有重大影响的假设。

（2）特别敏感的或容易发生变动的假设。

（3）与历史趋势不一致的假设。

注册会计师应当基于对被审计单位及其环境的了解，比较以前年度的预测与实际结果、本期的预测和截至目前的实际结果。如果发现某些因素的影响尚未反映在相关预测中，注册会计师需要与管理层讨论这些因素，必要时，要求管理层对相关预测所依据的假设做出修正。

四、超出管理层评估期间的事项或情况

注册会计师应当询问管理层是否知悉超出评估期间的、可能导致对持续经营能力产生重大疑虑的事项或情况。可能存在着超出管理层评估期间发生的已知的事项或情况，会导致注册会计师对管理层编制财务报表时运用的持续经营假设的适当性产生怀疑。注册会计师需要对存在这些事项或情况的可能性保持警觉。事项或情况发生的时点距离做出评估的时点越远，与事项或情况的结果相关的不确定性的程度越高，因此在考虑更远期间发生的事项或情况时，只有持续经营事项的迹象达到重大时，注册会计师才需要考虑采取进一步措施。如果识别出这些事项或情况，注册会计师可能需要提请管理层评价这些事项或情况对于其评估被审计单位持续经营能力的潜在重要性。在这种情况下，注册会计师应当通过实施追加的审计程序（包括考虑缓解因素），获取充分、适当的审计证据，以确定是否存在重大不确定性。

五、识别事项或情况时实施追加的审计程序

如果识别可能导致对持续经营能力产生重大疑虑的事项或情况，注册会计师应当通过实施追加的审计程序（包括考虑缓解因素），获取充分、适当的审计证据，以确定是否存在重大不确定性。这些程序应当包括以下几个。

（1）如果管理层尚未对被审计单位持续经营能力做出评估，提请其进行评估。如果管理层没有对持续经营能力做出初步评估，注册会计师应当与管理层讨论运用持续经营假设的理由，询问是否存在导致对持续经营能力产生重大疑虑的事项或情况，并提请管理层对持续经营能力做出评估。

（2）评价管理层与持续经营能力评估相关的未来应对计划，如变卖资产、对外借款、重组债务、削减或延缓开支等。这些计划的结果是否可能改善目前的状况，以及管理层的计划对于具体情况是否可行。

（3）如果被审计单位已编制现金流量预测表，且对预测的分析是评价管理层未来应对计划时所考虑的事项或情况的未来结果的重要因素，注册会计师应该评价用于编制预测的基础数据的可靠性，并确定预测所基于的假设是否具有充分的支持。

如果管理层的假设包括第三方通过放弃贷款优先求偿权、承诺保持或提供补充资金或担保等方式向被审计单位提供持续的支持，且这种支持对于被审计单位的持续经营能力很重要，注册会计师可能需要考虑要求该第三方提供书面确认（包括条款和条件），并获得有关该第三方有能力提供这种支持的证据。

（4）考虑管理层做出评估后是否存在其他可获得的事实或信息。

（5）要求管理层和治理层提供有关未来应对计划及其可行性的书面声明。如果合理预期不存在其他充分、适当的审计证据，注册会计师应当就对财务报表有重大影响的事项向管理层和治理层获取书面声明。

此外，尽管被审计单位当前可能是盈利的，但一些特殊的事项或情况可能导致被审计单位发生重大损失。为避免诸如诉讼事项可能发生的巨额赔偿支出，管理层将会考虑主动寻求破产保护。在这种情况下，获取管理层和治理层声明是非常有必要的。注册会计师可以要求管理层和治理层做出如下声明："在自财务报表日起的 12 个月内，管理层和治理层没有申请破产保护的计划。"

六、审计结论

注册会计师应当评价是否就管理层编制财务报表时运用持续经营假设的适当性获取了充分、适当的审计证据，并就运用持续经营假设的适当性得出结论。

注册会计师应当根据获取的审计证据，运用职业判断，确定是否存在与事项或情况相关的重大不确定性，且这些事项或情况单独或汇总起来可能导致对被审计单位持续经营能力产生重大疑虑，并考虑其对审计意见的影响。

（1）如果注册会计师根据职业判断认为，鉴于不确定性潜在影响的重要程度和发生的可能性，为了使财务报表实现公允反映，有必要适当披露该不确定性的性质和影响，则表明存在重大不确定性。

（2）如果认为运用持续经营假设适合具体情况，但存在重大不确定性，注册会计师应当确定以下事项。

① 财务报表是否已充分描述可能导致对持续经营能力产生重大疑虑的主要事项或情况，以及管理层针对这些事项或情况的应对计划。

② 财务报表是否已清楚披露可能导致对持续经营能力产生重大疑虑的事项或情况存在重大不确定性，并由此导致被审计单位可能无法在正常的经营过程中变现资产和清偿债务。

（3）如果已识别可能导致对被审计单位持续经营能力产生重大疑虑的事项或情况，但注册会计师认为不存在重大不确定性，则注册会计师应当根据适用的财务报告编制基础的规定，评价财务报表是否对这些事项或情况做出额外披露。

七、对审计报告的影响

（一）被审计单位运用持续经营假设适当但存在重大不确定性

如果运用持续经营假设是适当的，但存在重大不确定性，且财务报表对重大不确定性已做出充分披露，注册会计师应当发表无保留意见，并在审计报告中增加以"与持续经营相关的重大不确定性"为标题的单独部分，以实现下列目的。

（1）提醒财务报表使用者关注财务报表附注中对所述事项的披露。

（2）说明这些事项或情况表明存在可能导致对被审计单位持续经营能力产生重大疑虑的重大不确定性，并说明该事项并不影响发表的审计意见。

在极少数情况下，当存在多项对财务报表整体具有重要影响的重大不确定性时，注册会计师可能认为发表无法表示意见是适当的，而非发表增加以"与持续经营相关的重大不确定性"为标题的单独部分的无保留意见。

如果财务报表未做出充分披露，注册会计师应当发表保留意见或否定意见。注册会计师应当在审计报告中说明，存在可能导致对被审计单位持续经营能力产生重大疑虑的重大不确定性。

（二）运用持续经营假设不适当

如果注册会计师运用职业判断认为管理层在编制财务报表时运用持续经营假设是不适当的，则无论在财务报表中对管理层运用持续经营假设的不适当性是否做出披露，注册会计师均应发表否定意见。

如果在具体情况下运用持续经营假设是不适当的，但管理层被要求或自愿选择编制财务报表，则可以采用替代基础（如清算基础）编制财务报表。注册会计师可以对财务报表进行审计，前提是注册会计师确定替代基础在具体情况下是可接受的编制基础。如果财务报表对此做出了充分披露，注册会计师可以发表无保留意见，但也可能认为在审计报告中增加强调事项段是适当或必要的，以提醒财务报表使用者注意替代基础及其使用理由。

（三）严重拖延对财务报表的批准

如果管理层或治理层在财务报表日后严重拖延对财务报表的批准，注册会计师应当询问拖延的原因。如果认为拖延可能涉及与持续经营评估相关的事项或情况，注册会计师有必要实施前述识别出的可能导致对被审计单位持续经营能力产生重大疑虑的事项或情况时追加的审计程序，并就存在的重大不确定性考虑对审计结论的影响。

本章关键词汇

舞弊 fraudulent practices 违反法律法规行为 violation of laws and regulations

会计估计 accounting estimate 关联方 related party

持续经营 continuous operation

思考与练习题

（一）思考题

1. 什么是舞弊？什么是违反法律法规行为？二者有什么区别与联系？请举例说明。

2. 舞弊与错误的区别是什么？二者有什么联系？请举例说明。

3. 什么是会计估计？会计估计与会计政策有什么不同？如何区分？请举例说明。

4. 什么是关联方？如果关联方之间没有发生交易，在财务报表中需要披露吗？

5. 注册会计师在什么情况下需要考虑被审计单位的持续经营？

（二）分析题

甲注册会计师作为 XYZ 会计师事务所审计项目负责人，在审计以下单位 2019 年度财务报表时分别遇到以下情况。

（1）A 股份有限公司 2018 年度经审计后的净利润为-5 000 万元，已连续 3 年亏损。甲注册会计师通过评价管理层的具体改善措施，认为编制财务报表所依据的持续经营假设是合理的。

（2）C 股份有限公司 2019 年 10 月由于涉嫌侵犯 X 公司的专利权被起诉，法院已经受理，但至财务报表日尚未开庭审理。C 股份有限公司通过咨询律师认为败诉的可能性不大，因此，在 2019 年度财务报表附注中披露了该未决诉讼。甲注册会计师于 2020 年 3 月 13 日完成审计工作，C 股份有限公司决定在 2020 年 3 月 15 日将财务报表对外公布。2020 年 3 月 14 日法院开庭审理了此案并当庭宣判 C 股份有限公司败诉，并赔偿 X 公司损失 500 万元。C 股份有限公司决定不再上诉，就该事项未对 2019 年度财务报表做其他处理，也未将该事项告知甲注册会计师。

要求如下。

（1）针对情况（1），甲注册会计师应提出的审计处理建议及其具体内容。

（2）针对情况（2），如果甲注册会计师未发现该事项，请指出其是否有重大过失，并简要说明理由。如果甲注册会计师知悉了该事项，应如何考虑，假设此时已提交审计报告？

相关资料链接

1.《中国注册会计师审计准则第 1141 号——财务报表审计中与舞弊相关的责任》。

2.《中国注册会计师审计准则第 1321 号——审计会计估计（包括公允价值会计估计和相关披露）》。

3.《中国注册会计师审计准则第 1323 号——关联方》。

4.《中国注册会计师审计准则第 1324 号——持续经营》。

第十章 完成审计工作

本章学习目标

1. 知识目标
（1）了解如何对期后事项、或有事项进行审计。
（2）了解如何评价审计发现。
（3）了解如何与被审计单位沟通。
2. 能力目标
（1）能够根据具体的情形评价审计发现。
（2）掌握审计差异调整表和试算平衡表的编制方法。
（3）能够根据具体环境设计相应的审计程序，完成审计工作。

完成审计工作

第一节 评价审计发现

完成审计工作前，注册会计师应该复核审计工作底稿和财务报表，评价审计发现。

一、复核审计工作底稿和财务报表

（一）对财务报表总体合理性进行总体复核

在运用分析程序进行总体复核时，如果识别出以前未识别的重大错报风险，注册会计师应当重新考虑对全部或部分各类别的交易、账户余额、披露评估的风险是否恰当，并在此基础上重新评价之前计划的审计程序是否充分，是否有必要追加审计程序。

（二）复核审计工作底稿

遵循准则要求执行复核是确保注册会计师执业质量的重要手段之一。会计师事务所需要按照《质量控制准则第 5101 号——会计师事务所对执行财务报表审计和审阅、其他鉴证和相关服务业务实施的质量控制》和《中国注册会计师审计准则第 1121 号——对财务报表审计实施的质量控制》的相关规定，结合事务所自身组织架构特点和质量控制体系建设需要，制订相关的质量控制政策和程序，对审计项目复核（包括项目组内部复核和项目质量控制复核）的级次以及人员、时间、范围和工作底稿记录等做出规定。

1. 项目组内部复核

（1）复核人员。会计师事务所在安排复核工作时，应当由项目组内经验较多的人员复核经验较少的人员的工作。会计师事务所应当根据这一原则，确定有关复核责任的政策和程序。项目组需要在制订审计计划时确定复核人员的指派，以确保所有工作底稿均得到适当层级人员的复核。对一些较为复杂、审计风险较高的领域，如舞弊风险的评估与应对、重大会计估计及其他复杂的会计问题、审核会议记录和重大合同、关联方关系和交易、持续经营存在的问题等，需要指派经验丰富的项目组成员执行复核，必要时可以由项目合伙人执行复核。

（2）复核范围。所有的审计工作底稿至少要经过一级复核。执行复核时，复核人员需要考虑的事项包括：①审计工作是否已按照职业准则和适用的法律法规的规定执行；②重大事项是否已提请进一步考虑；③相关事项是否已进行适当咨询，由此形成的结论是否已得到记录和执行；④是否需要修改已执行审计工作的性质、时间安排和范围；⑤已执行的审计工作是否支持形成的结论，并已得到适当记录；⑥已获取的审计证据是否充分、适当；⑦审计程序的目标是否已实现。

（3）复核时间。审计项目复核贯穿审计全过程。随着审计工作的开展，复核人员应在审计计划阶段、执行阶段和完成阶段及时复核相应的工作底稿。例如，在审计计划阶段复核记录审计策略和审计计划的工作底稿，在审计执行阶段复核记录控制测试和实质性程序的工作底稿，在审计完成阶段复核记录重大事项、审计调整及未更正错报的工作底稿等。

（4）项目合伙人复核。在审计报告日或审计报告日之前，项目合伙人应当通过复核审计工作底稿与项目组讨论，确信已获取充分、适当的审计证据，以支持得出的结论和拟出具的审计报告。项目合伙人复核的内容包括：①对关键领域所做的判断，尤其是对在执行业务过程中识别的疑难问题或争议事项的判断；②特别风险；③项目合伙人认为重要的其他领域。项目合伙人无须复核所有审计工作底稿。

2. 项目质量控制复核

会计师事务所应当制订政策和程序，以明确项目质量控制复核的性质、时间安排和范围。这些政策和程序应当要求，只有完成项目质量控制复核，会计师事务所才可以签署业务报告。

（1）质量控制复核人员。会计师事务所应当制订政策和程序，解决项目质量控制复核人员的委派问题，明确项目质量控制复核人员的资格要求，包括：①履行职责需要的技术资格，包括必要的经验和权限；②在不损害其客观性的前提下，项目质量控制复核人员能够提供业务咨询的程度。

（2）质量控制复核范围。项目质量控制复核人员应当客观地评价项目组做出的重大判断以及在编制审计报告时得出的结论。评价工作应当涉及下列内容：①与项目合伙人讨论重大事项；②复核财务报表和拟出具的审计报告；③复核选取的与项目组做出的重大判断和得出的结论相关的审计工作底稿；④评价在编制审计报告时得出的结论，并考虑拟出具审计报告的恰当性。

（3）质量控制复核时间。注册会计师要考虑在审计过程中与项目质量复核人员积极协调配合，使其能够及时实施质量控制复核，而非在出具审计报告前才实施复核。例如，在审计计划阶段，项目质量控制复核人员复核项目组对会计师事务所独立性做出的评价、项目组在制订审计策略和审计计划时做出的重大判断及发现的重大事项等。

二、评价审计中的重大发现

在审计完成阶段，项目合伙人和审计项目组考虑以下重大发现和事项。

（1）期中复核时的重大发现及其对审计方法的影响。

（2）涉及会计政策的选择、运用和一贯性的重大事项，包括相关披露。

（3）就识别的重大风险，对审计策略和计划的审计程序所做的重大修正。

（4）在与管理层和其他人员讨论重大发现和事项时得到的信息。

（5）与注册会计师的最终审计结论相矛盾或不一致的信息。

对实施的审计程序的结果进行评价，可能全部或部分地揭示以下事项。

（1）为了实现计划的审计目标，是否有必要对重要性进行修订。

（2）对审计策略和计划的审计程序的重大修正，包括对重大错报风险评估结果的重要变动。

（3）对审计方法有重要影响的值得关注的内部控制缺陷和其他缺陷。

（4）财务报表中存在的重大错报。

（5）项目组成员内部，或项目组与项目质量控制复核人员或提供咨询的其他人员之间，就重大会计和审计事项达成最终结论时存在的意见分歧。

如果审计项目组内部、项目组与被咨询者之间以及项目合伙人与项目质量控制复核人员之间存在意见分歧，审计项目组应当遵循会计师事务所的政策和程序予以妥善处理。

三、评价审计过程中发现的错报

（一）错报的沟通和更正

及时与适当层级的管理层沟通错报事项是重要的，因为这能使管理层评价这些事项是否为错报，并采取必要行动，如有异议则告知注册会计师。适当层级的管理层通常是指有责任和权限对错报进行评价并采取必要行动的人员。

（二）评价未更正错报的影响

未更正错报，是指注册会计师在审计过程中累积的且被审计单位未予更正的错报。注册会计师在确定重要性时，通常依据对被审计单位财务结果的估计，因为此时可能尚不知道实际的财务结果，所以在评价未更正错报的影响之前，注册会计师有必要依据实际的财务结果对重要性做出修改。

在某些情况下，即使某些错报低于财务报表整体的重要性水平，但因与这些错报相关的某些情况，在将其单独或连同在审计过程中累积的其他错报一并考虑时对财务报表的整体影响较大，注册会计师也可能将这些错报评价为重大错报。例如，某项错报的金额虽然低于财务报表整体的重要性水平，但对被审计单位的盈亏状况有决定性的影响，注册会计师应认为该项错报是重大错报。

下列情况也可能影响注册会计师对错报的评价。

（1）错报对遵守监管要求的影响程度。

（2）错报对遵守债务合同或其他合同条款的影响程度。

（3）错报与会计政策的不正确选择或运用相关，这些会计政策的不正确选择或运用对当期财务报表不产生重大影响，但可能对未来期间财务报表产生重大影响。

（4）错报掩盖收益的变化或其他变化趋势的程度，尤其是在结合宏观经济背景和行业状况进行考虑时。

（5）错报对用于评价被审计单位财务状况、经营成果或现金流量的有关比率的影响程度。

（6）错报对财务报表中列报的分部信息的影响程度。例如，错报事项对某一分部或对被审计单位的经营或盈利能力有重大影响的其他组成部分的重要程度。

（7）错报对增加管理层薪酬的影响程度。例如，管理层通过达到有关奖金或其他激励政策规定的要求来增加薪酬。

（8）相对于注册会计师所了解的以前向财务报表使用者传达的信息（如盈利预测），错报是重大的。

（9）错报与涉及特定机构或人员的项目的相关程度。例如，与被审计单位发生交易的外部机构或人员是否与管理层成员有关联关系。

（10）错报涉及对某些信息的遗漏。尽管适用的财务报告编制基础未对这些信息做出明确规定，但是注册会计师根据职业判断认为这些信息对财务报表使用者了解被审计单位的财务状况、经营成果或现金流量是重要的。

（11）错报对其他信息（如包含在"管理层讨论与分析"或"经营与财务回顾"中的信息）的影响程度。这些信息与已审计财务报表一同披露，并被合理预期可能影响财务报表使用者做出的经济决策。

（三）书面声明

注册会计师应当要求管理层和治理层（如适用）提供书面声明，说明其是否认为未更正错报单独或汇总起来对财务报表整体的影响不重大。这些错报项目的概要应当包含在书面声明中或附在其后。由于编制财务报表要求管理层和治理层（如适用）调整财务报表以更正重大错报，注册会计师应当要求其提供有关未更正错报的书面声明。在某些情况下，管理层和治理层（如适用）可能并不认为注册会计师提出的某些未更正的错报是错报。基于这一原因，他们可能在书面声明中增加以下表述："因为××（描述理由），我们不同意××事项和××事项构成错报。"因此，即使获取了这一声明，注册会计师仍需要对未更正错报的影响形成结论。

第二节 审计期后事项

企业的经营活动是连续不断、持续进行的，但财务报表的编制却是建立在"会计分期假设"基础之上的。也就是说，作为主要审计对象的财务报表，其编制基础不过是对连续不断的经营活动的一种人为划分。因此，注册会计师在审计被审计单位某一会计年度的财务报表时，除了对所审会计年度内发生的交易和事项实施必要的审计程序外，还必须考虑所审会计年度之后发生和发现的事项对财务报表和审计报告的影响，以保证一个会计期间的财务报表的真实性和完整性。

一、期后事项的种类

期后事项是指财务报表日至审计报告日之间发生的事项，以及注册会计师在审计报告日后知悉的事实。

财务报表可能受到财务报表日后发生的事项的影响。适用的财务报告编制基础通常专门提及期后事项，将其区分为下列两类。一是对财务报表日已经存在的情况提供证据的事项，即对财务报表日已经存在的情况提供了新的或进一步证据的事项。这类事项影响财务报表金额，注册会计师需提请被审计单位管理层调整财务报表及与之相关的披露信息，这类事项称为"财务报表日后调整事项"。二是对财务报表日后发生的情况提供证据的事项，即表明财务报表日后发生的情况的事项。这类事项虽不影响财务报表金额，但可能影响对财务报表的正确理解，注册会计师需提请被审计单位管理层在财务报表附注中进行适当披露，这类事项称为"财务报表日后非调整事项"。

（一）财务报表日后调整事项

这类事项既为被审计单位管理层确定财务报表日账户余额提供信息，也为注册会计师核实这些余额提供补充证据。如果这类期后事项的金额重大，注册会计师应提请被审计单位对本期财务报表及相关的账户金额进行调整。以下是财务报表日后调整事项及被审计单位需进行的调整。

（1）财务报表日后诉讼案件结案，法院判决证实了被审计单位在财务报表日已经存在现时义务，需要调整原先确认的与该诉讼案件相关的预计负债，或确认一项新负债。

（2）财务报表日后取得确凿证据，表明某项资产在财务报表日发生了减值或者需要调整该项资产原先确认的减值金额。

（3）财务报表日后进一步确定了财务报表日前购入资产的成本或售出资产的收入。例如，被审计单位在财务报表日前购入一项固定资产，并投入使用。由于购入时尚未确定准确的购买价款，故先以估计的价格并加上其达到预定可使用状态前所发生的可归属于该项固定资产的运输费、装卸费、安装费和专业人员服务费等费用暂估入账，并按规定计提固定资产折旧。如果在财务报表日后商定了购买价款，取得了采购发票，被审计单位就应该据此调整该固定资产原值。

（4）财务报表日后发现了财务报表舞弊或差错。例如，在财务报表日以前，被审计单位根据合同规定所销售的商品已经发出，当时认为与该项商品所有权相关的风险和报酬已经转移，货款能够收回，按照收入确认原则确认了收入并结转了相关成本，即在财务报表日被审计单位确认为销售实现，并在财务报表中反映。但在财务报表日后至审计报告日之间所取得的证据证明该批已确认为销售的商品确实已经被退回。如果金额较大，注册会计师应考虑提请被审计单位调整财务报表有关项目的金额。

利用期后事项审计以确认被审计单位财务报表所列金额时，注册会计师应对财务报表日已经存在的事项和财务报表日后出现的事项严加区分，不能混淆。如果确认发生变化的事项直到财务报表日后才发生，就不应将财务报表日后的信息并入财务报表。

（二）财务报表日后非调整事项

这类事项因不影响财务报表日财务状况，所以不需要调整被审计单位的本期财务报表。但如果被审计单位的财务报表因此可能受到误解，就应在财务报表中以附注的形式予以适当披露。被审计单位在财务报表日后发生的，需要在财务报表中披露而非调整的事项通常包括以下几个。

（1）财务报表日后发生重大诉讼、仲裁、承诺。

（2）财务报表日后资产价格、税收政策、外汇汇率发生重大变化。

（3）财务报表日后因自然灾害导致资产发生重大损失。

（4）财务报表日后发行股票、债券以及其他巨额举债。

（5）财务报表日后资本公积转增资本。

（6）财务报表日后发生巨额亏损。

（7）财务报表日后发生企业合并或处置子公司。

（8）财务报表日后企业利润分配方案中拟分配的以及经审议批准宣告发放的股利或利润。

根据期后事项的上述定义，期后事项可以按发生时间划分为三个时段：第一个时段是财务报表日后至审计报告日，这一期间发生的事项称为"第一时段期后事项"；第二个时段是审计报告日后至财务报表报出日，这一期间发现的事项称为"第二时段期后事项"；第三个时段是财务报表报出日后，这一期间发现的事项称为"第三时段期后事项"。期后事项分段如图10-1所示。

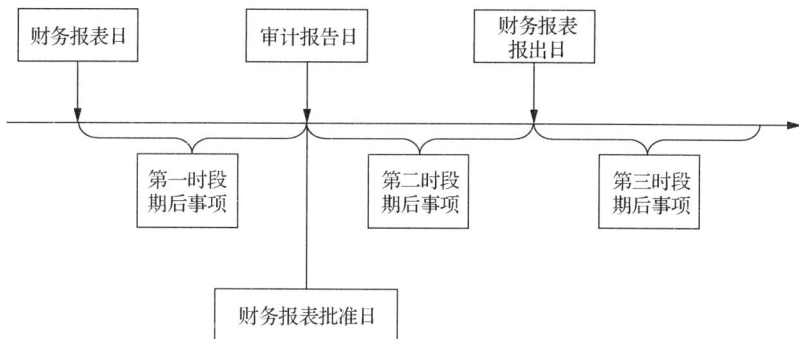

图 10-1　期后事项分段示意

二、第一时段期后事项

（一）注册会计师的责任

对于第一时段期后事项，注册会计师负有主动识别的义务。注册会计师应当设计和实施审计程序，获取充分、适当的审计证据，以确定所有在财务报表日至审计报告日之间发生的、需要在财务报表中调整或披露的事项均已得到识别。但是，注册会计师并不需要对之前已实施审计程序并已得出满意结论的事项执行追加的审计程序。

（二）用以识别期后事项的审计程序

注册会计师应当按照审计准则的规定实施审计程序，以使审计程序能够涵盖财务报表日至审计报告日（或尽可能接近审计报告日）之间的期间。在确定审计程序的性质和范围时，注册会计师应当考虑风险评估的结果。用以识别第一时段期后事项的审计程序通常包括以下几个。

（1）了解管理层为确保识别期后事项而建立的程序。

（2）询问管理层和治理层（如适用），确定是否已发生可能影响财务报表的期后事项。注册会计师可以询问根据初步或尚无定论的数据做出会计处理的项目的现状，以及是否已发生新的承诺、借款或担保，是否计划出售或购置资产等。

（3）查阅被审计单位的所有者、管理层和治理层在财务报表日后举行会议的纪要，在不能获取会议纪要的情况下，询问此类会议讨论的事项。

（4）查阅被审计单位最近的中期财务报表（如有）。

（5）查阅被审计单位在财务报表日后最近期间内的预算、现金流量预测和其他相关的管理报告。

（6）就诉讼和索赔事项询问被审计单位的法律顾问，或扩大之前口头或书面查询的范围。

（7）考虑是否有必要获取涵盖特定期后事项的书面声明以支持其他审计证据，从而获取充分、适当的审计证据。

（三）知悉对财务报表有重大影响的期后事项时的考虑

在实施上述审计程序后，如果注册会计师识别出对财务报表有重大影响的期后事项，应当确定这些事项是否按照适用的财务报告编制基础的规定在财务报表中得到恰当反映。

如果知悉的期后事项属于调整事项，注册会计师应当考虑被审计单位是否已对财务报表做出适当的调整。如果知悉的期后事项属于非调整事项，注册会计师应当考虑被审计单位是否在财务报表附注中予以充分披露。

三、第二时段期后事项

（一）注册会计师的责任

第二时段期后事项发生在审计报告日后，财务报表报出日之前。对于该类事项，注册会计师没有义务针对财务报表实施任何审计程序。但是，在这一阶段，被审计单位的财务报表并未报出，管理层有责任将发现的可能影响财务报表的事项告知注册会计师。在这种情况下，注册会计师具有被动识别的责任。当然，注册会计师还可能从媒体报道、举报信或者证券监管部门告知等途径获悉影响财务报表的期后事项。

（二）知悉第二时段期后事项时的考虑

在审计报告日后至财务报表报出日前，注册会计师如果知悉了某事实，且若在审计报告日知悉其可能导致修改审计报告，应当与管理层和治理层（如适用）讨论该事项，确定财务报表是否需要修改。如果需要修改，注册会计师应询问管理层将如何在财务报表中处理该事项。

1. 管理层修改财务报表时的处理

如果管理层修改财务报表，注册会计师应当根据具体情况对有关修改实施必要的审计程序；同时，除非下文述及的特殊情况适用，注册会计师应当将用以识别期后事项的上述审计程序延伸至新的审计报告日，并针对修改后的财务报表出具新的审计报告。新的审计报告日不应早于修改后的财务报表被批准的日期。

此时，注册会计师需要获取充分、适当的审计证据，以验证管理层根据期后事项所做出的财务报表调整或披露是否符合适用的财务报告编制基础的规定。

在有关法律法规或适用的财务报告编制基础未禁止的情况下，如果管理层对财务报表的修改仅限于反映导致修改的期后事项的影响，被审计单位的董事会、管理层或类似机构也仅对有关修改进行批准，注册会计师可以仅针对有关修改将用以识别期后事项的上述审计程序延伸至新的审计报告日（以下简称"特定情形"）。在这种情况下，注册会计师应当选用下列处理方式之一。

（1）修改审计报告，针对财务报表修改部分增加补充报告日期，从而表明注册会计师对期后事项实施的审计程序仅限于财务报表相关附注所述的修改。在这种处理方式下，注册会计师修改审计报告，针对财务报表修改部分增加补充报告日期，而对管理层做出修改前的财务报表出具的原审计报告日期保持不变。之所以这样处理是因为，原审计报告日期告知财务报表使用者针对该财务报表的审计工作何时完成；补充报告日期告知财务报表使用者自原审计报告日之后实施的审计程序仅针对财务报表的后续修改。有关补充报告日期的示例如下："除附注××所述事项的日期为××（仅针对附注××所述修改的审计程序完成日期）之外，××（原审计报告日）。"

（2）出具新的或经修改的审计报告，在强调事项段或其他事项段中说明注册会计师对期后事项实施的审计程序仅限于财务报表相关附注所述的修改。

2. 管理层不修改财务报表且审计报告未提交时的处理

如果认为管理层应当修改财务报表而没有修改，并且审计报告尚未提交给被审计单位，注册会计师应当发表非无保留意见，然后再提交审计报告。

3. 管理层不修改财务报表且审计报告已提交时的处理

如果认为管理层应当修改财务报表而没有修改，并且审计报告已经提交给被审计单位，注册会计师应当通知管理层和治理层，在财务报表做出必要修改前不要向第三方报出。如果财务报表在未经必要修改的情况下仍被报出，注册会计师应当采取适当措施，以防止财务报表使用者信赖该审计报告。例如，针对上市公司，注册会计师可以利用证券传媒等刊登必要的声明，防止财务报表使用者信赖审计报告。注册会计师采取的措施取决于自身的权利和义务以及所征询的法律意见。

四、第三时段期后事项

（一）注册会计师的责任

对于第三时段期后事项，注册会计师没有义务针对财务报表实施任何审计程序。但是，并不排除注册会计师通过媒体等其他途径获悉可能对财务报表产生重大影响的期后事项的可能性。

（二）知悉第三时段期后事项时的考虑

在财务报表报出后，如果知悉了某事实，且若在审计报告日知悉可能导致修改审计报告，注册会计师应当与管理层和治理层（如适用）讨论该事项，确定财务报表是否需要修改。如果需要修改，注册会计师应询问管理层将如何在财务报表中处理该事项。应当指出的是，需要注册会计师在知悉后采取行动的第三时段期后事项是有严格限制的：第一，这类期后事项应当具有在审计报告日已经存在的事实；第二，该事实如果被注册会计师在审计报告日前获知，可能影响审计报告。只有同时满足这两个条件，注册会计师才需要采取行动。

1. 管理层修改财务报表时的处理

如果管理层修改了财务报表，注册会计师应当采取以下必要的措施。①根据具体情况对有关修改实施必要的审计程序。例如，查阅法院判决文件、复核会计处理或披露事项，确定管理层对财务报表的修改是否恰当。②复核管理层采取的措施能否确保所有收到原财务报表和审计报告的人士了解这一情况。③延伸实施审计程序，并针对修改后的财务报表出具新的审计报告。④在特殊情况下，修改审计报告或提供新的审计报告。

需要提醒的是，注册会计师应当在新的或经修改的审计报告中增加强调事项段或其他事项段，以提醒财务报表使用者关注财务报表附注中有关修改原财务报表的详细原因和注册会计师提供的原审计报告。

2. 管理层未采取任何行动时的处理

如果管理层没有采取必要措施确保所有收到原财务报表的人士了解这一情况，也没有在注册会计师认为需要修改的情况下修改财务报表，注册会计师应当通知管理层和治理层（如适用），同时，设法防止财务报表使用者信赖该审计报告。如果注册会计师已经通知管理层或治理层，而管理层或治理层没有采取必要措施，注册会计师应当采取适当措施，以设法防止财务报表使用者信赖该审计报告。注册会计师采取的措施取决于自身的权利和义务。因此，注册会计师可能认为寻求法律意见是适当的。

第三节 审计或有事项

一、或有事项的概念及其特点

（一）或有事项的概念

或有事项是指过去的交易或者事项形成的，其结果需由某些未来事项的发生或不发生才能证实的不确定事项。

（二）或有事项的特征

或有事项的基本特征包括以下几个。

1. 由过去交易或事项形成

或有事项的现时状况是过去交易或事项引起的客观存在。或有事项作为客观存在的一种状况，它的结果对企业产生的是有利影响还是不利影响，或虽已知是有利影响或不利影响，但影响有多大，只能由未来发生的交易或事项确定，现在尚不能完全肯定。例如，未决诉讼虽然是正在进行的诉讼，但它是企业由过去的经济行为起诉其他单位或被其他单位起诉引起的，是现存的一种状况，不是未来将要发生的事项。未来可能发生的自然灾害、交通事故、经营亏损等，不属于或有事项。

2. 结果具有不确定性

或有事项的结果是否发生具有不确定性；或者或有事项的结果预计将会发生，但发生的具体时间或金额具有不确定性。

第一，或有事项的结果是否发生具有不确定性。例如，为其他单位提供债务担保，如果被担保方到期无力还款，那么担保方将负连带责任。对于担保方而言，担保事项构成其或有事项，但最后担保方是否应履行连带责任，在担保协议达成时是不能确定的。

第二，或有事项的结果即使预料会发生，但具体发生的时间或发生的金额具有不确定性。例如，某企业因治理"三废"不力并对周围环境造成污染而被起诉，一般情况，该企业很可能败诉。但是，在诉讼成立时，该企业因败诉将支出多少金额，或支出发生在何时，是难以确知的。

3. 结果由未来事项决定

或有事项的结果只能由未来不确定事项的发生或不发生决定。或有事项的结果受不确定因素的影响，而这种不确定因素的消失，需要由未来不确定事项的发生或不发生来证实。例如，未决诉讼只有等到法院判决才能确定其结果；债务担保事项中，只有在被担保方到期无力还款时，担保方才承担连带责任。或有事项的结果具有只能由未来发生的事项证实的特征，这说明或有事项具有时效性。

（三）主要或有事项

常见的或有事项主要有：未决诉讼或仲裁、债务担保、产品质量保证（含产品安全保证）、承诺、亏损合同、重组义务、商业承兑汇票背书转让或贴现等。其中，亏损合同、重组义务是新企业会计准则特别规定的或有事项。

（四）或有负债及或有资产

与或有事项相关的重要概念包括或有负债及或有资产。

或有负债是指过去的交易或者事项形成的潜在义务，其存在需通过未来不确定事项的发生或不发生予以证实；或过去的交易或事项形成的现时义务，履行该义务不是很可能导致经济利益流出企业或该义务的金额不能可靠计量。

或有资产是指过去的交易或事项形成的潜在资产，其存在需通过未来不确定的发生或不发生予以证实。

二、或有事项审计程序

由于或有事项的种类不同，注册会计师在审计被审计单位的或有事项时，所

或有事项的种类

采取的程序也各不相同。针对被审计单位发生的或有事项，注册会计师采用以下审计程序。

（1）向被审计单位管理层询问其确定、评价与控制或有事项方面的有关方针政策和工作程序。在询问活动中，注册会计师应具体关注被审计单位所反映的或有事项种类。显然，对或有事项方面的刻意欺诈及舞弊不可能通过询问手段来发现，但是，对无意的漏报、错报或会计反映不完全的事项，注册会计师可以通过询问手段来发现。

（2）向被审计单位的管理层索取下列资料，做必要的审核和评价：①被审计单位管理层的书面声明，保证其已按照会计准则要求对全部或有事项进行了反映；②现存的有关或有事项的全部文件和凭证；③被审计单位与银行或其他业务单位的往来函件；④有关被审计单位的债务说明书。

严格地讲，这些重要资料可能会成为注册会计师发现问题的重要会计凭证或审计证据，但前提是注册会计师一定要深入、细致地分析和研究这些资料的合理性和合法性，以判断或有事项的会计处理是否恰当。

（3）向被审计单位的法律顾问和律师进行函证，以获取法律顾问和律师对被审计单位资产负债表日已存在的以及资产负债表日至复函日期间存在的或有事项的确认证据。函证作为实质性测试的重要方法，既可得到第三方的独立评价资料，也可进一步印证涉及法律方面的有关或有事项已得到法律上的专业界定，如未决诉讼和税务纠纷等方面的问题。

（4）复核上期和被审计期间税务机构的税收结算报告。注册会计师从相关文件中可能会发现许多纳税方面的争执之处，从而也可能发现许多或有事项中存在的问题。

（5）向与被审计单位有业务往来的银行寄发含有要求银行提供被审计单位或有事项的询证函。对于涉及金融交易方面的许多或有事项，如商业票据贴现、应收账款抵借、通融票据背书和银行信用担保等事项，注册会计师只有在与被审计单位有关联的银行处，才能获取有关或有事项信息可靠性及相关性的依据，因此，注册会计师一定要从银行的回函中进一步发现或挖掘相关信息，以充分判断被审计单位是否恰当地反映了相关会计信息。

在审查上市公司的信用担保业务中，注册会计师要特别注意把握好以下几个量化界限。

① 检查被审计单位是否存在为控股股东及持股 50%以下的其他关联方、任何非法人单位或个人提供担保。

② 复算被审计单位对外担保总额是否超过最近一个会计年度合并报表净资产的 50%。

③ 检查被审计单位是否存在直接或间接为资产负债率超过 70%的被担保对象提供担保。

④ 检查被审计单位在对外担保时是否要求对方提供反担保，判断反担保的提供方是否具有实际承担能力。

（6）审阅截至审计外勤工作完成日被审计单位历次董事会纪要和股东大会记录，确认是否存在未决诉讼、税务纠纷、债务担保、产品质量保证等方面的记录。

（7）复核现存的审计工作底稿，寻找任何可以说明潜在或有事项的资料。例如，分析被审计期间发生的法律和其他专业服务费用；从法律顾问那里获取与被审计单位有关的服务费发票副本和有关说明，看其是否表明存在或有负债，特别是诉讼或未决税款估价等方面的问题。

（8）寻查被审计单位对未来事项和协议的财务承诺，并向管理层询问。由于财务承诺与或有事项存在密切关联，所以，注册会计师应合理判断某些承诺的会计影响。例如，按某一固定价格租赁设备及购买原材料方面的承诺，可能直接或间接地影响被审计单位的财务状况及经营成果。注册会计师应当审阅历次股东大会、董事会及管理层的重要会议记录和文件档案，以确定是否存在不可撤消的财务承诺事项，如已签约但尚未履行或尚未完全履行的对外投资、大额发包项目、租赁项目和财产抵押等。

（9）确认或有事项的确认和计量是否符合规定，会计处理是否正确。

① 根据企业会计准则的规定，企业对外提供担保可能产生的负债，如果符合有关确认条件，应当确认为预计负债。在担保涉及诉讼的情况下，企业如果已被判决败诉，则应当按照法院判决的应承担损失的金额，确认为预计负债，并计入当期营业外支出（不含诉讼费，下同）；如果已判决败诉，但企业正在上诉，或者经上一级法院裁定暂缓执行，或者由上一级法院发回重审等，企业应当在资产负债表日，根据已有判决结果合理估计可能产生的损失金额，确认为预计负债，并计入当期营业外支出；如果法院尚未判决，企业应向其律师或法律顾问等咨询，估计败诉的可能性，以及败诉后可能发生的损失金额，并取得有关书面意见。如果败诉的可能性大于胜诉的可能性，并且损失金额能够合理估计，企业应当在资产负债表日将预计担保损失金额确认为预计负债，并计入当期营业外支出。

② 企业当期实际发生的担保诉讼损失金额与已计提的相关预计负债之间的差额，应分情况处理。

企业若在前期资产负债表日，根据当时实际情况和所掌握的证据，合理预计了预计负债，应当将当期实际发生的担保诉讼损失金额与已计提的相关预计负债之间的差额，直接计入当期营业外支出或营业外收入。

企业若在前期资产负债表日，依据当时实际情况和所掌握的证据，本应合理估计并确认、计量因担保诉讼产生的损失，但企业所做的估计却与当时的事实严重不符，应当视为滥用会计估计，按照重大会计差错更正进行会计处理。

企业若在前期资产负债表日，依据当时实际情况和所掌握的证据，确实无法合理确认和计量因诉讼担保产生的损失，因而未确认预计负债，应将该项损失在实际发生的当期，直接计入当期营业外支出或营业外收入。

③ 资产负债表日后至财务报告批准报出日之间发生的需要调整或说明的担保诉讼事项，按照资产负债表日后事项的有关规定进行会计处理。

（10）确认或有事项在会计报表中的披露是否恰当。按照《企业会计准则第 13 号——或有事项》的规定，或有负债和或有资产在会计报表及其附注中的反映是完全不同的。

对于通过或有事项所确认的负债，企业应在资产负债表中单列项目反映，与所确认负债有关的费用或支出应在扣除确认的补偿金额后，在利润表中反映。企业还应在会计报表附注中披露如下或有负债：①已贴现商业承兑汇票的或有负债；②未决诉讼和未决仲裁形成的或有负债；③为其他单位提供债务担保形成的或有负债；④其他或有负债，不包括极小可能导致经济利益流出企业的或有负债。

对上述或有负债，企业应在会计报表附注中分类披露或有负债形成的原因、预计产生的财务影响（如无法预计，应说明理由）以及获得补偿的可能性等内容。对于财务承诺，企业则应当按规定在会计报表附注中披露承诺事项的性质、承诺的对象、承诺的主要内容、承诺的时间期限、承诺的金额以及相关的违约责任等内容。但对未决诉讼和未决仲裁形成的或有负债的披露有个例外——如果披露其全部或部分信息预期会对企业造成重大不利影响，则企业只需披露该未决诉讼、仲裁的形成原因。

对于或有资产，企业既不应在会计报表中予以确认，也不应在会计报表附注中披露。但当或有资产很可能会给企业带来经济利益时，则企业应在会计报表附注中披露其形成的原因；如果能够预计其产生的财务影响，企业还应对此做相应披露。

第四节 | 获取书面声明

书面声明，是指管理层向注册会计师提供的书面陈述，用以确认某些事项或支持其他审计证据。书面声明不包括财务报表及其认定，以及支持性账簿和相关记录。

书面声明是注册会计师在财务报表审计中需要获取的必要信息，是审计证据的重要来源。如果管理层修改书面声明的内容或不提供注册会计师要求的书面声明，可能使注册会计师警觉存在重大问题的可能性。而且，在很多情况下，要求管理层提供书面声明而非口头声明，可以促使管理层更加认真地考虑声明所涉及的事项，从而提高声明的质量。

尽管书面声明提供了必要的审计证据，但其本身并不为所涉及的任何事项提供充分、适当的审计证据。而且，管理层已提供可靠书面声明的事实，并不影响注册会计师就管理层责任履行情况或具体认定获取的其他审计证据的性质和范围。

一、针对管理层责任的书面声明

针对财务报表的编制，注册会计师应当要求管理层提供书面声明，确认其根据审计业务约定条款，履行了按照适用的财务报告编制基础编制财务报表并使其实现公允反映（如适用）的责任。

注册会计师应当要求管理层就下列事项提供书面声明。

（1）按照审计业务约定条款，已向注册会计师提供所有相关信息，并允许注册会计师不受限制地接触所有相关信息以及被审计单位内部人员和其他相关人员。

（2）所有交易均已记录并反映在财务报表中。

如果未从管理层获取其确认已履行责任的书面声明，注册会计师在审计过程中获取的有关管理层已履行这些责任的其他审计证据是不充分的。这是因为，仅凭其他审计证据不能判断管理层是否在认可并理解其责任的基础上，编制和列报财务报表并向注册会计师提供了相关信息。例如，如果未向管理层询问其是否提供了审计业务约定条款中要求提供的所有相关信息，也没有获得管理层的确认，注册会计师就不能认为管理层已提供了这些信息。

基于管理层认可并理解在审计业务约定条款中提及的管理层的责任，注册会计师可能还要求管理层在书面声明中再次确认其对自身责任的认可与理解。当存在下列情况时，这种确认尤为适当。

（1）代表被审计单位签订审计业务约定条款的人员不再承担相关责任。

（2）审计业务约定是在以前年度签订的。

（3）有迹象表明管理层误解了其责任。

（4）情况的改变需要管理层再次确认其责任。

当然，再次确认管理层对自身责任的认可与理解，并不限于管理层已知的全部事项。

二、其他书面声明

除《中国注册会计师审计准则第 1341 号——书面声明》和其他审计准则要求的书面声明外，如果注册会计师认为有必要获取一项或多项其他书面声明，以支持与财务报表或者一项或多项具体认定相关的其他审计证据，注册会计师应当要求管理层提供这些书面声明。其他书面声明如下所示。

（一）关于财务报表的额外书面声明

除了针对财务报表的编制，注册会计师应当要求管理层提供基本书面声明以确认其履行了责任外，注册会计师可能认为有必要获取有关财务报表的其他书面声明。其他书面声明可能是对基本书面声明的补充，但不构成其组成部分。其他书面声明可能包括针对下列事项做出的声明。

（1）会计政策的选择和运用是否适当。

（2）是否按照适用的财务报告编制基础对下列事项（如相关）进行了确认、计量、列报或披露：①可能影响资产和负债账面价值或分类的计划或意图；②负债，包括实际负债和或有负债；③资产的所有权或控制权，资产的留置权或其他物权，用于担保的抵押资产；④可能影响财务报表的法律法规及合同，包括违反法律法规及合同的行为。

（二）与向注册会计师提供信息有关的额外书面声明

除了针对管理层提供的信息和交易的完整性的书面声明外，注册会计师可能认为有必要要求管理层提供书面声明，确认其已将注意到的所有内部控制缺陷向注册会计师通报。

（三）关于特定认定的书面声明

在获取有关管理层的判断和意图的证据时，或在对判断和意图进行评价时，注册会计师可能考虑下列一项或多项事项。

（1）被审计单位以前对声明的意图的实际实施情况。

（2）被审计单位选取特定措施的理由。

（3）被审计单位实施特定措施的能力。

（4）是否存在审计过程中已获取的、可能与管理层判断或意图不一致的任何其他信息。

此外，注册会计师可能认为有必要要求管理层提供有关财务报表特定认定的书面声明，尤其是支持注册会计师就管理层的判断或意图或者完整性认定从其他审计证据中获取的了解。例如，如果管理层的意图对投资的计价基础非常重要，但若不能从管理层获取有关该项投资意图的书面声明，注册会计师就不可能获取充分、适当的审计证据。尽管这些书面声明能够提供必要的审计证据，但其本身并不能为财务报表特定认定提供充分、适当的审计证据。

三、书面声明的内容与形式

书面声明的主要内容包括以下三个方面。

（1）财务报表方面。管理层认可其对财务报表编制的责任；管理层认可其设计、实施和维护内部控制以防止或发现并纠正错报的责任；管理层认可注册会计师在审计过程中发现的未更正错报，且未更正错报对财务报表整体不具有重大影响。

（2）信息的完整性方面。所有财务信息和其他数据的可获得性；所有股东和董事会会议记录的完整性和可获得性；就违反法规行为事项，被审计单位与监管机构沟通的书面文件的可获得性；与未记录交易相关的资料的可获得性；涉及管理层及对内部控制具有重大影响的雇员舞弊行为或舞弊嫌疑的信息的可获得性。

（3）确认、计量和列报方面。对资产或负债的确认或列报具有重大影响的计划意图；关联方交易，以及涉及关联方的应收款项或应付款项；需要在财务报表中披露的违反法规的行为；需要确认或披露的或有事项，对财务报表具有重大影响的承诺事项和需要偿付的担保等；对财务报表具有重大影响的合同的遵守情况；对财务报表具有重大影响的重大不确定性事项；被审计单位对资产的拥有或控制情况，以及抵押、质押或留置的资产；持续经营假设的合理性；需要调整或披露的期后事项。注册会计师可根据事项的复杂程度和重要性，将其全部事项列入管理层书面声明中，或就某个事项向管理层获取专项书面声明。

声明书范例

四、对书面声明可靠性的疑虑

对书面声明可靠性的疑虑可能包括以下几点。

（1）对管理层的胜任能力、诚信、道德价值观或勤勉尽责存在疑虑。如果对管理层的胜任能力、诚信、道德价值观或勤勉尽责存在疑虑，或者对管理层在这些方面的承诺或贯彻执行存在疑虑，注册会计师应当确定这些疑虑对书面或口头声明和审计证据总体的可靠性可能产生的影响。注册会计师可能认为，管理层在财务报表中做出不实陈述的风险很大，以至于审计工作无法进行。在这种情况下，除非治理层采取适当的纠正措施，否则注册会计师可能需要考虑解除业务约定（如果法律法规允许）。很多时候，治理层采取的纠正措施可能并不足以使注册会计师发表无保留意见。

（2）书面声明与其他审计证据不一致。如果书面声明与其他审计证据不一致，注册会计师应当实施审计程序以设法解决这些问题。注册会计师可能需要考虑风险评估结果是否仍然适当。如果认为不适当，注册会计师需要修正风险评估结果，并确定进一步审计程序的性质、时间安排和范围，以应对评估的风险。如果问题仍未解决，注册会计师应当重新考虑对管理层的胜任能力、诚信、道德价值观和勤勉尽责的评估，或者重新考虑对管理层在这些方面的承诺或贯彻执行的评估，并确定书面声明与其他审计证据的不一致对书面或口头声明和审计证据总体的可靠性可能产生的影响。

如果认为书面声明不可靠，注册会计师应当采取适当措施，包括确定其对审计意见可能产生的影响。

注册会计师如果对管理层的诚信产生重大疑虑，以至于认为其做出的书面声明不可靠，应当对财务报表发表无法表示意见。

五、管理层不提供书面声明时的考虑

如果管理层不提供要求的一项或多项书面声明，注册会计师应当采取以下措施。

（1）与管理层讨论该事项。

（2）重新评价管理层的诚信，并评价该事项对书面或口头声明和审计证据总体的可靠性可能产生的影响。

（3）采取适当措施，包括确定该事项对审计意见可能产生的影响。

如果管理层不提供下列书面声明，注册会计师应当对财务报表发表无法表示意见。

① 针对财务报表的编制，管理层确认其根据审计业务约定条款，履行了按照适用的财务报告编制基础编制财务报表并使其实现公允反映（如适用）的责任。

② 针对提供的信息和交易的完整性，管理层应就下列事项提供书面声明：第一，按照审计业务约定条款，已向注册会计师提供所有相关信息，并允许注册会计师不受限制地接触所有相关信息以及被审计单位内部人员和其他相关人员；第二，所有交易均已记录并反映在财务报表中。

这是因为，仅凭其他审计证据，注册会计师不能判断管理层是否履行了上述两个方面的责任。如果注册会计师认为有关这些事项的书面声明不可靠，或者管理层不提供有关这些事项的书面声明，则注册会计师无法获取充分、适当的审计证据，这对财务报表的影响可能是广泛的，并不局限于财务报表的特定要素、账户或项目。在这种情况下，注册会计师需要对财务报表发表无法表示意见。

第五节 编制审计差异调整表及试算平衡表

注册会计师完成上述审计程序后，项目组成员开始初步确定并汇总审计差异。所谓审计差异，是指注册会计师针对在审计过程中发现的被审计单位会计处理方法与有关企业会计准则、国家法规不一致的地方所总结的意见。对于经过汇总的审计差异，注册会计师应当提请被审计单位进行必要的调整及披露，以使会计信息能够客观、真实地反映被审计单位的财务状况、经营成果和现金流动信息。注册会计师编制审计差异调整表及试算平衡表的过程，也是初步确定并汇总双方意见分歧并由注册会计师提出调整建议的过程。

一、编制审计差异调整表

按照是否需要调整账户记录，注册会计师可以把审计差异分为核算误差及重分类误差两种。所谓核算误差，是指因被审计单位对经营业务进行了不正确的会计核算而引起的误差。依据审计基本原则来衡量核算误差，又可以将核算误差划分为建议调整的不符事项和不建议调整的不符事项（即未调整不符事项）。所谓重分类误差，是指因被审计单位未按有关会计准则及制度编制财务报告而引起的误差。

为了进一步帮助审计项目负责人系统、综合地判断和分析各类误差的性质，无论是建议调整、不建议调整的不符事项，还是重分类误差，注册会计师都需要将这三类误差分别汇总到调整分录汇总表、重分类汇总表和未调整不符事项汇总表当中。三张汇总表的参考格式如表 10-1、表 10-2 和表 10-3 所示。

表 10-1   调整分录汇总表

客户 _____
项目 调整分录汇总表
会计期间 _____

签名   日期
编制人_____ _____
复核人_____ _____

索引号_____
页次_____

| 序号 | 调整内容及项目 | 索引号 | 调整金额 | | 影响利润+（－） |
			借方	贷方	

表 10-2   重分类汇总表

客户 _____
项目 重分类汇总表
会计期间 _____

签名   日期
编制人_____ _____
复核人_____ _____

索引号_____
页次_____

| 序号 | 重分类内容及重分类项目 | 索引号 | 调整金额 | | 备注 |
			借方	贷方	

表 10-3   未调整不符事项汇总表

客户 _____
项目 未调整不符事项汇总表
会计期间 _____

签名   日期
编制人_____ _____
复核人_____ _____

索引号_____
页次_____

| 序号 | 重分类内容及重分类项目 | 索引号 | 未调整金额 | | 备注 |
			借方	贷方	

未予调整的影响：

项目	金额	百分比	计划百分比
1. 净利润	_____	_____	_____
2. 净资产	_____	_____	_____
3. 资产总额	_____	_____	_____
4. 主营业务收入	_____	_____	_____

结论：

在研究和分析核算误差的时候，注册会计师应当考虑下列审计重要性原则。

（1）单笔核算误差超过所涉及财务报告项目层次重要性水平的事项应当归属于建议调整的不符事项。

（2）单笔核算误差低于所涉及会计报表项目层次重要性水平，但性质重要的事项（即金额小但性质严重的事项），应当归属于建议调整的不符事项。注册会计师没有预料到的股本变化、被审计单位涉及会计欺诈方面的违法行为、严重影响收益发展趋势的核算误差等，都属于建议调整的不符事项。

（3）单笔核算误差低于所涉及会计报表项目层次重要性水平，且性质也不严重的事项，属于未调整不符事项；但如果若干未调整不符事项汇总数超过了会计报表层次的重要性水平，注册会计师则应从中选出几个事项，转为建议调整的不符事项并直接过入调整分录汇总表，使未调整不符事项的汇总金额降至重要性水平之下。

二、编制试算平衡表

试算平衡表是为了确定注册会计师已审数据与会计报表之间差距的表格。它是在被审计单位提供未审会计报表的基础上编制的，考虑了调整分录、重分类分录等内容。试算平衡表基本格式如表 10-4 和表 10-5 所示。

表 10-4　　　　　　　　　　　　资产负债表试算平衡表工作底稿

客户 ＿＿＿＿＿＿＿＿＿　　　　　签名　　　　日期
项目 资产负债表试算平衡表工作底稿　　编制人＿＿＿ ＿＿＿＿　　索引号＿＿＿＿
会计期间 ＿＿＿＿＿＿＿＿＿　　　　复核人＿＿＿ ＿＿＿＿　　页次＿＿＿＿

项目	审计前金额借方	调整金额		审定金额借方	重分类调整		报表反映数借方
		借方	贷方		借方	贷方	
流动资产：							
货币资金							
交易性金融资产							
衍生金融资产							
应收票据							
应收账款							
预付款项							
其他应收款							
存货							
合同资产							
持有待售资产							
一年内到期的非流动资产							
其他流动资产							
流动资产合计							
非流动资产：							
债权投资							
其他债权投资							
长期应收款							
长期股权投资							
其他权益工具投资							
其他非流动金融资产							
投资性房地产							
固定资产							

项目	审计前金额借方	调整金额		审定金额借方	重分类调整		报表反映数借方
		借方	贷方		借方	贷方	
在建工程							
生产性生物资产							
油气资产							
无形资产							
开发支出							
商誉							
长期待摊费用							
递延所得税资产							
其他非流动资产							
非流动资产合计							
资产总计							
流动负债：							
短期借款							
交易性金融负债							
衍生金融负债							
应付票据							
应付账款							
预收款项							
合同负债							
应付职工薪酬							
应交税费							
其他应付款							
持有待售负债							
一年内到期的非流动负债							
其他流动负债							
流动负债合计							
非流动负债：							
长期借款							
应付债券							
长期应付款							
预计负债							
递延所得税负债							
其他非流动负债							
非流动负债合计							
负债合计							
所有者权益（或股东权益）：							
实收资本（或股本）							

续表

项目	审计前金额贷方	调整金额		审定金额贷方	重分类调整		报表反映数贷方
		借方	贷方		借方	贷方	
其他权益工具							
资本公积							
减：库存股							
其他综合收益							
专项储备							
盈余公积							
未分配利润							
所有者权益（或股东权益）合计							
负债和所有者权益（或股东权益）							
总计							

表 10-5　　　　　　　　　　　利润表试算平衡表工作底稿

客户 ＿＿＿＿＿＿＿＿　　　　　签名　　　　日期

项目利润表试算平衡表工作底稿　　编制人＿＿＿＿　　　索引号＿＿＿＿

会计期间＿＿＿＿＿＿＿＿　　　复核人＿＿＿＿　　　页次＿＿＿＿

项目	审计前金额	调整金额		审定金额
		借方	贷方	
一、营业收入				
减：营业成本				
税金及附加				
销售费用				
管理费用				
研发费用				
财务费用				
其中：利息费用				
利息收入				
加：其他收益				
投资收益（损失以"–"号填列）				
其中：对联营企业和合营企业的投资收益				
以摊余成本计量的金融资产终止确认收益（损失以"–"号填列）				
净敞口套期收益（损失以"–"号填列）				
公允价值变动收益（损失以"–"号填列）				
信用减值损失（损失以"–"号填列）				
资产减值损失（损失以"–"号填列）				
资产处置收益（损失以"–"号填列）				
二、营业利润（亏损以"–"号填列）				

续表

项目	审计前金额	调整金额		审定金额
		借方	贷方	
加：营业外收入				
减：营业外支出				
三、利润总额（净亏损以"-"号填列）				
减：所得税费用				
四、净利润（净亏损以"-"号填列）				
（一）持续经营净利润（净亏损以"-"号填列）				
（二）终止经营净利润（净亏损以"-"号填列）				
五、其他综合收益的税后净额				
（一）不能重分类进损益的其他综合收益				
1. 重新计量设定受益计划变动额				
2. 权益法下不能转损益的其他综合收益				
3. 其他权益工具投资公允价值变动				
4. 企业自身信用风险公允价值变动				
……				
（二）将重分类进损益的其他综合收益				
1. 权益法下可转损益的其他综合收益				
2. 其他债权投资公允价值变动				
3. 金融资产重分类计入其他综合收益的金额				
4. 其他债权投资信用减值准备				
5. 现金流量套期储备				
6. 外币财务报表折算差额				
……				
六、综合收益总额				
七、每股收益：				
（一）基本每股收益				
（二）稀释每股收益				

第六节 与治理层和管理层的沟通

沟通贯穿审计工作的全过程。在执行财务报表审计业务过程中，注册会计师应当就与财务报表审计相关的且根据职业判断认为与治理层和管理层责任相关的重大事项，以适当的方式及时与治理层和管理层进行沟通。本节主要就审计完成阶段的沟通事项进行阐述。所谓治理层，是指对被审计单位战略方向以及管理层履行经营管理责任负有监督责任的人员或组织，其责任包括对财务报告过程的监督。所谓管理层，是指对被审计单位经营活动的执行负有管理责任的人员或组织。管理层负责编制财务报表，并受到治理层的监督。

一、沟通的目的与形式

（一）沟通的目的

注册会计师与被审计单位治理层和管理层的沟通是独立审计工作中不可或缺的一部分，与审计的所有阶段相关，是贯穿整个审计过程的一项重要工作。注册会计师在执行财务报表审计业务时，从接受委托前至出具审计报告后，在审计计划、审计实施和审计报告各个阶段都需要与被审计单位的治理层和管理层进行沟通。注册会计师不仅要及时与治理层、管理层进行明晰的沟通，还要提请治理层、管理层以同样的方式与注册会计师沟通，以建立有效并保持独立性和客观性的双向沟通关系。注册会计师与治理层、管理层沟通的主要目的有以下几个。

（1）就审计范围和时间以及注册会计师、治理层和管理层各方在财务报表审计和沟通中的责任，取得相互了解。

（2）及时向治理层、管理层告知审计中发现的与治理层、管理层责任相关的事项。

（3）共享有助于注册会计师获取审计证据和与治理层、管理层责任相关的事项。

（二）沟通的形式

（1）沟通形式。有效的沟通形式不仅包括正式声明和书面报告等正式形式，也包括讨论等非正式的形式。如果就某一重大事项与治理层的某一成员以非正式方式进行讨论，注册会计师应当考虑在随后的正式沟通中概述该事项，以便治理层的其他成员得到完整对称的信息。

（2）注册会计师在确定采用何种沟通形式时，除了要考虑特定事项的主要程度，还应当考虑下列因素：①管理层是否已就该事项与治理层沟通；②被审计单位的规模、经营结构、控制环境和法律结构；③如果执行的是特殊目的的财务报表审计，注册会计师是否同时审计被审计单位的通用目的财务报表；④法律法规的规定；⑤治理层的期望，包括与注册会计师定期会面或沟通的安排；⑥注册会计师与治理层保持联系和对话的数量；⑦治理层的成员是否发生重大变化。

二、沟通的对象

在审计过程中，注册会计师应当利用在了解被审计单位及其环境时获取的有关治理结构和治理过程的信息，确定与被审计单位治理结构中的哪些适当人员进行沟通。如果无法清楚地识别需要与哪些人员沟通，注册会计师应当与委托人商定。

（一）与治理层的下设组织或个人沟通

在决定与治理层某下设组织或个人沟通时，注册会计师应当考虑下列主要事项。

（1）下设组织、个人以及治理层整体各自的责任。

（2）拟沟通事项的性质。

（3）法律法规的规定。

（4）下设组织或个人是否有权对沟通的信息采取措施，以及是否能够提供注册会计师可能需要的进一步信息和解释。

（5）是否有必要将有关信息详尽或扼要地与治理层整体沟通。

如果被审计单位设有审计委员会或监事会，注册会计师应当着重与审计委员会或监事会沟通，但要考虑仅与审计委员会或监事会沟通是否足以履行其与治理层沟通的责任。在某些情况下，注册会计师可能还需要与治理层整体沟通。

如果被审计单位是某集团的组成部分，注册会计师应当根据不同的业务环境和沟通事项，确定与哪些适当人员沟通。适当人员除了包括该组成部分的治理层外，可能还包括集团的治理层。当集团治理层履行组成部分治理层责任时，注册会计师选择进行沟通的适当人员为集团治理层。

（二）与管理层沟通

在与治理层沟通特定事项前，注册会计师通常应先就财务报表审计的相关事项与管理层讨论，包括某些需要与治理层沟通的相关事项。但是，有关管理层的胜任能力和诚信问题等事项是不适合与管理层讨论的。

三、沟通的事项

注册会计师应当直接与治理层沟通的事项主要包括：注册会计师的责任，计划的审计范围和时间，审计工作中发现的问题，注册会计师的独立性。此外，注册会计师还应当就要求和商定沟通的其他事项，以及相关补充事项与治理层进行沟通。

（一）注册会计师与财务报表审计相关的责任

注册会计师应当与治理层沟通注册会计师与财务报表审计相关的责任，包括：（1）注册会计师负责对管理层在治理层监督下编制的财务报表形成发表意见；（2）财务报表审计并不减轻管理层或治理层的责任。注册会计师与财务报表审计相关的责任通常包含在审计业务约定书或记录审计业务约定条款的其他适当形式的书面协议中。

（二）计划的审计范围和时间安排

注册会计师应当与治理层沟通计划的审计范围和时间安排的总体情况，包括识别的特别风险。沟通的内容可能包括：（1）注册会计师拟如何应对由于舞弊或错误导致的特别风险以及重大错报风险评估水平较高的领域；（2）注册会计师对与审计相关的内部控制采取的方案；（3）在审计中对重要性概念的运用；（4）实施计划的审计程序或评价审计结果需要的专门技术或知识的性质和程度，包括利用专家的工作；（5）当《中国注册会计师审计准则第 1504 号——在审计报告中沟通关键审计事项》适用时，注册会计师对哪些事项可能需要重点关注因而可能构成关键审计事项所做的初步判断。

（三）在审计工作中发现的问题

注册会计师应当就审计工作中发现的问题与治理层直接沟通下列事项。

（1）注册会计师对被审计单位会计处理质量的看法。

（2）在审计工作中遇到的重大困难。其包括：管理层在提供审计所需信息时出现严重拖延；管理层不合理地要求缩短完成审计工作的时间；为获取充分、适当的审计证据需要付出的努力远远超过预期；无法获取预期的证据；管理层对注册会计师施加的限制；管理层不愿按照注册会计师的要求对持续经营能力做出评估，或拒绝将评估期间延伸至资产负债表日后的 12 个月。在某些情况下，上述困难可能构成对审计范围的限制，注册会计师应当出具保留意见或无法表示意见的审计报告。

（3）尚未更正的错报。除非注册会计师认为这些错报明显不重要，对于重大的已知错报，注册会计师应当要求管理层全部予以更正。如果错报未予更正，注册会计师应当就此与治理层沟通，并再次提请管理层予以更正。对未更正的重大错报，注册会计师应当逐笔与治理层沟通。对未更正的大量小额错报，注册会计师可以向治理层提供列明这些错报的笔数和累计影响额的汇总表，而不必沟通每笔错报的细节。

注册会计师应当考虑与治理层讨论未能更正错报的原因及其影响，包括对未来财务报表可能产生的影响。为了降低发生误解的可能性，注册会计师可以要求治理层提供书面声明，以说明已引起治理层注意的错报没有得到更正的原因，但获取该声明并不能减少注册会计师对未更正错报的影响形成结论的责任。

（4）审计中发现的、根据职业判断认为重大的且与治理层履行财务报告过程监督责任直接相关的其他事项。其包括已更正的、含有已审计财务报表的文件中的其他信息存在的对事实的重大错报或重大不一致。

（四）注册会计师的独立性

如果被审计单位是上市公司，注册会计师应当就独立性与治理层直接沟通下列内容。

（1）就审计项目组成人员、会计师事务所其他相关人员，以及会计师事务所按照法律法规和职业道德规范的规定保持了独立性做出声明。

（2）根据职业判断，注册会计师认为会计师事务所与被审计单位之间存在的可能影响独立性的所有关系和其他事项。其包括：会计师事务所在财务报表涵盖期间为被审计单位和受被审计单位控制的组成部分提供审计、非审计范围的收费总额。

（3）为消除对独立性的威胁或将错报降至可接受水平，已经采取的相关防护措施。

如果被审计单位是非上市公司，但可能涉及重大的公众利益，注册会计师应当考虑上述沟通事项是否适用。

如果出现了违反与注册会计师独立性有关的职业道德规范的情形，注册会计师应当尽早就该情形及已经或拟采取的补救措施与治理层直接沟通。

（五）要求和商定沟通的其他事项

要求和商定沟通的其他事项主要包括两类：一是法律法规和其他审计准则要求沟通的事项；二是与治理层商定沟通的事项，它可能与治理层对财务报告过程的监督责任相关，也可能与治理层的其他责任相关。

在某些情况下，可能要求注册会计师实施额外程序识别这些事项；在其他情况下，可能仅要求注册会计师就财务报表审计中注意到的事项进行沟通。

（六）补充事项

如果存在审计准则未做要求但已引起注册会计师注意的事项，以及根据职业判断认为与治理层的责任关系重大且管理层或其他人员尚未与治理层有效沟通的事项，注册会计师应当将其作为补充事项与治理层沟通。

补充事项可能是注册会计师在财务报表审计中发现的但与治理层对财务报告过程的监督并不直接相关的事项，也可能是通过审计以外的其他方式注意到的事项。除非法律法规或协议要求执行审计程序以确定是否发生了补充事项，注册会计师在与治理层沟通这些事项时，应当使其了解以下几点。

（1）识别补充事项只是审计的副产品，注册会计师除为形成审计意见实施必要程序外，没有实施额外程序以识别这些事项。

（2）没有专门实施程序以确定是否存在与已沟通事项性质相同的其他事项。

（3）除不适合与管理层讨论的事项外，已就补充事项与管理层进行讨论。

四、沟通的时间和沟通过程的充分性

（一）沟通时间

注册会计师应当及时与治理层沟通。沟通的时间因沟通事项的重大程度和性质，以及治理层拟采取的措施等业务环境的不同而不同。因而，注册会计师应当根据具体业务环境确定适当的沟通时间。

（1）对于审计中遇到的重大困难，如果治理层能够协助注册会计师克服这些困难，或者这些困难可能导致注册会计师出具保留意见或无法表示审计意见的审计报告，应尽快予以沟通。

（2）对于注册会计师注意到的内部控制设计或实施中的重大缺陷，应尽快与管理层或治理层沟通。

（3）对于审计中发现的与财务报表或审计报告相关的事项，包括注册会计师对被审计单位会计处理质量的看法，应该在最终完成财务报表前进行沟通。

（4）对于注册会计师的独立性，应在最终完成财务报表前或在对独立性威胁及其防护措施做出重大判断时进行沟通。

（5）如果同时审计特殊目的的财务报表或其他历史财务信息，特殊目的财务报表审计沟通时间应与通用目的财务报表审计的沟通时间相协调。

在确定适当的沟通时间时，注册会计师应当考虑与沟通时间相关的其他因素。其包括：被审计单位的规模、经营结构、控制环境和法律结构；其他法律法规要求的期限；治理层的期望，包括对注册会计师定期会面或沟通的安排；注册会计师识别特定事项的时间。

（二）沟通过程的充分性

注册会计师应当评价其与治理层之间的双向沟通是否足以实现审计目标。如果注册会计师无法进行足够的沟通，就可能存在不能获取充分、适当的审计证据的风险。在这种情况下，注册会计师应当考虑沟通不充分对评估重大错报风险的影响，并与治理层讨论这种情况。如果这种情况得不到解决，注册会计师应当采取下列主要措施。

（1）根据审计范围受限的程度出具保留意见或无法表示意见的审计报告。

（2）就采取不同措施的后果征询法律意见。

（3）与治理结构中拥有更高权力的组织或人员沟通，或与监管机构等第三方沟通。

（4）解除业务约定。

本章关键词汇

审计发现 audit finding

或有事项 contingency

审计差异调整表 audit variance adjustment table

期后事项 post event matter

书面声明 written statement

审计沟通 audit communication

思考与练习题

1. 什么是审计发现？审计发现与审计建议有什么关联？

2. 什么是期后事项？什么是或有事项？请举例说明。

3. 为什么注册会计师需要取得管理层书面声明？

4. 管理层书面声明的主要内容有哪些？

5. 如何编制审计差异调整表？

6. 与治理层、管理层的沟通目的、沟通形式、沟通对象、沟通事项是什么？

相关资料链接

1.《中国注册会计师审计准则第 1332 号——期后事项》。

2.《中国注册会计师审计准则第 1341 号——书面声明》。

3.《中国注册会计师审计准则第 1151 号——与治理层的沟通》。

审计报告 | 第十一章

本章学习目标

1. 知识目标

（1）了解审计报告的含义、种类、基本内容和格式。

（2）了解不同类型审计报告的适用条件。

（3）理解关键审计事项。

2. 能力目标

（1）理解错报金额的程度和审计范围是否严重受限对审计意见的影响。

（2）能够根据具体情形出具适当类型的审计报告。

第一节 | 审计报告概述

一、审计报告的含义

审计报告是指注册会计师根据中国注册会计师审计准则的规定，在实施审计工作的基础上对被审计单位财务报表发表审计意见的书面文件。

二、审计报告的种类

审计报告按其是否增加解释说明的事项，可分为标准审计报告和非标准审计报告。

标准审计报告，是指不含有说明段、强调事项段、其他事项段或其他任何修饰性用语的无保留意见的审计报告。

非标准审计报告，是指带强调事项段或其他事项段的无保留意见的审计报告和非无保留意见的审计报告。

审计报告的出具

三、审计报告的要素

审计报告应当包括以下要素。

（一）标题

审计报告的标题应当统一规范为"审计报告"。

（二）收件人

审计报告的收件人是指注册会计师按照业务约定书的要求致送审计报告的对象，一般是指审计业务的委托人。审计报告应当载明收件人的全称。

注册会计师应当与委托人在业务约定书中约定致送审计报告的对象，以防止在此问题上发生分歧或审计报告被委托人滥用。针对整套通用财务报表出具的审计报告，审计报告的致送对象通常为被审计单位的全体股东或董事会。

（三）审计意见

审计意见部分由以下两部分构成。

（1）指出已审计财务报表。包括下列方面。

① 指出被审计单位的名称。

② 说明财务报表已经审计。

③ 指出构成整套财务报表的每一财务报表的名称。

④ 提及财务报表附注。

⑤ 指明构成整套财务报表的每一财务报表的日期或涵盖的期间。

（2）说明注册会计师发表的审计意见。

（四）形成审计意见的基础

这部分内容应当说明注册会计师按照审计准则的规定执行了审计工作，声明履行了职业道德方面的责任等。注册会计师形成审计意见，应当考虑下列内容。

（1）按照《中国注册会计师审计准则第 1231 号——针对评估的重大错报风险采取的应对措施》的规定，是否已获取充分、适当的审计证据。

（2）按照《中国注册会计师审计准则第 1251 号——评价审计过程中识别出的错报》的规定，未更正错报单独或汇总起来是否构成重大错报。在确定时，注册会计师应当考虑以下几点。

① 相对特定类别的交易、账户余额或披露以及财务报表整体而言，错报的金额和性质以及错报发生的特定环境。

② 与以前期间相关的未更正错报对相关类别的交易、账户余额或披露以及财务报表整体的影响。

（3）评价财务报表是否在所有重大方面按照适用的财务报告编制基础编制。注册会计师应当依据适用的财务报告编制基础特别评价下列内容。

① 财务报表是否充分披露了选择和运用的重要会计政策。

② 选择和运用的会计政策是否符合适用的财务报告编制基础，并适合被审计单位的具体情况。

③ 管理层做出的会计估计是否合理。由于会计估计的主观性、复杂性和不确定性，管理层做出的会计估计发生重大错报的可能性较大。注册会计师应当判断管理层做出的会计估计是否合理，确认会计估计的重大错报风险是不是特别风险，是否采取了有效的措施予以应对。

④ 财务报表列报的信息是否具有相关性、可靠性、可比性和可理解性。

⑤ 财务报表是否做出充分披露，使财务报表预期使用者能够理解重大交易和事项对财务报表所传递的信息的影响。

⑥ 财务报表使用的术语（包括每一财务报表的标题）是否适当。

（4）考虑被审计单位会计实务的质量，包括表明管理层的判断可能出现偏向的迹象。在考虑被审计单位会计实务的质量时，注册会计师可能注意到管理层判断中可能存在的偏向。注册会计师可能认为缺乏中立性产生的累积影响，连同未更正错报的影响，会导致财务报表整体存在重大错报。

管理层缺乏中立性可能影响注册会计师对财务报表整体是否存在重大错报的评价。缺乏中立性的迹象包括下列情形。

① 管理层对注册会计师在审计期间提请其更正的错报进行选择性更正。例如，如果更正某一错报将增加盈利，则对该错报予以更正；如果更正某一错报将减少盈利，则对该错报不予更正。

② 管理层在做出会计估计时可能存在偏向。在得出某项会计估计是否合理的结论时，可能存在管理层偏向的迹象本身并不构成错报。然而，这些迹象可能影响注册会计师对财务报表整体是否不存在重大错报的评价。

（5）评价财务报表是否实现公允反映。在评价财务报表是否实现公允反映时，注册会计师应当考虑下列内容。

① 财务报表的整体列报、结构和内容是否合理。

② 财务报表（包括相关附注）是否公允地反映了相关交易和事项。

（6）评价财务报表是否恰当提及或说明适用的财务报告编制基础。在某些情况下，财务报表可能声明按照两个财务报告编制基础编制，如某一国家或地区的财务报告编制基础和国际财务报告准则。这可能是因为管理层被要求或自愿选择同时按照两个编制基础的规定编制财务报表。在这种情况下，两个财务报告编制基础都是适用的财务报告编制基础。只有当财务报表分别符合每个财务报告编制基础的所有要求时，声明财务报表按照这两个编制基础编制才是恰当的。财务报表只有同时符合两个编制基础的要求并且不需要调节，才能被视为按照两个财务报告编制基础编制。在实务中，同时遵守两个编制基础的可能性很小，除非某一国家或地区采用另一财务报告编制基础（如国际财务报告准则）作为本国或地区的财务报告编制基础，或者已消除遵守另一财务报告编制基础的所有障碍。

（五）管理层对财务报表的责任

这部分以"管理层对财务报表的责任"为标题，应当说明按照使用的会计准则和相关会计制度的规定编制财务报表是管理层的责任。这种责任包括以下几个部分的内容。

（1）设计、实施和维护与财务报表编制相关的内部控制，以使财务报表不存在由舞弊或错误而导致的重大错报。

（2）按照适用的财务报告编制基础的规定编制财务报表。

（3）评估持续经营假设是否适当。

（六）注册会计师对财务报表审计的责任

这部分以"注册会计师对财务报表审计的责任"为标题，应当包括下列内容。

（1）注册会计师的目标。

（2）说明合理保证是高水平的保证。

（3）说明错报可能由舞弊或错误导致。

（4）说明执行审计工作过程中注册会计师运用了职业判断并保持职业怀疑。

（5）通过说明注册会计师在了解内部控制、评价持续经营假设的恰当性等方面的责任，对审计工作进行描等。

（七）注册会计师的签名和盖章

应当由注册会计师在审计报告上签名并盖章，这有利于明确法律责任。审计报告应当由两名具备相关业务资格的注册会计师签名盖章并经会计师事务所盖章，这样才有效。合伙会计师事务所出具的审计报告，应当由一名对审计项目负最终复核责任的合伙人和一名负责该项目的注册会计师签名盖章。有限责任会计师事务所出具的审计报告，应当由会计师事务所主任会计师或其授权的副主任会计师和一名负责该项目的注册会计师签名盖章。审计报告必须由负责审计项目的注册会计师本人签名盖章，未经授权，其他人不得代行签章，会计师事务所也不得指定他人签名盖章。

（八）会计师事务所的名称、地址及盖章

审计报告应当载明会计师事务所的名称和地址，并加盖会计师事务所公章。

（九）报告日期

审计报告应当注明报告日期。审计报告的日期不应早于注册会计师获取充分、适当的审计证据（包括管理层认可对财务报表的责任且已经批准财务报表的证据），并在此基础上对财务报表形成审计意见的日期。注册会计师在确定审计报告日期时，应当考虑以下几点。

（1）应当实施的审计程序已经完成。

（2）应当提请被审计单位调整的事项已经提出，被审计单位已经做出调整或拒绝做出调整。

（3）管理层已经正式签署财务报表。

四、在审计报告中沟通关键审计事项

关键审计事项，是指注册会计师根据职业判断认为对当期财务报表审计较为重要的事项。在审计报告中沟通关键审计事项，可以提高已执行审计工作的透明度，从而提高审计报告的决策相关性和有用性。沟通关键审计事项还能够为财务报表使用者提供额外的信息，以帮助其了解被审计单位、已审计财务报表中涉及重大管理层判断的领域，以及注册会计师根据职业判断认为对当期财务报表审计较为重要的事项。沟通关键审计事项，还能够为财务报表预期使用者就与被审计单位、已审计财务报表或已执行审计工作相关的事项进一步与管理层和治理层沟通提供基础。

（一）确定关键审计事项的决策框架

根据关键审计事项的定义，注册会计师在确定关键审计事项时，需要遵循以下决策框架，如图 11-1 所示。

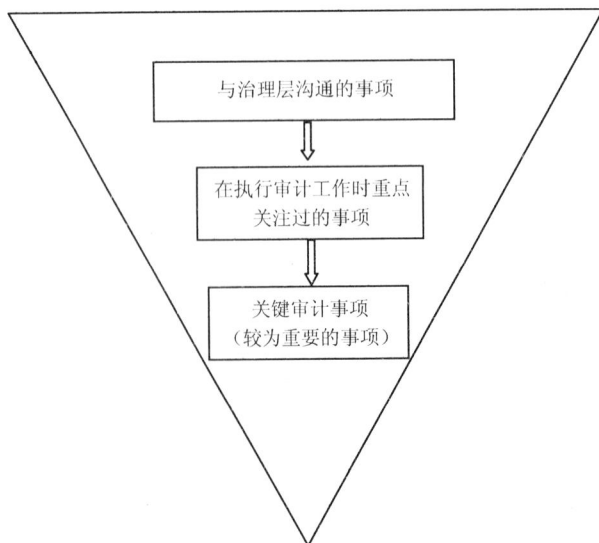

图 11-1　关键审计事项的决策框架

1. **以"与治理层沟通的事项"为起点选择关键审计事项**

与治理层沟通的事项包括注册会计师对被审计单位的重要会计政策、会计估计和财务报表披露等会计实务的看法，审计过程中遇到的重大困难，已与治理层讨论或需要书面沟通的重大事项等，与治理沟通可使其履行治理层履行其监督财务报告过程的职责。对财务报表和审计报告使用者信息需求的调查结果表明，他们对这些事项感兴趣，并且呼吁增加这些沟通的透明度。因此，注册会计师应从与治理层沟通事项中选取关键审计事项。

2. **从"与治理层沟通的事项"中选出"在执行审计工作时重点关注过的事项"**

重点关注的概念基于这样的认识：审计以风险为导向，注重识别和评估财务报表重大错报风险，设计和实施应对这些风险的审计程序，获取充分、适当的审计证据，以作为形成审计意见的基础。对于特定账户余额、交易类别或披露，评估的认定层次重大错报风险越高，在计划和实施审计程序并评价审计程序的结果时通常涉及的判断就越多。在设计进一步审计程序时，注册会计师评估的风险越高，就需要获取越有说服力的审计证据。当由于评估的风险较高而需要获取更具说服力的审计证据时，注册会计师可能需要增加所需审计证据的数量，或者获取更具相关性或可靠性的审计证据，如更注重从第三方获取审计证据或从多个独立渠道获取互相印证的审计证据。所以，对注册会计师为形成审计意见而获取充分、适当的审计证据构成挑战的事项可能与注册会计师确定关键审计事项尤为相关。

注册会计师重点关注过的领域通常与财务报表中复杂、重大的管理层判断领域相关，因而通常涉及困难或复杂的注册会计师职业判断。相应地，重点关注过的事项通常影响注册会计师的总体审计策略以及对这些事项分配的审计资源和审计工作力度。这些影响可能包括高级审计人员参与审计业务的程度，以及注册会计师中的专家或在会计、审计的特殊领域具有专长的人员（包括会计师事务所聘请或雇用的人员）在这些领域的参与程度等。

注册会计师在确定哪些事项属于重点关注过的事项时，应当特别考虑下列几个方面。

（1）评估的重大错报风险较高的领域或识别的特别风险。

（2）与财务报表中涉及重大管理层判断（包括被认为具有高度估计不确定性的会计估计）的领域相关的重大审计判断。

（3）当期重大交易或事项对审计的影响。

3. **从"在执行审计工作时重点关注过的事项"中选出"较为重要的事项"**

注册会计师在确定某一与治理层沟通过的事项的相对重要程度以及该事项是否构成关键审计事项时，可以考虑下列因素。

（1）该事项对财务报表预期使用者理解财务报表整体的重要程度，尤其是对财务报表的重要性。

（2）与该事项相关的会计政策的性质或者与同行业其他实体企业相比，管理层在选择适当的会计政策时涉及的复杂程度或主观程度。

（3）从定性和定量方面考虑，与该事项相关的由舞弊或错误导致的已更正错报和累积未更正错报（如有）的性质和重要程度。

（4）为应对该事项所需要付出的审计努力的性质和程度，包括：为应对该事项而实施审计程序或评价这些审计程序的结果时，在多大程度上需要特殊的知识或技能以及就该事项在项目组之外进行咨询的性质。

（5）在实施审计程序、评价实施审计程序的结果、获取相关和可靠的审计证据以作为发表审计意见的基础时，注册会计师遇到的困难的性质和严重程度，尤其是当注册会计师的判断变得更加主观时。

（6）识别的与该事项相关的控制缺陷的严重程度。

（7）该事项是否涉及数项可区分但又相互关联的审计考虑。例如，长期合同的收入确认、诉讼或其他或有事项等方面，可能需要重点关注，并且可能影响其他会计估计。

从需要重点关注的事项中，确定哪些事项以及多少事项对本期财务报表审计更重要，属于职业判断问题。"较为重要的事项"并不意味着只有一项。需要在审计报告中包含的关键审计事项的数量可能受被审计单位规模和复杂程度、业务和经营环境的性质，以及审计业务具体事实和情况的影响。总体来说，最初确定为关键审计事项的事项越多，注册会计师越需要重新考虑每一事项是否符合关键审计事项的定义。对关键审计事项做冗长的列举可能与这些事项是审计中较为重要的事项这一概念相抵触。

（二）在审计报告中沟通关键审计事项

1. 在审计报告中单设关键审计事项部分

为达到突出关键审计事项的目的，注册会计师应当在审计报告中单设以"关键审计事项"为标题的部分，并在该部分使用恰当的子标题逐项描述关键审计事项。

需要强调指出的是，导致非无保留意见的事项、可能导致对被审计单位持续经营能力产生重大疑虑的事项或情况存在重大不确定性的事项等，虽然符合关键审计事项的定义，但这些事项在审计报告中专门的部分披露，不在关键审计事项部分披露。进一步说，在关键审计事项部分披露的关键审计事项是已经得到满意解决的事项，即不存在审计范围受到限制，也不存在注册会计师与被审计单位管理层意见分歧的情况。注册会计师应当按照适用的审计准则的规定报告这些事项，并在关键审计事项部分提及形成保留（否定）意见的基础部分或与持续经营相关的重大不确定性部分。

2. 描述单一关键审计事项

为帮助财务报表预期使用者了解注册会计师确定的关键审计事项，注册会计师应当在审计报告中逐项描述每一关键审计事项，并同时说明下列几个方面。

（1）该事项被认定为审计中最为重要的事项之一，以及被确定为关键审计事项的原因。

（2）该事项在审计中是如何被应对的。注册会计师可以描述下列要素：①审计应对措施或审计方法中，与该事项较为相关或对评估的重大错报风险较有针对性的方面；②对已实施审计程序的简要概述；③实施审计程序的结果；④对该事项做出的主要判断。

需要特别强调的是，对某项关键审计事项的描述是否充分属于职业判断问题。对关键审计事项进行描述的目的在于提供一种简明、不偏颇的解释，以使财务报表预期使用者能够了解为何该事项是对审计最为重要的事项之一，以及这些事项是如何在审计中加以应对的。注册会计师提供信息的性质和范围需要在相关方各自责任的背景下做出权衡，即注册会计师以一种简明且可理解的形式提供有用的信息，而不应成为被审计单位原始信息的提供者。

（三）不在审计报告中沟通关键审计事项的情形

一般而言，在审计报告中沟通关键审计事项，通常有助于提高审计的透明度，是符合公众利益的。然而，在极其罕见的情况下，关键审计事项可能涉及某些"敏感信息"，沟通这些信息可能给被审计单位带来较为严重的负面影响。在某些情况下，法律法规也可能禁止公开披露某事项。例如，公开披露某事项可能妨碍相关机构对被审计单位某项违法行为或疑似违法行为的调查。因此，除非法律法规禁止公开披露某事项，或者在极其罕见的情况下，如果合理预期在审计报告中沟通某事项造成的负面后果超过产生的公众利益方面的益处，注册会计师确定不应在审计报告中沟通该事项，则注册会计师应当在审计报告中逐项描述其余关键审计事项。

（四）就关键审计事项与治理层沟通

治理层在监督财务报告过程中担当重要角色。就关键审计事项与治理层沟通，能够使治理层了解注册会计师就关键审计事项做出的审计决策的基础以及这些事项将如何在审计报告中做出描述，也能够使治理层考虑鉴于这些事项将在审计报告中进行沟通，做出新的披露或提高披露质量是否有用。

第二节 标准无保留意见的审计报告

标准无保留意见审计报告是注册会计师对被审计单位财务报表发表的不带强调事项段或其他事项段的无保留意见审计报告。无保留意见是指当注册会计师认为财务报表在所有重大方面按照适用的财务报表编制基础编制并实现公允反映时发表的审计意见。

一、出具标准无保留意见审计报告的条件

注册会计师出具标准无保留意见的审计报告，必须经注册会计师审计且认为被审计单位财务报表符合以下全部条件。

（1）财务报表已经在所有重大方面按照适用的财务报告编制基础编制，公允反映了被审计单位的财务状况、经营成果和现金流量。

（2）注册会计师已经按照中国注册会计师审计准则的规定计划和实施审计工作，在审计过程中未受到限制。

（3）没必要在审计报告中增加强调事项段或其他事项段。

二、对财务报表的合法性和公允性的评价

（一）评价财务报表的合法性

对财务报表合法性的评价，即评价财务报表是否在所有重大方面按照财务报告编制基础。评价时需要考虑以下几点。

（1）财务报表是否充分披露了选择和运用的重要会计政策。

（2）这些政策是否符合适用的财务报告编制基础，是否适合被审计单位的实际情况。

（3）管理层做出的会计估计是否合理。

（4）财务报表列报的信息是否具有相关性、可靠性、可比性和可理解性。

（5）财务报表是否显示充分披露，使财务报表预期使用者能够理解重大交易事项对财务报表释放的信息的影响。

（6）财务报表使用术语是否适当。

（二）评价财务报表的公允性

在评价财务报表是否实现公允反映时，注册会计师应当考虑以下几点。

（1）财务报表的整体列报、结构和内容是否合理。

（2）财务报表及相关附注是否公允反映了相关交易和事项。

三、关键审计事项

按照审计准则的规定，注册会计师应当在审计报告单设一部分并以"关键审计事项"为标题；当存在多项关键审计事项时，应使用恰当的子标题逐项描述关键审计事项。

四、持续经营假设对标准审计报告的影响

注册会计师有责任评价管理层对被审计单位持续经营能力做出的评估，应就管理层编制财务报表时运用持续经营假设的适当性获取审计证据并得出结论。如果注册会计师评价管理层运用持续经营假设是适当的，但存在重大不确定性，且财务报表对重大不确定性已做出充分披露，注册会计师应当发表无保留意见，并在审计报告中单设一部分并以"与持续经营相关的重大不确定性"为标题。

第三节 非标准无保留意见的审计报告

一、非标准无保留意见审计报告的含义

非标准无保留意见审计报告，是指带强调事项段或其他事项段的无保留意见的审计报告。

注册会计师在对财务报表形成审计意见后，如果根据职业判断认为有必要在审计报告中提醒财务报表使用者关注某类事项，则可通过增加强调事项段或其他事项段，以提供补充信息。

二、在审计报告中增加强调事项段

（一）强调事项段的含义

审计报告的强调事项段是指审计报告中含有的一个段落，该段落提及已在财务报表中恰当列报或披露的事项，且根据注册会计师的职业判断，该事项对财务报表使用者理解财务报表至关重要。

需要提醒的是，强调事项段的过多使用会降低注册会计师所强调事项的有效性。此外，与财务报表中的列报或披露相比，在强调事项段中包括过多的信息，可能隐含着这些事项未被恰当列报或披露。因此，强调事项段应当仅提及已在财务报表中列报或披露的信息。

（二）增加强调事项段的情形

强调事项应当同时符合下列条件。

（1）该事项可能对财务报表产生重大影响，但被审计单位进行了恰当的会计处理，且在财务报表中做出充分披露。

（2）根据职业判断认为该事项对财务报表使用者理解财务报表至关重要。

（3）该事项不会导致注册会计师发表非无保留意见。

（4）该事项未被确定为在审计报告中沟通的关键审计事项。

（三）在审计报告中增加强调事项段时注册会计师采取的措施

（1）强调事项段应单独作为一部分列于审计报告中，以包含"强调事项"的表述作为标题。

（2）明确提及被强调事项以及相关披露的位置，以便在财务报表中能够找到该事项的详细描述。

（3）指出审计意见没有因该强调事项而改变。由于增加强调事项段是为了提醒财务报表使用者关注某些事项，所以并不影响注册会计师的审计意见。为了使财务使用者明确这一点，注册会计师应当在强调事项段中指明该段内容仅用于提醒财务报表使用者关注，并不影响已发表的审计意见。

三、在审计报告中增加其他事项段

（一）其他事项段的含义

其他事项段是指审计报告中含有的一个段落，该段落提及未在财务报表中列报或披露的事项，且根据注册会计师的职业判断，该事项与财务报表使用者理解审计工作、注册会计师的责任或审计报告相关。

（二）需要增加其他事项段的情形

其他事项应该同时符合下列条件。

（1）未在财务报表中列报或披露。

（2）根据职业判断认为与财务报表使用者理解审计工作、注册会计师的责任或审计报告相关。

（3）未被法律法规禁止。

（4）未被确定为在审计报告中沟通的关键审计事项。

其他事项段应是审计报告中独立的一部分。如果审计报告中包含其他事项段，注册会计师应以"其他事项"或其他适当表述作为标题。

第四节 非无保留意见的审计报告

一、非无保留意见的含义

非无保留意见是指保留意见、否定意见或无法表示意见。

（一）影响出具非无保留意见审计报告的情形

当存在下列情形之一时，注册会计师应当出具非无保留意见的审计报告。

（1）根据获取的审计证据，得出财务报表整体存在重大错报的结论。

（2）审计范围受限制，导致注册会计师无法获取充分、适当的审计证据，不能得出财务报表整体不存在重大错报的结论。

审计范围可能受到下列两个方面的限制。

一是客观环境造成的限制。例如，由被审计单位存货的性质或特殊位置等原因导致注册会计师无法实施存货监盘等。在客观环境造成限制的情况下，注册会计师应当考虑是否可能实施替代审计程序，以获取充分、适当的审计证据。

二是管理层造成的限制。例如，管理层不允许注册会计师观察存货盘点，或者不允许对特定账户余额实施函证等。在管理层造成限制的情况下，注册会计师应当提请管理层放弃限制。如果管理层不配合，注册会计师应当考虑这一事项对风险评估的影响以及是否可能实施替代审计程序，以获取充分、适当的审计证据。

（二）非无保留意见审计报告中的关键审计事项

导致非无保留意见的事项，就其性质而言都属于关键审计事项。然而，这些事项不得在审计报告的关键审计事项部分进行描述，关键审计事项不能代替这些事项。注册会计师应当按照适用的审计准则的规定报告这些事项，并在关键审计事项部分提及形成保留（或否定）意见的基础部分。当注册会计师对财务报表发表无法表示意见时，审计报告中不得包含关键审计事项部分。

二、保留意见审计报告的出具

如果认为财务报表整体是公允的，但还存在下列情形之一，注册会计师应当出具保留意见的审计报告。

（1）在获取充分、适当的审计证据后，注册会计师认为错报单独或汇总起来对财务报表影响重大，但不具有广泛性。

（2）因审计范围受到限制不能获取充分、适当的审计证据，虽然重大，但不具有广泛性，不至于出具无法表示意见的审计报告。

当出具保留意见的审计报告时，注册会计师应当在审计报告中对审计意见部分使用恰当标题，如"保留意见"；对形成审计意见的基础部分使用恰当标题，如"形成保留意见的基础"，并在该部分对导致发表保留意见的事项进行描述。当由于财务报表存在重大错报而发表保留意见时，注册会计师应在审计意见部分使用此类措辞："注册会计师认为，除形成保留意见的基础部分所述事项产生的影响外，后附的财务报表在所有重大方面按照适用的财务报告编制基础的规定编制，公允反映了……"。当由无法获取充分、适当的审计证据而导致发表保留意见时，注册会计师应当在审计意见部分使用"除……可能产生的影响外"等术语。

应当指出的是，注册会计师只有认为财务报表就其整体而言是公允的，但还存在对财务报表产生重大影响的情形，才能出具保留意见的审计报告。如果注册会计师认为所报告的情形对财务报表产生的影响极为严重，则应出具否定意见的审计报告或无法表示意见的审计报告。因此，保留意见的审计报告被视为注册会计师在不能出具无保留意见的审计报告情况下最不严厉的审计报告。

如果会计政策的选用、会计估计的做出或财务报表的披露不符合适用的会计准则和相关会计制度的规定，注册会计师在判断其影响是否重大时，应当考虑该影响所涉及的金额或性质并与确定的重要性水平进行比较。

注册会计师因审计范围受到限制而出具保留意见审计报告，取决于无法实施的审计程序对形成审计意见的重要性。注册会计师在判断重要性时，应当考虑有关事项潜在影响的性质和范围以及在财务报表中的重要程度。当注册会计师因审计范围受到限制而出具保留意见的审计报告时，意见段的措辞应当表明保留意见是针对审计范围对财务报表可能产生的影响而不是针对审计范围本身。

三、否定意见审计报告的出具

在获取充分、适当的审计证据后，注册会计师如果认为错报单独或汇总起来对财务报表的影响重大且具有广泛性，即认为财务报表没有按照适用的会计准则和相关会计制度的规定编制，未能在所有重大方面公允反映被审计单位的财务状况、经营成果和现金流量，则应当出具否定意见的审计报告。

当出具否定意见的审计报告时，注册会计师应当在审计报告中对审计意见部分使用恰当标题，如"否定意见"；对形成审计意见的基础部分使用恰当标题，如"形成否定意见的基础"，并在该部分对导致发表否定意见的事项进行描述。注册会计师应当在审计意见部分使用此类措辞："注册会计师认为，由于形成否定意见的基础部分所述事项的重要性，后附的财务报表没有在所有重大方面按照适用的财务报告编制基础的规定编制，未能公允反映……"

应当指出的是，只有当注册会计师认为财务报表存在重大错报会误导财务报表使用者，以致财务报表的编制不符合适用的会计准则和相关会计制度的规定，未能从整体上公允反映被审计单位的财务状况、经营成果和现金流量时，注册会计师才出具否定意见的审计报告。

四、无法表示意见审计报告的出具

如果审计范围受到限制，注册会计师不能获取充分、适当的审计证据，认为未发现的错报（如存在）对财务报表可能产生的影响重大且具有广泛性，以至于发表保留意见不足以反映情况的严重性时，注册会计师应当出具无法表示意见的审计报告。

当出具无法表示意见的审计报告时，注册会计师应当在审计报告中对审计意见部分使用恰当标题，如"无法表示意见"；对形成审计意见的基础部分使用恰当标题，如"形成无法表示意见的基础"，并在该部分对导致发表无法表示意见的事项进行描述。

当出具无法表示意见的审计报告时，注册会计师在审计报告中对注册会计师责任进行表述时，仅包括：（1）注册会计师的责任是按照中国注册会计师审计准则的规定，对被审计单位财务报表执行审计工作，以出具审计报告；（2）但由于形成无法表示意见的基础部分所述的事项，注册会计师无法获取充分、适当的审计证据以作为发表审计意见的基础；（3）关于注册会计师在独立性和职业道德方面的其他责任的声明。

只有当审计范围受到限制可能产生的影响非常重大和广泛，不能获取充分、适当的审计证据，以致无法确定财务报表的合法性与公允性时，注册会计师才应出具无法表示意见的审计报告。无法表示意见不同于否定意见，它通常仅适用于注册会计师不能获取充分、适当的审计证据的情况。如果注册会计师发表否定意见，必须获得充分、适当的审计证据。无论是无法表示意见还是否定意见，都在非常严重的情形下表示。

五、对确定非无保留意见的审计报告的类型进一步讨论

注册会计师在出具保留意见、否定意见和无法表示意见的审计报告时，要判断财务报表错报金额或因审计范围受到限制的影响是否重大，这往往离不开重要性水平。在其他条件相同的情况下，重要性水平是考虑审计报告类型的重要依据。如果某项错报金额或涉及范围受到限制对被审计单位财务报表并不重要，预计也不会对未来各期财务报表产生重要影响，注册会计师就可出具无保留意见审计的报告。

下面将错误金额或审计范围受到限制的影响与重要性水平进行比较，以判断出具审计报告的类型。

（一）错报金额或审计范围受到限制的影响不重要

被审计单位会计政策的选用、会计估计的做出或财务报表的披露不符合适用的会计准则和相关会计制度的规定，或因审计范围受到限制，无法获取充分、适当的审计证据，但所涉及金额不大，远远低于重要性水平，不至于影响财务报表使用者的决策，因而注册会计师认为该金额是不重要的，就可以出具无保留意见的审计报告。例如，被审计单位将购买的办公用品直接作为制造费用，因其金额很小，错报不重要，注册会计师可以出具无保留意见的审计报告。

（二）错报金额或审计范围受到限制的影响重要，但就财务报表整体而言是公允的

当被审计单位会计政策的选用、会计估计的做出或财务报表的披露不符合适用的会计准则和相关会计制度的规定，或因审计范围受到限制，无法获取充分、适当的审计证据，所涉及金额超过单个项目重要性水平，在某些方面影响财务报表使用者的决策，但对财务报表整体仍然是公允的，注册会计师可以出具保留意见的审计报告。例如，被审计单位在资产负债表日拥有的存货金额较大（超过重要性水平），已将其用作商业银行贷款抵押品，但没有在财务报表附注中进行披露。如果其他商业银行利用该财务报表进行贷款决策，因不了解存货已抵押就会受到一定影响。但这一错报并不影响现金、应收账款和其他财务报表项目以及整个财务报表，因此，注册会计师可以考虑出具保留意见的审计报告。

（三）错报金额重要或审计范围受到严重限制且影响广泛，财务报表整体公允性存在问题

当被审计单位会计政策的选用、会计估计的做出或财务报表的披露不符合适用的会计准则和相关会计制度的规定，或因审计范围受到限制，无法获取充分、适当的审计证据，金额超过重要性水平且影响广泛，将会全面影响财务报表使用者的决策，注册会计师应当出具否定意见或无法表示意见的审计报告。例如，被审计单位在资产负债表日拥有的存货金额很大，远远超过重要性水平。如果存货出现错报，对财务报表许多项目乃至整个财务报表都会产生影响，则注册会计师需要考虑存货错报对净资产、流动资产、营运资本、资产总额、销售成本、利润总额、所得税、税后净利润的综合影响。在判断综合影响时，必须考虑该项目对财务报表其他项目的影响程度，即牵扯性。一项重要的销售业务没有入账则会影响应收账款、流动资产、资产总额、销售收入、所得税、利润总额、净利润、留存收益等，因此其牵扯性很高。一项错报金额或审计范围受到限制所涉及的影响牵扯性越高，注册会计师出具否定意见或无法表示意见审计报告的可能性预计越大。例如，注册会计师可能对现金与应收账款的分类不当出具保留意见的审计报告，而对相同金额的销售业务没有入账出具否定意见的审计报告。

错报金额或审计范围受到限制与审计报告类型的关系如表 11-1 所示。

表 11-1　　　　　　　　　　　　　　审计意见决策表

审计意见类型 / 对财务报表的影响程度 / 导致非无保留意见的事项	不重要	重要但不具有广泛性但整体而言是公允的	重要且具有广泛性
错报金额	无保留意见	保留意见	否定意见
审计范围受到限制	无保留意见	保留意见	无法表示意见

（四）错报的性质

错报性质的不同对财务报表使用者的决策产生的影响也不一样，对注册会计师出具审计报告类型的影响也不一样。从性质上看，以下列举的错报通常被认为是严重的。

（1）非法交易或舞弊。

（2）对当期影响不大，但对将来各期影响重大。

（3）具有心理效应，如小额利润相对于小额亏损、存款结余相对于透支。

（4）根据合同责任判断影响重大，如违反合同某一条款导致银行收回贷款。

（5）对国家有关法律、法规和规章影响重大，如使商业银行的资本充足率、首次发行股票公司的净资产收益率。

本章关键词汇

审计报告 audit report

关键审计事项 Key audit matters

标准审计报告 standard audit report

标准无保留意见 standard unqualified audit

非标准审计报告 non-standard audit report

带强调事项段的无保留意见 standard audit opinion with an emphasis-of-matter paragraph

保留意见的审计报告 qualified audit opinion

否定意见的审计报告 adverse audit opinion

无法表示意见的审计报告 disclaimer report

思考与练习题

（一）思考题

1. 审计报告的类型有哪些？

2. 出具标准无保留意见的审计报告的条件是什么？

3. 出具各类非标准审计报告的条件分别是什么？

4. 什么是关键审计事项？在审计报告中如何沟通关键审计事项？

（二）练习题

1. 2013 年万福生科因涉嫌欺诈发行上市和资本市场信息披露违规等事项被证监会调查，成为创业板造假第一股。经证监会调查，万福生科于 2008 年至 2012 年上半年，每年均存在销售收入的虚增和营业利润的虚增。证监会对万福生科做出了相应处罚。同时，为万福生科提供审计服务的中磊会计师事务所也遭到了证监会的处罚。

要求：根据万福生科 2013 年财务造假案的相关资料可知中磊会计师事务所对万福生科的财务报表出具了带强调事项的保留意见审计报告，分析中磊会计师事务所出具的审计报告是否合适？

2. 长城会计师事务所接受了东野股份有限公司（以下简称"东野公司"）对其 2019 年度财务报表的审计委托，并于 2020 年 3 月 5 日派出由李、吴两位注册会计师为负责人的审计小组进行审计。该公司注册资本为 2 000 万元，期末未经审计的资产总额为 5 000 万元。长城会计师事务所委派李和吴两位注册会计师执行东野公司的审计业务。他们在计划阶段确定的重要性水平为 90 万元，在完成阶段确定的重要性水平为 100 万元，并于 3 月 15 日完成了外勤审计工作。在复核工作底稿时，发现以下事项并提出相应的处理建议，但东野公司管理层于 2020 年 3 月 25 日正式答复李、吴两位注册会计师，拒绝接受他们的处理建议。

（1）东野公司一座 1993 年建造完成的原值 200 万元、预计使用年限 50 年、已提折旧 136 万元的办公大楼因不明原因出现裂缝，经专家鉴定后进行了及时的维修，并将预计使用年限改为 40 年，因此东野公司从 2019 年改变折旧率，并进行了必要的账务调整。但东野公司拒绝在 2019 年的报表中做任何披露。

（2）东野公司称在国外一家联营企业有 65 万元的投资，当年取得投资收益为 35 万元，这些金额已列入 2019 年的净收益，但李、吴两位注册会计师未能取得联营企业经审计的财务报表及函证回函。此外，由于东野公司拒绝提供与此项投资相关的协议、合同及会计记录，李、吴两位注册会计师也未能采取其他程序查明此项投资和投资收益的真实性。

（3）东野公司全部存货总额为 2 500 万元，放置于临近单位仓库内。由于仓库倒塌，尚未清理完毕，不仅无法估计损失，也无法实施监盘程序。

（4）由于东野公司的存货使用受到仓库倒塌的限制，正常业务受到严重影响，所以无力支付 2020 年 4 月 10 日即将到期的 100 万元债务，也没有预付下年度的 50 万元广告费。这些情况均已在财务报表附注中进行了充分、适当的披露。

（5）2019 年 10 月，东野公司被控侵犯琴江公司的专利权，琴江公司要求收取东野公司的专利费和罚款。2020 年 3 月 5 日，经庭外调解双方同意东野公司共赔偿 15 万元。东野公司拒绝就此调整 2019 年度财务报表。

要求：针对每种情况分别指出应出具的审计意见的类型，并简要说明理由。

相关资料链接

1.《中国注册会计师审计准则第 1501 号——对财务报表形成审计意见和出具审计报告》应用指南。

2.《中国注册会计师审计准则第 1502 号——在审计报告中发表非无保留意见》应用指南。

3.《中国注册会计师审计准则第 1503 号——在审计报告中增加强调事项段和其他事项段》应用指南。

4.《中国注册会计师审计准则第 1504 号——在审计报告中沟通关键审计事项》应用指南。